SCHÄFFER

POESCHEL

Dieter Kluck

Materialwirtschaft und Logistik

Lehrbuch mit Beispielen
und Kontrollfragen

2., überarbeitete Auflage

2002
Schäffer-Poeschel Verlag Stuttgart

Praxisnahes Wirtschaftsstudium

Herausgegeben von Bernd P. Pietschmann und Dietmar Vahs
Prof. Dr. Bernd P. Pietschmann, Fachhochschule Aachen
Prof. Dr. Dietmar Vahs, Fachhochschule Esslingen –
Hochschule für Technik
Prof. Dr. Dieter Kluck lehrt an der Fachhochschule Esslingen Material-
wirtschaft und Produktionswirtschaft. Er ist Lehrbeauftragter an der Be-
rufsakademie Stuttgart und der Europäischen Wirtschaftsakademie Madrid.

Hilfsmaterial für die Lehre

Dozenten können eine CD-ROM mit Abbildungen aller Fachhochschulbände beim
Verlag bestellen. Von diesen Vorlagen lassen sich Transparentfolien zur Anwendung
in Lehrveranstaltungen ziehen. Richten Sie Ihre Bestellung an den
Schäffer-Poeschel Verlag
Vertrieb
Werastraße 21–23
D-70182 Stuttgart
Fax 07 11/21 94–119

Bestellnummer: 3-7910-1623-7

*»SAP« und mySAP.com sind Marken der SAP Aktiengesellschaft Systeme, An-
wendungen, Produkte in der Datenverarbeitung, Neurottstraße 16, D-69190 Walldorf. Der Herausgeber bedankt sich für die freundliche Genehmigung der SAP
Aktiengesellschaft, das Warenzeichen im Rahmen des vorliegenden Titels ver-
wenden zu dürfen. Die SAP AG ist jedoch nicht Herausgeberin des vorliegenden
Titels oder sonst dafür presserechtlich verantwortlich.*

Die Deutsche Bibliothek – CIP Einheitsaufnahme

Kluck, Dieter:
Materialwirtschaft und Logistik : Lehrbuch mit Beispielen und Kontrollfragen /
Dieter Kluck. – 2. überarb. Aufl. – Stuttgart : Schäffer-Poeschel, 2002
  (Praxisnahes Wirtschaftsstudium)
  ISBN 3-7910-1953-8

Gedruckt auf chlorfrei gebleichtem, säurefreiem und alterungsbeständigem Papier

© 2002 Schäffer-Poeschel Verlag für Wirtschaft • Steuern • Recht GmbH & Co. KG
www.schaeffer-poeschel.de
info@schaeffer-poeschel.de

Einbandgestaltung: Willy Löffelhardt
Satz: Lihs GmbH, Medienhaus, Ludwigsburg
Druck und Bindung: Ebner & Spiegel GmbH, Ulm
Printed in Germany

August/2002

Schäffer-Poeschel Verlag Stuttgart
Ein Tochterunternehmen der Verlagsgruppe Handelsblatt

Vorwort der Herausgeber

Die Reihe *Praxisnahes Wirtschaftsstudium* bietet eine lebendige und praxisorientierte Vermittlung aktuellen betriebswirtschaftlichen Wissens.

Dazu trägt vor allem die langjährige Praxiserfahrung sämtlicher Autoren und Autorinnen dieser Reihe bei. Durch ihre Tätigkeit als Führungskräfte in Unternehmen, als Hochschullehrer und als Wirtschaftsberater verfügen sie sowohl über fundierte Fachkenntnisse als auch über umfassende praktische Erfahrungen.

Die Reihe *Praxisnahes Wirtschaftsstudium* umfasst mehrere Bände, die in Aufbau und Gestaltung derselben Systematik folgen. Dadurch finden sich die Leserinnen und Leser in den einzelnen Wissensgebieten schnell zurecht und können die Themen leichter miteinander »vernetzen«. Der leichteren Orientierung dienen auch die Marginalien am Rande des Textes und die Kennzeichnung von Beispielen mit einem B und von Definitionen mit einem D. Die Bücher bestehen jeweils aus drei Elementen:

- In einem **Thementeil** werden die Lehrinhalte systematisch und anhand einer Vielzahl von erklärenden Graphiken und Beispielen aus der Wirtschaftspraxis erläutert.
- Durchgängige **Fallbeispiele** führen realitätsnah durch die verschiedenen Problembereiche eines Unternehmens und ermöglichen die unmittelbare Anwendung des erarbeiteten Wissens.
- Das ausführliche **Stichwortverzeichnis** am Ende jeden Buches macht die Reihe zu einem Nachschlagewerk, in dem sich die Leserinnen und Leser schnell zurechtfinden.

Wo immer dies sinnvoll ist, wird jeder Abschnitt des Thementeils durch Kontrollfragen zur Überprüfung des Lernfortschritts ergänzt; am Ende des Buches findet der Leser dann Übungsaufgaben mit Musterlösungen.

Die Bücher der Reihe *Praxisnahes Wirtschaftsstudium* wenden sich insbesondere an zwei Adressatengruppen:

- **Studierende** an Fachhochschulen, Universitäten, Akademien und sonstigen Einrichtungen, denen in dieser Reihe Lehrbücher angeboten werden, die wissenschaftliche Grundlagen mit konkretem Praxisbezug verbinden und die durch ihren Aufbau auch über das Studium hinaus als Nachschlagewerke dienen.

- **Praktiker**, die im Rahmen ihrer Tätigkeit mit betriebswirtschaftlichen Problemen konfrontiert werden und sich schnell und systematisch einen fundierten Einblick in den gegenwärtigen Stand der Betriebswirtschaftslehre und einiger wichtiger Nachbardisziplinen verschaffen wollen.

Für Hinweise, die einer Verbesserung der Reihe *Praxisnahes Wirtschaftsstudium* dienen, sind die Herausgeber jederzeit dankbar.

Aachen und Stuttgart   *Bernd P. Pietschmann*
                                                           Dietmar Vahs

Vorwort (zur ersten Auflage)

Das vorliegende Buch will dem Studierenden und dem Praktiker sowohl ein Lehrbuch als auch gleichermaßen ein Übungsbuch sein. Das Buch weicht von den klassischen Lehrinhalten der bisher erschienenen Bücher zur Materialwirtschaft und Logistik ab. Zum einen will es die Inhalte der Materialwirtschaft und Logistik gemeinsam darstellen. Zum anderen zeigt es ausgewählte, aus Sicht des Autors zunehmend bedeutende Inhalte, wie Methodenkompetenz, Kostenbewusstsein und Systemdenken auf. Kein anderer Bereich im industriellen Alltag ist derzeit von so starken Veränderungen betroffen wie die Materialwirtschaft und Logistik. Daher brauchen die Materialwirtschaftler und Logistiker von morgen und alle, die mit Materialwirtschaft auch indirekt zu tun haben, neue Impulse, Anregungen und Methoden. Die Materialwirtschaft erhält neue Anstöße durch die Make-or-Buy-Diskussionen, durch die Forderung nach einer schlanken Produktion, die Reduzierung der Logistikkosten und durch die Öffnung der Märkte weltweit. Durch die Vermittlung und Übung von Methoden und Sichtweisen sollen dem Leser die Instrumente nähergebracht werden, mit deren Hilfe die Gestaltung von Veränderungen in betriebswirtschaftlichen Aufgabengebieten unterstützt und zum Erfolg geführt werden kann.

Der Leser dieses Buches soll auch die Möglichkeit erhalten, den theoretisch behandelten Stoff anhand von Beispielen und Fallbeispielen nachvollziehen zu können. Wie schon der Titel des Buches »Materialwirtschaft und Logistik« signalisiert, wird dem Leser deutlich gemacht, dass eine moderne Materialwirtschaft die Komponenten und Sichtweisen der Logistik nicht isoliert betrachtet, sondern integriert. Die Logistik ist damit als ein Teil der integrierten Materialwirtschaft zu verstehen. Dieser Bereich erfordert die ganzheitliche und systemübergreifende Betrachtung.

Ziel dieses Buches soll es letztlich sein, den Interessierten für die vielfältigen und dynamischen Aufgaben der Materialwirtschaft und Logistik zu begeistern, das nötige theoretische Grundgerüst zu vermitteln und die Methodenkompetenz des Lesers zu fördern.

Reutlingen,   *Dieter Kluck*
im November 1997

Vorwort (zur zweiten Auflage)

Das vorliegende Buch wurde um die neuen Inhalte E-Procurement und Supply-Chain-Management erweitert. Dabei wurde das Buch einer kritischen Durchsicht unterzogen.

Pfullingen,   *Dieter Kluck*
im April 2002

Inhaltsverzeichnis

Abbildungsverzeichnis

Tabellenverzeichnis

Tab. 1.1: Zielkonflikte und involvierte Abteilungen 10

Tab. 2.1: Fertigungstiefe der Automobilhersteller
Mercedes-Benz AG, BMW AG und Audi AG . . . 18

Tab. 2.2: Kostenstruktur der Herstellkosten eines
Autoradios 20

Tab. 2.3: Kostenverantwortung der Materialwirtschaft am
Beispiel der Kostenstruktur der Herstellkosten
eines Autoradios 21

Tab. 3.1: Wertgrenzen bei der ABC-Analyse 38

Tab. 3.2: Ablaufschema zur Wertanalyse 49

Tab. 3.3: Kriterien zur Lieferantenbeurteilung 64

Tab. 4.1: Beispiel für eine Mengenstückliste 80

Tab. 4.2: Beispiel für eine Strukturstückliste 80

Tab. 4.3: Beispiele für Baukastenstücklisten 81

Tab. 4.4: Mengenteileverwendungsnachweis für Teil T1 . . 83

Tab. 4.5: Strukturteileverwendungsnachweis für Teil T1 83

Tab. 4.6: Baukastenteileverwendungsnachweis für Teil T1 83

Tab. 4.7: Übersicht der Verfahren bei verbrauchsorientierter
Materialbedarfsermittlung 88

Tab. 5.1: Schema zur Ermittlung der optimalen Bestellmenge nach dem Verfahren der gleitenden
wirtschaftlichen Bestellmenge 115

Tab. 5.2: Schema zur Ermittlung der optimalen Bestellmenge nach dem Kostenausgleichsverfahren . . . 116

Tab. 6.1: Gliederungsschema der Logistikfunktionen 131

Tab. 6.2: Vor-/Nachteile verschiedener Bevorratungs-
konzepte 138

Tab. 6.3: Der Spediteur wird zum Logistik-Dienstleister . . 140

Tab. 6.4: Kostensenkungspotenziale durch Einschränken
der Variantenvielfalt 154

Tab. 6.5: Lagerfunktionen 180

Tab. 6.6: Vorteile der dezentralen und zentralen Lagerung 190

Tab. 6.7: Die Lagerhaltungsmodelle 191

Tab. 6.8: Die Lagerhaltungsmodelle beeinflussen
die Kosten 192

Tab. 6.9: Systematik der Lagertechnik 204

Tab. 6.10: Einfluss verschiedener Größen auf die
Logistikkosten 221

Tab. 6.11: Die wichtigsten Teilprozesse in der Logistik 226

1 Einführung in die Materialwirtschaft und Logistik

Nach der Lektüre dieses Kapitels soll der Leser

Lernziele

- die Definition der Materialwirtschaft, der Integrierten Materialwirtschaft und der Logistik kennen,
- die Aufgabenbereiche der Materialwirtschaft und Logistik beschreiben,
- die Ziele und die Interessenskonflikte der Materialwirtschaft aufzählen können,
- die Objekte der Materialwirtschaft unterscheiden.

1.1 Abgrenzung und Definition der Begriffe Materialwirtschaft und Logistik

Der Begriff der Materialwirtschaft wird in der Literatur und in der Unternehmenspraxis sehr unterschiedlich interpretiert. So stehen heute Bezeichnungen wie Beschaffung, Einkauf, Logistik, Materiallogistik und Materialwirtschaft häufig nebeneinander. Dabei werden allzu oft Gemeinsamkeiten und Unterschiede zu wenig herausgearbeitet. Hinzu kommt, dass die genannten Begriffe in der betrieblichen Praxis für bestimmte Funktionen und Aufgaben stehen und dadurch in jedem Unternehmen mit unterschiedlichen Inhalten besetzt werden.

Begriff Materialwirtschaft

Der Begriff der Materialwirtschaft kann als Oberbegriff für sämtliche Aktivitäten bezüglich der Materialversorgung verwendet werden. Materialwirtschaft ist der »wirtschaftliche Umgang mit Material«. Dabei wird in der engsten begrifflichen Fassung unter Matcrialwirtschaft die Beschaffung und Lagerung von Material verstanden. Die Beschaffung beinhaltet die Funktion des Einkaufs (Marktforschung, Angebotsvergleich, Lieferantenauswahl, Preisverhandlungen) und die Übernahme von Erzeugnis- und Betriebsstoffen vom Markt in die Unternehmung (Bestellvorgang, Termin- und Transportkontrolle, Wareneingangsprüfung). Die Materialwirtschaft im klassischen Sinn bezieht neben der Beschaffung und Lagerung auch den innerbetrieblichen Materialtransport bis zur Bereitstellung in der Fertigung ein. Dadurch kommen der innerbetriebliche Transport und die Materialplanung als weitere Aufgabenbereiche der Materialwirtschaft hinzu. In einer weiteren Definition wird dieser Begriff um die Funktion der Verteilung erweitert, sodass die »Materialwirtschaft den betriebsorientierten Funktionsbereich einer Unternehmung, die Probleme von Beschaffung, Verwaltung und Verteilung des Materials durch die Unternehmung umfasst« (*Steinbrüchel* 1971, S. 13). Damit sind auch die Aufgaben der internen wie externen Warenverteilung zum Kunden mit eingeschlossen. Diese Aufgabenbereiche werden zukünftig um die Funktion der Entsorgung erweitert, indem Abfallprodukte aus dem Fertigungsprozess und vom Verbraucher gebrauchte Produkte dem Materialkreislauf wieder zu geführt werden. Wenn aber die Materialwirtschaft ihren zukünftigen Anforderungen wie hohe Lieferbereitschaft den Kunden gegenüber, kurze Transport- und Lieferzeiten, geringe Bestände und hohe Transparenz bezüglich der Materialverfügbarkeit und Materialplanung gerecht werden will, so sind die Funktionen der Materialwirtschaft um Steuerungsaufgaben bezüglich Mengen und Termine zu erweitern. So wird nach **Integrierte** Fieten (*Fieten* 1986, S. 36) der Begriff der *integrierten Materialwirt-* **Materialwirtschaft** *schaft* als die Gesamtheit aller materialbezogenen Funktionen beschrieben, die sich mit der Versorgung des Unternehmens und des Marktes sowie der Steuerung des Materialflusses von den Lieferanten durch die Unternehmung bis zu den Kunden beschäftigt. Nach Hartmann (*Hartmann* 1993, S. 23) vereinigt die integrierte Materialwirtschaft somit die marktorientierten Aufgaben des Einkaufs mit den versorgungsorientierten Aufgaben der Logistik. Zusammenfassend kann die Materialwirtschaft wie folgt definiert werden:

D Die Materialwirtschaft umfasst die Gesamtheit aller material- und informationsbezogenen Funktionen, ergänzt um die Aufgaben der Planung und Steuerung, die sich, beginnend mit den marktorientierten Aufgaben des Einkaufs, über die unterschiedlichen Fertigungsstufen bis zur Warenverteilung der Fertigwaren an die Kunden und deren Entsorgung erstreckt.

Logistik Der Begriff Logistik wurde anfangs durch den militärischen Bereich besetzt und bezog sich auf Fragestellungen des Transport-, Nachschub- und Versorgungswesens von Streitkräften. Unter dem Begriff der Logistik versteht man im industriellen Bereich nach *Hartmann* im Allgemeinen »alle Prozesse, die der Raumüberwindung und Zeitüberbrückung sowie deren Steuerung und Regelung dienen«. Weitere Definitionen nach Kirsch (*Kirsch* 1973, S. 69) gehen von einer Gestaltung, Steuerung, Regelung und Durchführung des gesamten Flusses an Energie, Information, Personen, insbesondere Stoffen (Materialien, Produkte) innerhalb und zwischen Systemen aus. Unter dem Konzept der ganzheitlichen Logistik versteht man alle planenden, disponierenden und steuernden Aktivitäten, die einer nach Art, Menge, Zeit und Raum abgestimmten Bereitstellung von Materialien und Produkten dienen. Zu den Aufgaben der Logistik gehören damit die Lagerleistung, die Bestellungsabwicklung, die Bestellablaufüberwachung, die Eingangskontrolle, die Verfügbarkeitskontrolle sowie die Steuerungs- und Planungsaufgaben im Beschaffungs-, Produktions- und Distributionsbereich. Zusammenfassend kann die Logistik wie folgt definiert werden:

Die Logistik umfasst alle planerischen, ausführenden, steuernden und regelnden Maßnahmen und Instrumente, um einen zieloptimalen Material-, Wert- und Informationsfluss im Rahmen der betrieblichen Leistungserstellung zu ermöglichen. Dieser Transformationsprozess erstreckt sich von der Beschaffung von Produktionsfaktoren über die Produktion und Verarbeitung bis hin zur Verteilung im Rahmen der Distribution.

Damit ist die Logistik ein Teilsystem der integrierten Materialwirtschaft, die sich in den o.g. Funktionsbereichen als selbstständiger Aufgabenbereich innerhalb der Materialwirtschaft etabliert hat. Abbildung 1.1 veranschaulicht die Abgrenzung der Begriffe »integrierte Materialwirtschaft« und »Logistik«.

1.2 Aufgaben der Materialwirtschaft und Logistik

Wir konzentrieren uns im Folgenden auf das materialorientierte Teilsystem der Materialwirtschaft und Logistik, d. h. auf alle Tätigkeiten, die notwendig sind, um Materialien auf den Beschaffungsmärkten einzukaufen, den Transport vom Lieferanten hin ins eigene Lager zu organisieren und die Ware der Fertigung zugänglich zu machen. Im Einzelnen sind folgende Aufgabenbereiche des materialorientierten Teilsystems der Materialwirtschaft zu nennen:

Aufgaben

- Materialdisposition,
- Materialeinkauf,
- Materialbevorratung,
- Materialentsorgung.

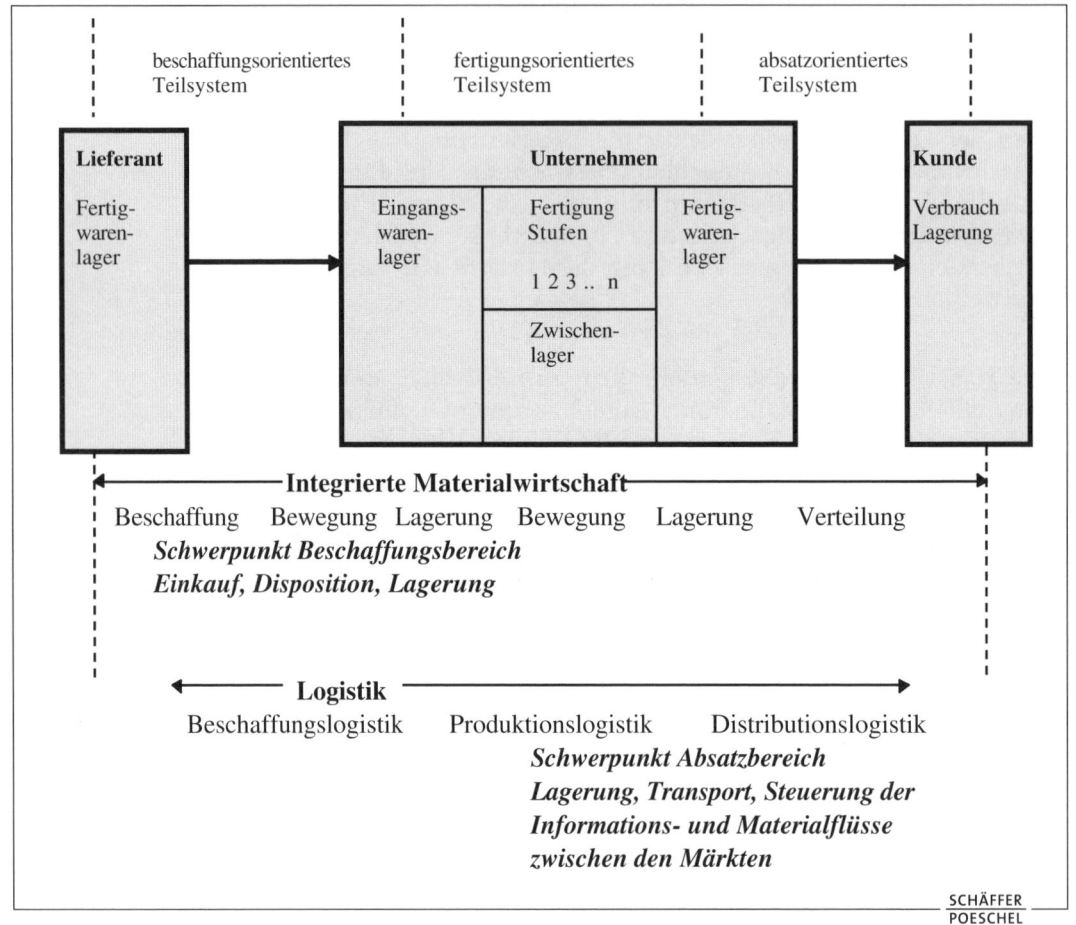

Abb. 1.1: Abgrenzung von Integrierter Materialwirtschaft und
Logistik (Quelle: in Anlehnung an Hartmann 1993, S. 24)

Materialdisposition

Die *Materialdispositon* umfasst die Bestandsrechnung, die Be-
schaffungs- und Bestellrechnung, die Ermittlung der Bedarfsgegen-
stände, der Bedarfsmengen und der Bedarfstermine. Die Materialdisposition ist in Verbindung mit der Informationsverarbeitung im
Rahmen der Produktionsplanung und -steuerung zu sehen.

Einen problematischen Faktor stellt dabei die Bedarfsermittlung
dar, die beim Vertrieb oder der Entwicklung liegen kann. Hier of-
fenbaren sich die ersten Zielkonflikte innerhalb der Materialwirtschaft, die durch unterschiedliche Mengengerüste und den
Wunsch nach Kundenorientierung geprägt ist. Der Vertrieb möchte
jeden Kunden jederzeit bedienen können, die Beschaffungsseite
möchte die Lagerdimensionen und die Anzahl der Lieferanten und
zu beschaffenden Materialien begrenzen. Die Entwicklung pro-
gnostiziert oftmals den Bedarf nach einem neuen Produkt zu opti-

mistisch, schließlich ist man dort den Produkten von morgen gegenüber oft aufgeschlossener als andere Bereiche und Funktionsträger in einem Unternehmen. So können die prognostizierten und die tatsächlich eintretenden Verkaufszahlen weit auseinander liegen.

Die Aufgabe des *Materialeinkaufs* hat die inhaltlichen Schwerpunkte in der Beschaffungsmarktforschung, der Beschaffungsanbahnung, dem Beschaffungsabschluss, der Bestellabwicklung und der Terminüberwachung. Der Einkauf hat die primäre Aufgabe, den Beschaffungsmarkt zu bearbeiten, um die benötigten Materialien bereitstellen zu können. Daher wird es zunehmend wichtig, die Einkaufsabteilungen frühzeitig über technische Entwicklungen zu informieren und einzubinden, damit die potenziellen Bezugsquellen aufgetan werden können. Auch hier ergeben sich Zielkonflikte, sei es, dass Einkäufer zu spät in den Entscheidungsprozess der Produktfindung eingebunden sind und die von der Entwicklung gewünschten Komponenten nicht zu vorgegebenen Mengen und Preisen beschafft werden können, sei es, dass die Entwicklung frühzeitig Funktion und Spezifikation von Komponenten oder Materialien festlegen muss, damit diese noch pünktlich zu Fertigungsbeginn/Serienbeginn beschafft werden können. Die Globalisierung der Beschaffungsmärkte macht es zudem erforderlich, erhöhte Ansprüche an die Qualifikation des Einkäufers zu stellen. Die Beherrschung der Sprache und des kulturellen Hintergrundes der jeweiligen Beschaffungsmärkte sind wichtige Voraussetzungen, um erfolgreich einkaufen zu können. Die Beschaffungsanbahnung schließt die Überprüfung des Mengengerüstes, die Einholung von Angeboten, das Vergleichbarmachen der Angebote und die Auswahl des Lieferanten ein. Dabei ergibt sich die Notwendigkeit, die Angebotseinholung zu standardisieren und die Gegenüberstellung vollständig und nachvollziehbar zu gestalten. Ein Angebot aus dem Ausland beinhaltet andere Kosten- und Leistungsaspekte als ein Angebot aus dem Inland. Insbesondere sind Transportkosten vom Zollhafen bis an das Werktor, Zollgebühren und aufwändigere Verpackungskosten zu berücksichtigen. Der Beschaffungsvorgang wird schließlich durch Abschlussverhandlungen und die Bestellerteilung beendet. In der Regel übernimmt der Einkauf die erste Bestellung, weitere Bestellungen werden durch die Disponenten übernommen.

Materialeinkauf

Die *Materialbevorratung* stellt eine logistische Aufgabe dar, um zeitliche und mengenmäßige Schwankungen zwischen Beschaffungsmarkt und Produktion auszugleichen. Dadurch wird eine Entkopplung der Marktseite und der Fertigungsseite bewirkt. Bei künstlichen oder auch technisch bedingten Verknappungstendenzen auf den Weltmärkten kann eine gezielte Materialbevorratung gewisse Handlungsspielräume verschaffen. Die Frage ist dann, wie

Materialbevorratung

groß die Lagerkapazitäten dimensioniert werden müssen, um eine tatsächliche Entkopplung zu gewährleisten. Mit der Materialbevorratung stark verknüpfte Funktionen sind die Warenannahme und die Stoffeingangsprüfung. Hier entstehen ebenfalls Zielkonflikte mit dem Einkauf. So kann es vorkommen, dass die angelieferten Materialien und Produkte zu 100 % überprüft werden müssen, weil zur Beschaffung nicht geeignete Lieferanten ausgewählt wurden. Andere Konflikte entstehen, wenn die Qualität der gelieferten Ware stark schwankt, weil z. B. der Lieferant seinen Fertigungsprozess nicht beherrscht oder es zu Überlieferungen kommt, d. h. mehr Ware angeliefert wird als bestellt wurde. Damit entstehen evtl. Lagerprobleme wegen zu geringer Lagerfläche. Ein weiterer Zielkonflikt ergibt sich durch die Ausnutzung von Rabatten beim Materialeinkauf, was dazu führt, dass tendenziell zu große Mengen bestellt werden und damit auch gelagert werden müssen. In einer modernen Materialwirtschaft ist man bestrebt, Lager als nicht direkt wertschöpfende Tätigkeit und damit vom Kunden nicht bezahlte Leistung möglichst gering zu halten. Daher sind gerade auf der Bevorratungsebene Lösungen zu suchen, um diesen Bereich so klein und effizient wie möglich zu gestalten. Ansätze, die Lagerhaltung durch fertigungssynchrone Lieferungen (»Just-in-Time«) zu ersetzen, sind anzudenken. Die Entscheidungen über die Art und Weise der Materialbevorratung sind von langfristiger Natur. Es können in der Regel für die Ausgestaltung der Materialbevorratung keine Patentrezepte gegeben werden. Ein Konzept zur Bevorratung beinhaltet eine Vielzahl von Randbedingungen, die Berücksichtigung finden müssen. Daher ist je nach dem gefertigten Produkt, den Stückzahlen, der Lieferantenstruktur (kleine, mittlere, große Unternehmen), den Schwankungen der Absatzmärkte und vielen weiteren Einflussgrößen das richtige Lagerkonzept auszuwählen.

Materialentsorgung   Die *Materialentsorgung* ist eine der zukünftig stark wachsenden Aufgaben der Materialwirtschaft. Hierunter fallen alle Tätigkeiten zur Vermeidung und Verwertung (Recycling) oder Beseitigung von überschüssigem Material, Ausschuss und Abfall. Dies ist aber nur die eine Seite: In den Rahmen von Recycling-Konzepten gehört ebenso die Rücklieferung und Wiedereinbindung von verbrauchten und ausgedienten Endprodukten in den Stoffkreislauf. Die Auswahl von Materialien wird dabei zur wichtigen Fragestellung, da auf Wiedergewinnung und umweltgerechte Entsorgung bereits im Stadium der Entwicklung Wert gelegt werden muss. So werden für Isolierungen in Autotüren Naturprodukte wie Hanf und Flachs zunehmend interessant, die sich nach Gebrauch einer problemlosen Entsorgung zuführen lassen. Im Automobilbereich werden nach Recycling der Altfahrzeuge die Komponenten z.T. an den Automobilzulieferer mit der Auflage zurückgeliefert, diese Komponenten umweltgerecht zu entsorgen. Hier tut sich in Zukunft ein neues, großes Gebiet der Materialwirtschaft auf, das gleichzeitig sehr komplexe Systemanforderungen stellt.

Die Aufgabenbereiche der Logistik bestehen darin (*Jünemann* 1989, S. 18) darin, die Materialien und Produkte

- in der richtigen Menge,   **6 R**
- als richtige Objekte (Güter, Informationen, z.T. Personen und Energie),
- am richtigen Ort,
- zum richtigen Zeitpunkt,
- in der richtigen Qualität,
- zu den richtigen Kosten,

zur Verfügung zu stellen. Diese Aufgaben werden auch mit den so genannten 6 R umschrieben.

Dabei drücken die 6 R die Ziele logistischen Denkens und Handelns aus. Es geht nicht um die Lösung einer einzelnen Transportaufgabe oder um die Minimierung der Kosten eines Transportvorgangs, sondern um die ganzheitliche Planung, Steuerung und Überwachung logistischer Systeme. Logistikprozesse werden durch Gütertransformationen ausgelöst, wenn beispielsweise durch die Produktion Güter bereitgestellt und über eine Verteilung dem Kunden zur Güterverwendung zur Verfügung gestellt werden. Damit sind Aufgaben verbunden, die sich (nach *Pfohl* 1995, S. 10) durch folgende Aktivitäten auszeichnen:

- Auftragsabwicklung (Form der Auftragsübermittlung, Form der Auftragsbearbeitung, Weiterleitung der Auftragsinformation),
- Lagerhaltung (Anzahl der zu lagernden Artikel, Bestandsmanagement, Bedarfsprognose),
- Lagerhaus (Kauf oder Miete, Anzahl Standorte, Kapazitäten, Lagermethode, Organisation der Kommissionierung, Gestaltung Transportvorgänge),
- Transport (Art der Transportmittel, Kauf oder Miete der Transportmittel, Organisation der Transportabwicklung),
- Verpackung (logistische Funktionen der Verpackung wie Schutz-, Lager-, Transport-, Manipulations- und Informationsfunktion, Bildung logistischer Einheiten).

Man sieht bereits hier anhand der Aufgaben der Materialwirtschaft und Logistik die Überschneidungen in wesentlichen Inhalten.

1.3 Ziele der Materialwirtschaft und Logistik

Die Zielsetzungen in der Materialwirtschaft und Logistik sind zum Teil gegenläufig. Dies liegt daran, dass sich die Aufgaben und Anforderungen der Materialwirtschaft wie ein roter Faden durch sämtliche Prozesse eines Betriebes ziehen und im Sinne einer Querschnittsfunktion für viele Bereiche als Dienstleister auftreten, und dadurch in größerem Umfang Interessenkonflikte auslösen. Die wichtigsten Ziele der Materialwirtschaft und Logistik sind:

Ziele Materialwirtschaft und Logistik

- Sicherung der Beschaffungsmärkte,
- Sicherung der Qualität und des Technologiestatus,
- Erschließung von Kosten- und Bestandssenkungspotenzialen,
- Optimierung der Materialbewirtschaftungskosten,
- Optimierung der Kapazitätsauslastung,
- Politik der verlängerten Werkbank,
- Verringerung der Fertigungstiefe,
- günstige Einstandspreise, geringe Beschaffungskosten,
- neue Wege der Materialdisposition,
- Erfüllung der 6 R,
- Verringerung der Durchlaufzeit,
- Planung und Umsetzung geeigneter Lager- und Verteilsysteme,
- Optimierung des internen und externen Informationsflusses.

Beschaffungsmärkte

Der Einkauf hat die Beschaffungsmärkte zu erschließen und zu betreuen. Durch kostengünstige und innovative Beschaffungsmärkte wird die Wettbewerbsfähigkeit des Unternehmens gestärkt. Eine wesentliche Aufgabe besteht damit in der *Sicherung der Beschaffungsmärkte*. Sie erfolgt durch stete Kontaktpflege, durch partnerschaftlichen Informationsaustausch und durch ein ausreichendes Auftragsvolumen. Neben der Sicherung der Beschaffungsmärkte ist in zunehmendem Maße die *Absicherung der Qualität und des Technologiestatus* von Bedeutung und eine der Schlüsselkompetenzen einer modernen Materialwirtschaft. Ein Unternehmen muss daran Interesse haben, mit Lieferanten zusammenzuarbeiten, die Produkte von hoher Qualität fertigen und entwickeln. Dabei ist Qualität nicht nur die Gesamtheit von Eigenschaften und Merkmalen, die sich auf ein Produkt oder eine Tätigkeit zur Erfüllung vorgegebener Forderungen bezieht, sondern schließt ebenso die Prozesse zur Herstellung dieser Produkte sowie Liefertreue und Service des Lieferanten ein. Darüber hinaus sind solche Unternehmen zu bevorzugen, die Entwicklungs- und Forschungsaktivitäten betreiben, um den technologischen Anschluss zu halten oder die Technologie weiter voranzutreiben. Durch die ständig wachsende Bedeutung der Materialwirtschaft ist diese auch in zunehmenden Maße ergebnisverantwortlich für das eigene Unternehmen. Dazu sind Kosten der zu beschaffenden Waren zu senken und die Bestände, insbesondere an Rohstoffen und Halbfertigerzeugnissen zu reduzieren. Die möglichen *Kostensenkungs- und Bestandssenkungspotenziale zu erschließen,* ist eine nach außen wie nach innen gerichtete Aufgabe. Bei der *Optimierung der Materialbewirtschaftungskosten* handelt es sich um den permanenten Prozess, die internen Kosten der Materialbewirtschaftung, wie Transport, Lagerung, Stoffeingangsprüfung, Registrierung etc., zu verringern und u. a. dafür zu sorgen, dass sie im Vergleich zu den wichtigsten Wettbewerbern nicht zu stark differieren. Die Materialwirtschaft hat durch die Beschaffung der Materialien und die Bereitstellung in der Fertigung eine gewichtige Verantwortung für den reibungslosen internen Produktionsablauf und die rechtzeitige Fertigstellung der Produkte. Nur durch eine funktionierende Materialwirtschaft ist gewährleistet, dass die in der Fertigung benötigten Rohstoffe und Bauteile verfügbar sind und es zu keinen Fertigungsausfällen wegen Materialmangels kommt.

Kostensenkungspotenziale

Die rechtzeitige und reihenfolgeoptimale Bereitstellung des Materials ist eine wichtige Voraussetzung zur *Optimierung der Kapazitätsauslastung* in der Fertigung. Durch die Öffnung der Märkte und die ständig sich verbessernden Kommunikationsnetze wird es zunehmend interessant, auch Teile der Fertigung im In- und Ausland fremd zu vergeben. Der Aufbau und die Betreuung einer solchen *verlängerten Werkbank* gehört zu den Teilaufgaben der Materialwirtschaft. Die Entscheidung, welche Produkte in einem fremden Unternehmen gefertigt oder montiert werden sollen, die Auswahl des richtigen Partners, die Lieferung der Materialien, die Einhaltung von Qualitätsstandards und die Organisation des Transports sind die wesentlichen damit verknüpften Aufgaben. Die verlängerte Werkbank gilt als Werksverkehr. Diese Tätigkeit ist kein Schwerpunkt, aber ein immer wichtiger werdender Aufgabenzweig der Materialwirtschaft.

Kapazitätsauslastung

Ebenso wie die verlängerte Werkbank soll auch die *Verringerung der Fertigungstiefe* die Wettbewerbsfähigkeit des Unternehmens stärken. Durch das Verringern der Fertigungstiefe erhöht sich der Bezug von Bautcilen und Komponenten. Anstatt selbst zu fertigen, wird fremdbezogen. Die Auswahl der in Frage kommenden Teile durchzuführen und geeignete Lieferanten zu finden, fällt in die Kompetenz der Materialwirtschaft. Neben diesen eher neuen Aufgabenfeldern stehen die klassischen Aufgaben, wie das Aushandeln günstiger Einstandspreise und das Disponieren von Teilen, ganz im Vordergrund der Materialwirtschaft. Preisverhandlungen erfordern die genaue Kenntnis des Produktes, der Marktsituation (Angebot und Nachfrage), der Marktseitenverhältnisse (Umsatzgröße und Nachfragevolumen der jeweiligen Marktpartner) und der

Fertigungstiefe

Preissenkungspotenziale. Neben diese Kriterien treten nun schwer quantifizierbare Größen, wie Produktqualität, Service, Lieferzeit und andere. Dabei geht es zunehmend um die Gesamtkosten der Beschaffung von Material. Nicht der günstigste Einkaufspreis ist ausschlaggebend, sondern die insgesamt günstigsten Kosten. Das heißt, es werden Transportkosten, Zollkosten, Verpackungskosten, Handlingkosten, Lagerkosten und auch Fertigungskosten berücksichtigt. Ein im Einkauf günstiges Produkt kann in der Fertigung größte Schwierigkeiten aufgrund von Qualitätsmängeln hervorrufen. Damit entstehen zusätzliche Kosten, wie Fertigungsausfall, Nachbestellung und Umplanungskosten. Diese gesamten Kosten werden unter dem Begriff Total-Cost-of-Ownership (TCO) zusammengefasst. Die Materialwirtschaft hat hier die Aufgabe, diese Kosten gesamtheitlich zu kontrollieren und zu optimieren.

Materialdisposition Neben den Kosten- und Beschaffungsaspekten hat die Materialwirtschaft auch neue Wege der Materialdisposition zu gehen, sei es durch Just-in-time-Beschaffung den Lageraufwand zu reduzieren oder durch den Einsatz DV-gestützter Kommunikationsmittel die Disposition der vielen Materialien zu vereinfachen und zu automatisieren.

Aufgaben der Materialwirtschaft und Logistik im betrieblichen Ablauf ergibt sich eine Vielzahl von Schnittstellen und Zielkonflikten: zwischen Einkauf und Lagerung, Einkauf und Disposition, Lager und Fertigung, Lieferant und Fertigung, Fertigung und Materialdisposition, Vertrieb und Fertigung usw.

Tabelle 1.1 fasst mögliche Zielkonflikte zwischen verschiedenen Abteilungen zusammen:

Bereich	Zielkonflikt	Wer?
Bestellmenge	große Bestellmenge, günstige Konditionen	Einkauf
	kleine Bestellmenge kleine Lagerbestande geringe Lagerkosten	Lager, Finanzen
	große Bestellmengen geringe Anzahl Lieferungen	Lieferant, Materialdisponent
Lagerbestand	großer Lagerbestand, hohe Lieferbereitschaft	Vertrieb, Finanzen
	großer Lagerbestand, hohe Fertigungssicherheit	Fertigung, Finanzen
	großer Lagerbestand, große Fertigungslose	Fertigung

Tab. 1.1: Zielkonflikte und involvierte Abteilungen

1.4 Objekte der Materialwirtschaft

Die Tätigkeit der Materialwirtschaft bezieht sich auf vielfältige Objekte, die beschafft, verändert und verwaltet werden. Die Objekte unterscheiden sich zum einen in der Bedeutung für das herzustellende Produkt (Menge oder Wert) und zum anderen in der Veredelungsstufe (Rohstoff-Halbzeug-Fertigteil). Als Objekte können unterschieden werden:

- *Rohstoffe*: Stoffe, die unmittelbar und in großem Umfang in das Endprodukt eingehen. Diese sind aus der Erzeugnisgliederung bzw. Stückliste zu ersehen. Rohstoffe sind Einzelkosten (Kostenträgereinzelkosten) und damit dem herzustellenden Produkt direkt zurechenbar. Rohstoffe sind variable Kosten.

Rohstoffe

Tuchstoff bei Anzügen, Stahlblecherzeugung in der Autoherstellung, Papier in der Zeitungsherstellung.

- *Betriebsstoffe*: Stoffe, die mittelbar oder unmittelbar bei der Herstellung des Produktes verbraucht werden. Betriebsstoffe werden nicht zum Bestandteil des Endproduktes. Die Betriebsstoffe sind nicht unbedingt Bestandteil der Stücklisten. Die Betriebsstoffe gehören in der Kostenrechnung zu den so genannten Kostenstelleneinzelkosten oder Kostenträgergemeinkosten. Das heißt, die Kosten sind der verbrauchenden Stelle zwar direkt zurechenbar, aber nicht dem hergestellten Produkt.

Betriebsstoffe

Nähmaschinenöl für Nähmaschine, Energiezufuhr bei Blechherstellung, Strom für Druckmaschinen.

- *Hilfsstoffe*: Stoffe, die unmittelbar in das Endprodukt eingehen. Hilfsstoffe erfüllen nur eine Hilfsfunktion und haben nur einen geringen mengen- und wertmäßigen Anteil. Die Hilfsstoffe sind Bestandteil der Stückliste. Sie gehören gleichermaßen zu den Kostenstelleneinzelkosten wie zu den Kostenträgergemeinkosten.

Hilfsstoffe

Nähgarn bei Anzügen, Knöpfe bei Anzügen, Schrauben und Schweißmaterial in der Blechbearbeitung, Verpackung der Druckerzeugnisse.

- *Zulieferteile*: Güter, die als eigenständige Komponenten in das zu fertigende Endprodukt eingehen. Zulieferteile können unterschiedliche Reifegrade haben. Sie sind Bestandteil der Stückliste und im Rahmen der Kostenrechnung Einzelkosten, also direkt dem herzustellenden Produkt zurechenbar.

Zulieferteile

Ein kompletter Motor für ein Auto (die Firma *Opel* baut in die Dieselvariante des Omega einen *BMW*-Dieselmotor ein), Motorteile wie Kurbelwellen, Kolbenringe in der Motormontage, Gehäuse in der PC-Herstellung, Mikrocontroller für einen PC.

Handelsware

- *Handelsware*: Güter, die komplett als Endprodukte zugekauft werden, als Ergänzung und Erweiterung der eigenen Produktionspalette dienen und keine weitere Bearbeitung erfahren. Nach dem Beschaffungsvorgang wird die Ware direkt ins Fertigwarenlager überstellt. Handelsware sind Einzelkosten und variable Kosten.

Zukauf von Mikrowellengeräten, um Produktionsprogramm »Haushaltsgeräte« zu ergänzen; eine PC-Handelskette stellt selbst PCs her und vertreibt zusätzlich Marken-PCs (die Fa. *VOBIS* vertreibt in ihren eigenen Verkaufsgeschäften neben den eigenen Marken auch die Geräte anderer Markenhersteller).

Betriebsmittel

- *Betriebsmittel*: Einrichtungen und Maschinen zur Erstellung betrieblicher Leistungen. Maschinen und Einrichtungen werden für Fertigungszwecke gekauft und eingesetzt. Der Kauf von Maschinen wird bei Ersatz der alten Maschine oder bei Wachstumsphasen (Ausbau der Fertigungskapazität) erforderlich. Der Beschaffungsvorgang ist zeitvariabel und das Objekt ist starken Änderungen unterworfen.

Kauf einer Standardmaschine zur Metallbearbeitung, Kauf eines Prüfautomaten, Kauf einer Transferstraße zur Motorblockbearbeitung.

Dienstleistungen

- *Dienstleistungen*: Kauf von Dienstleistungen. Im Rahmen des Outsourcing mit wachsender Bedeutung. Verbunden mit Verträgen über Preisentwicklung für die bezogene Dienstleistung und festgelegter Laufzeit.

Vergabe der DV-Leistung an ein externes DV-Unternehmen, Beratungsleistung bei einem Investitionsobjekt, Fremdvergabe der Qualitätssicherung, Fremdvergabe der Gebäudereinigung.

Der betriebliche Schwerpunkt liegt in den Objekten, die sich ständig verbrauchen und immer wieder beschafft werden müssen, den so genannten Repetierfaktoren, d. h. den Rohstoffen, Betriebs- und Hilfsstoffen, den Zulieferteilen und der Handelsware.

1.5 Gliederungsprinzipien der Logistik

Nach *Pfohl* ergibt sich die Veränderung von Gütern – im Sinne von physischen Gütern, Sachgütern und Realgütern, durch die Güterbereitstellung (durch Produktionsprozesse) und die Güterverwendung (durch Konsum). Das Bindeglied zwischen Güterbereitstellung und Güterverwendung bildet die Güterverteilung. Sie vollzieht sich durch Transformationsprozesse (Bewegungs- und Lagerprozesse), die die Güter nicht qualitativ, sondern raum-zeitlich verändern. Der Vorgang der raum-zeitlichen Gütertransformation wird als Logistik bezeichnet. Dabei ist die Schnittmenge zwischen integrierter Materialwirtschaft und der Logistik naturgemäß sehr groß. Neben der flussorientierten Definition der Logistik, die die Planung und Steuerung von Prozessen, die Umsetzung und Überwachung eines wirtschaftlichen Fließens des Materials (Rohstoffe, Halbzeuge, Fertigprodukte) ermöglicht, kann die Logistik aber auch nach Aufgaben oder betrieblichen Abläufen gegliedert werden. Dabei ist neben dem Materialfluss vom Lieferanten über den Produktions- oder Handelsbetrieb bis zum Kunden auch der Informationsfluss eingebunden. Nach ihren Aufgaben gliedert sich die Logistik in folgende betriebliche Funktionen:

Transformationsprozess

- Disposition (Bedarfsermittlung, Auftragsabwicklung),
- Lagerhaltung (Bestandsverantwortung, Lagervorgänge),
- Verpackung,
- Transport (innerbetrieblicher und außerbetrieblicher Transport),
- Informationsverarbeitung.

Die Gliederung der Logistik, die dem Materialfluss folgend vorgenommen wird, unterscheidet die einzelnen Phasen von der Lieferung über die Lagerung, den Transport in die Fertigung, die eigentliche Fertigung, den Transport in das Vertriebslager und die Verteilung zum Kunden. Dieser Ablauf wird fortgesetzt durch einen zurückführenden Materialstrom, der durch Recycling Rohstoffe schonen und Abfallberge vermeiden soll. Demnach lässt sich die Logistik wie folgt gliedern:

Transport

- Beschaffungslogistik,
- Produktionslogistik,
- Distributionslogistik,
- Lagerlogistik,
- Entsorgungslogistik.

Die Beschaffungslogistik befasst sich mit allen Tätigkeiten im Zusammenhang mit dem Materialfluss vom Beschaffungsmarkt bis zum Eingangslager oder direkt in die Produktion (siehe Kapitel

Beschaffungslogistik

6.1). Sie stellt damit das Bindeglied zwischen der Distributionslogistik des Lieferanten und der Produktionslogistik im eigenen
Unternehmen dar. Die kaufmännische Funktion des Einkaufs
bleibt davon unberührt. Konkret resultieren daraus Aufgaben zur
Festlegung von Anlieferungsarten, -zeiten und -orten, der Disposition und Bedarfsermittlung, der Koordination der Materialflüsse,
der Festlegung von Transporteinrichtungen, Fragen der Transport-
kostenminimierung oder Fragen des Make-or-Buy.

Produktionslogistik

Die Produktionslogistik (Kapitel 6.2) befasst sich mit allen Tätigkeiten im Zusammenhang mit dem Material- und Informationsfluss von Roh-, Hilfs- und Betriebsstoffen vom Rohmateriallager
zur Produktion, durch die einzelnen Stufen der Produktion hin-
durch bis hin zum Fertigwarenlager. Die hohen Investitionen in
Planungs- und Steuerungseinrichtungen und in Transport- und Lagerkapazitäten sowie die Vielzahl von Transport- und Handlingvor-
gängen während des Produktionsablaufs sind kritische Kostenfaktoren. Die Produktionslogistik soll die Durchlaufzeit innerhalb
der Produktion und der Verwaltung, die vornehmlich durch Trans-
port-, Handling- und Liegezeiten geprägt ist, reduzieren. Insbesondere die Wartezeiten tragen nicht zur Wertschöpfung bei und
stellen ein wichtiges Potenzial zur Kostenreduzierung dar.

Distributionslogistik

Die Distributionslogistik (Kapitel 6.3) befasst sich mit allen Tätigkeiten im Zusammenhang mit dem Warenfluss vom Hersteller
zum Kunden, z. B. über ein Netz von Auslieferungslagern von Fer-
tigprodukten. Damit stellt die Distributionslogistik das Bindeglied
zwischen der Produktionslogistik des eigenen Unternehmens und
der Beschaffungslogistik des Kunden dar. Die konkreten Aufgaben
sind die Festlegung der Lagerstandorte, der Art der Lagerhaltung
und der Lagertechnik, die Gestaltung des Materialflusses zwischen
Produktion bzw. Fertigwarenlager und Kunden, die Gewährleistung eines ausreichenden Lieferservices, die Entgegennahme von
Abrufmengen und die Weiterleitung an die ausführenden Stellen
in den Werken.

Entsorgungslogistik

Die Entsorgungslogistik (Kapitel 6.4) ist eines der jüngeren Teilgebiete der Logistik. Die wichtigsten entsorgungslogistischen Prozesse sind geprägt durch die verschiedenartig zu entsorgenden Abfallprodukte, die unterschiedliche örtliche Zuordnung der Abfall-
entstehung, Wiedereinsatz und Beseitigung von Abfällen und die
verschiedenen Arten der Abfallbehandlung. Dabei ist unter Beachtung von Kosteneinflussgrößen und notwendigen Investitionen die
Wirtschaftlichkeit zu gewährleisten.

Lagerlogistik

Die Lagerlogistik (Kapitel 6.5) stellt das Lager in den Mittelpunkt der Betrachtung und damit sämtliche technischen und organisatorischen Fragestellungen, die im Hinblick auf die Lagerung
aufgeworfen werden. Damit gibt es eine Überschneidung mit den
Aufgaben der Beschaffungs- und Distributionslogistik, die sich mit

der Lagerhaltung befassen. Die im Rahmen der Lagerlogistik zu beantwortenden Fragen betreffen z. B. die Notwendigkeit der Lagerhaltung, die Notwendigkeit einer eigenen Lagerhaltung, die Sortimentsbreite und -tiefe, die Erfüllung von Bestandshöhen und Umschlagshäufigkeiten, die eingesetzte Lagertechnik (Zukunftssicherheit der Investition), die Lagerorganisation sowie die gesamte Datenverwaltung.

Kontrollfragen

1. Wie lautet die Definition der Integrierten Materialwirtschaft?
2. Wie unterscheiden sich Materialwirtschaft und Logistik?
3. Welche Objekte der Materialwirtschaft gibt es?
4. Welcher Zielkonflikt in der Materialwirtschaft ist der bedeutendste?

2 Bedeutung der Material-wirtschaft

Lernziele

Nach Lektüre dieses Kapitels soll der Leser

- die Bedeutung der Materialwirtschaft erläutern und quantifizieren,
- den Begriff Fertigungstiefe erklären,
- die Kostenstruktur allgemein und exemplarisch anhand von Produkten beschreiben,
- die Begriffe Modular Sourcing, Global Sourcing und Single Sourcing erklären,
- die Auswirkungen des Modular Sourcing auf die Lieferantenkette beschreiben und kritisch betrachten,
- die Herausforderungen einer Volkswirtschaft durch Global Sourcing erläutern

können.

Die Materialwirtschaft hat in den letzten Jahren durch Begriffe wie Systemlieferanten und Globalisierung der Märkte, durch Namen wie *Ignazio Lopez* (ehemaliger Einkaufs- und Fertigungschef der *Volkswagen AG*), durch die Erfolge der japanischen Industrie auf den Weltmärkten und durch Ansätze des E-Commerce (E-Procurement, Supply-Chain-Management) an Bedeutung und als Schlüsselfunktion in den Unternehmen an Einfluss gewonnen. Sie ist heute zum Schlüssel des Erfolgs geworden, nachdem vielfach die Kostensenkungspotenziale in der Fertigung durch Automatisierung und Standardisierung ausgereizt sind. Die Materialwirtschaft ermöglicht die Nutzung von Standortvorteilen und Betriebsgrößeneffekten wie auch die Einbindung hervorragender Lieferanten (in Sachen Qualität, Lieferservice, Preisbildung) in die Wertschöpfungskette sowie die Ausschöpfung von Kostensenkungspotenzialen durch die Optimierung des gesamten Materialflusses und leistet damit einen erheblichen Beitrag zur Wettbewerbsfähigkeit der Unternehmen. In diesem Kapitel wird die Bedeutung der Materialwirtschaft für den Unternehmenserfolg dargestellt, um daraus abzuleiten, wo die Prüfsteine für eine leistungsfähige und wettbewerbsfähige Materialwirtschaft liegen und welche Erwartungen an die Materialwirtschaft letztendlich gestellt werden müssen.

2.1 Fertigungstiefe und Wettbewerbsfähigkeit

Viele Unternehmen sind derzeit bemüht, die eigene Fertigungstiefe zu reduzieren und zunehmend Vorprodukte, Dienstleistungen
oder Fertigprodukte zuzukaufen. Verantwortlich für diese Entwicklung sind u. a. der Vorbildcharakter japanischer Unternehmen
wie *Toyota Motors*, *Nippon Denso* und andere sowie die Erkennt-
nis, durch immer stärker wachsende Fixkostenanteile an den gesamten Herstellungskosten von Produkten an unternehmerischer
Flexibilität, insbesondere im Hinblick auf Beschäftigung und Pro-
duktinnovationen, verloren zu haben. Flexibilität der Beschäf- **Reaktionsfähigkeit**
tigung beschreibt die *Reaktionsfähigkeit* bei Änderungen der Auf-
tragssituation. Lässt sich die Beschäftigung von Mitarbeitern bei
rückläufigen Aufträgen nicht entsprechend anpassen, so steigen
die Stückkosten aufgrund nicht ausgelasteter Kapazitäten (Unter-
beschäftigung). Reagiert das Unternehmen mit Preiserhöhungen,
so kann dies zum Verlust weiterer Aufträge führen und die Stück-
kostenspirale nach oben sowie die Auslastungsspirale nach unten
in Gang setzen. Flexibilität im Hinblick auf *Innovationen* stellt **Innovationen**
die Festschreibung vorhandener Fertigungstechnologien und auch
konkreter Entwicklungsprojekte in Frage. Damit ist gemeint, dass
vorhandene Fertigungseinrichtungen auch deren Auslastung fordern. Dies aber auch dann, wenn bereits andere Produkte mit anderen, neueren Fertigungstechnologien hergestellt werden können.
Die einmal festgelegte und installierte Fertigungstechnologie lässt
sich nicht kurzfristig verändern oder anpassen. Vor allem Produkte
oder Dienstleistungen, die selbst erzeugt oder erbracht werden, benötigen kapitalintensive Maschinen und Einrichtungen oder eigenes Personal. Damit ist die Flexibilität der Fertigungstechnologie
eingeschränkt, was anhand der fixen Kosten, die unabhängig von
möglichen Beschäftigungsschwankungen anfallen, deutlich wird.
Ebenso spielen auch neuere Unternehmensphilosophien eine Rol-
le, die die Konzentration auf das Kerngeschäft, auf die *Kernkompe-* **Kernkompetenz und**
tenz fordern, um damit die notwendigen Kräfte und *Ressourcen* für **Ressourcen**
den Wettbewerb zu bündeln. Demnach sind die Ressourcen eines
Unternehmens auf solche Bereiche zu konzentrieren, in denen das
Unternehmen über spezifische Kompetenzen verfügt, um sich von
anderen Mitwettbewerbern abzuheben. Andere für die Wettbewerbsfähigkeit des Unternehmens unbedeutende Bereiche und
Funktionen können auch von außen zugekauft werden. So ist folgende Aussage eines Mitarbeiters eines führenden Automobil-
herstellers nicht verwunderlich: »Die Kernkompetenz, die unsere
Automobilkunden von uns erwarten, sind der Motor, das Fahrwerk
und die Hülle. Selbstverständlich in bester Qualität«. Das heißt
aber, dass alle anderen Komponenten im Auto zwangsläufig nicht
selbst hergestellt werden müssen, sondern auch Zukaufteile sein

können. Das wären z. B. Getriebe, Armaturen, Motormanagement, Bremsen, Achsen und Sitzgruppen. Die Frage ist, in welchem *Umfang* die Fertigungstiefe reduziert werden soll. Eine geringere Fertigungstiefe bedeutet zwar eine Umschichtung zugunsten der variablen Kosten und den Abbau fixer Kosten und damit eine Reduzierung der Abhängigkeit bezüglich Beschäftigungsschwankungen und bezüglich technischer und struktureller Änderungen, andererseits aber eine Verringerung der Wertschöpfung und damit verbundener Beschäftigung und eine Ausgliederung von Know-how. So lassen sich bei führenden deutschen Automobilherstellern unterschiedliche Fertigungstiefen feststellen:

Hersteller	Fertigungstiefe (in Prozent der Gesamtkosten)
Mercedes-Benz AG	47,7
BMW AG	40,1
Audi AG	22,8

Tab. 2.1: Fertigungstiefe der Automobilhersteller Mercedes-Benz AG, BMW AG und Audi AG (Quelle: Bilanzen 1996)

Fertigungstiefe

Eine Fertigungstiefe von 33 % wird gegenwärtig von vielen Automobilherstellern als unausgesprochenes Ziel deklariert. Das bedeutet, dass z. B. europäische Automobilhersteller ihre Fertigungstiefe von derzeit ca. 47 % in naher Zukunft auf 33 % reduzieren werden. Das heißt aber auch, dass sich das Beschaffungsvolumen um 26 %, von 53 % (100 %–47 %) auf 67 % (100 %–33 %) der Gesamtkosten, erhöht. Dies ist aber nicht das Ende der Entwicklung. Um die Zielmarken zu erkennen, ist es sinnvoll, die Branche mit dem größten Veränderungsdruck, aber auch mit dem größten Veränderungspotenzial zu betrachten: die Elektronikindustrie. Sie steht wie keine andere Industriebranche im globalen Wettbewerb und verfügt über gut ausgebaute und kostengünstige Logistikstrukturen. In der Elektronik sind Zielgrößen von 20 % Fertigungstiefe in greifbare Nähe gerückt. Die stete Miniaturisierung der Komponenten, die hochentwickelte Halbleiterindustrie mit ihren riesigen Kapazitäten als Lieferant, die hohen Eintrittsbarrieren in die Chip-Technologie, die unterschiedlichsten Anforderungen seitens der Märkte und die geforderte Innovation bei Produkten führt zu der geringen Fertigungstiefe. Abbildung 2.1 zeigt den Anteil der Eigenfertigung am Beispiel der Telekommunikationsindustrie.

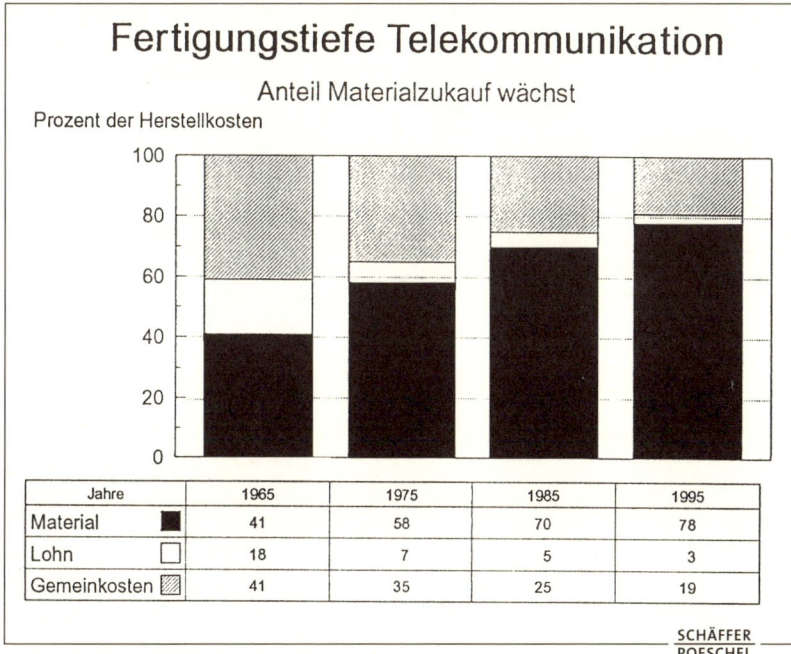

Abb. 2.1: Entwicklung der Fertigungstiefe in der Telekommunikationsindustrie von 1965 bis 1995

Eine niedrigere Fertigungstiefe führt zu einer größeren Flexibilität bei Marktschwankungen und technologischen Veränderungen. Es gibt auch andere Möglichkeiten, die Flexibilisierung bei Kosten und die Reaktionsfähigkeit bei Kundenwünschen zu erreichen. Ansatzpunkte ergeben sich durch flexible Arbeitszeitmodelle, durch Einsatz von Baukästen, durch eine verstärkte Standardisierung und durch organisatorische Hilfsmittel, wie die Bildung von Cost- und Profit-Centern. Darüber hinaus ist die Fertigungstiefe bei Kernkompetenzen eher hoch zu halten, um den Know-how-Vorsprung erhalten oder ausbauen zu können.

2.2 Der Einfluss der Materialwirtschaft auf die Kostenstruktur

Die Kostenstruktur für Produkte oder ganze Unternehmen soll den Einfluss einzelner Kostenarten auf den Kostenträger, sprich das Produkt, darstellen. Damit werden Relationen deutlich und Kostenbeeinflussungspotenziale sichtbar. Die *Kostenstruktur* von Produkten kann zunächst sehr einfach beschrieben werden, indem nur die wichtigsten Kostenarten wie Personal, Material und Abschreibungen aufgezeigt werden. Die Summe von Kostenarten mit

Kostenstruktur

geringem Gewicht, wie Energiekosten, Raum- und Telekommu-
nikationskosten, können unter »Sonstige Kosten« subsummiert
werden. Tabelle 2.2 weist beispielhaft die Kostenstruktur eines
Herstellers von Autoradios aus.

	Low-End-Gerät (Niedrig-Preisklasse) (%)	High-End-Gerät (Hoch-Preisklasse) (%)
Sonstiges	2	6
Kalk. Kosten	10	8
Gehälter	7	8
Lohnnebenkosten	4	6
Löhne	4	6
Materialeinzelkosten	73	66
Summe	100	100

Tab. 2.2: Kostenstruktur der Herstellkosten eines Autoradios

Materialkosten

**Materialbewirt-
schaftungskosten**

Die Aufstellung macht die überragende Rolle der Materialeinzelkosten als Teil der Herstellkosten im Bereich Elektronik sichtbar.
Der Materialeinzelkostenanteil des verarbeitenden Gewerbes liegt
bei mindestens 50 %. Die *Materialkosten* setzen sich aus den Materialeinzelkosten (Material-Einstandspreis) und den Materialgemeinkosten (Kostenträgergemeinkosten für Lagerhaltung, Beschaffung, etc.) zusammen. Der Materialwirtschaftler ist damit nicht
nur für die Kosten des beschafften Materials, also für die Einstandspreise verantwortlich, sondern auch für die Materialbewirtschaftungskosten. Diese Materialbewirtschaftungskosten setzen
sich aus Personalkosten (Mitarbeiter Einkauf, Lagerverwaltung,
Disposition), den kalkulatorischen Kosten (kalk. Abschreibung,
kalk. Zinsen, Lagergebäude, Lagereinrichtungen) und Sonstigen
Kosten (EDV, Telefon, Energie, Wartung) zusammen. Wenn man
davon ausgeht, dass die Materialgemeinkosten ca. 5 bis 12 % der
Materialeinzelkosten betragen, so resultiert daraus ein von der Materialwirtschaft direkt beeinflussbares Kostenpotenzial von durchschnittlich mindestens 56 %. Am Beispiel des Herstellers von Autoradios (Bereich Elektronik) ergibt sich damit die in Tabelle 2.3
wiedergegebene Aufteilung.

	Low-End-Gerät (Niedrig-Preisklasse) (%)	High-End-Gerät (Hoch-Preisklasse) (%)
Materialeinzelkosten	73	66
Materialgemeinkosten	7	7
sonstige Personalkosten	12	16
sonstige Kalk.Kosten	7	6
Sonstiges	1	5
Summe	100	100

Tab. 2.3: Kostenverantwortung der Materialwirtschaft am Beispiel der Kostenstruktur der Herstellkosten eines Autoradios

Die Elektronikindustrie unterliegt aufgrund ihres Innovationstempos und der starken Wachstumsimpulse einem heftigen Erneuerungs- und Veränderungsdruck. Produktgenerationen, die gerade auf den Markt kommen, sind nach kurzer Zeit veraltet. Daher wird die Elektronik als Querschnittstechnologie, einsetzbar in Industrie, Büro und Haushalt, als der herausragende Industriezweig angesehen, von dem bedeutende Impulse auch für die anderen Industriebereiche ausgehen.

Die Materialwirtschaft kann in dieser Branche ca. 73 % bis 80 % der *Herstellkosten* beeinflussen, wenn die Materialeinzelkosten- und die Materialgemeinkostenanteile addiert werden. Der Einfluss der Produktgestaltung und des Designs muss zunächst ausgeklammert werden. Nach einer alten Konstruktionsregel heißt es, dass 70 % der Herstellkosten durch die Entwicklung/Konstruktion vorgegeben sind. Welche Bauteile notwendig sind, welche Funktionen das Endprodukt zu erfüllen hat, welche Fertigungs- und Prüfmethoden angewandt werden, das sind die entscheidenden Fragen und damit die Einflussgrößen für die Höhe der Herstellkosten. Das heißt in der Praxis, dass die Materialwirtschaft im Rahmen der Beschaffung zunächst nur die Vorgaben der Entwicklung/Konstruktion bzgl. der Bauteile und der Komponenten umsetzen kann. Durch das Bemühen, die Herstellkosten der Produkte zu reduzieren, um wettbewerbsfähig zu bleiben, wird die frühzeitige Einbindung der Materialwirtschaft in den Entwicklungsprozess neuer Produkte verstärkt eingefordert. Damit kann bereits während der Entstehung des neuen Produktes und der benötigten Komponenten Einfluss auf die Entwicklung und den Lieferanten ausgeübt werden. Dies heißt konkret, rechtzeitig nach geeigneten Lieferanten Ausschau zu halten, Bauteile zu verwerfen,

Herstellkosten

die am Markt nur sehr teuer erworben werden können oder geeignete Substitutionsprodukte zu finden.

Die Optimierung der Prozesskette Lieferant, Hersteller und Kunde besitzt damit verschiedene Kostenpotenziale, die durch die Materialwirtschaft und Logistik maßgeblich beeinflusst werden können (Abbildung 2.2).

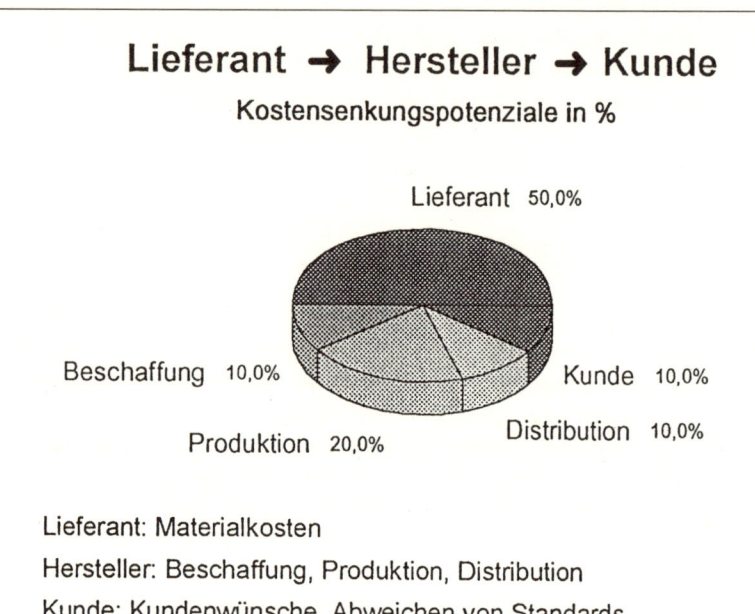

Abb. 2.2: Kostensenkungspotenziale bei der Optimierung der Lieferanten-Hersteller-Kunden-Beziehung

Kostensenkungs-potenzial

Angesichts des erheblichen Stellenwertes der Materialwirtschaft bei der Beeinflussung der Gesamtkosten, werden in diesem Bereich auch hohe Kostensenkungspotenziale eingefordert. Dabei sind Vorgaben wie die Reduzierung der Einstandspreise je nach Materialgruppe (Mechanik, Elektronik) von 5 bis 10 % p.a. oder Reduzierung der Logistikkosten durch veränderte Lieferstrukturen denkbar. Letztere kann erreicht werden durch eine Reduzierung der Lagerhaltung und der Schnittstellen (innerbetrieblich: Einkauf-Beschaffung-Lager-Vertrieb, außerbetrieblich: Lieferant-Spediteur-Hersteller-Spediteur-Kunde) oder, was zunehmend praktiziert

Outsourcing

wird, durch *Outsourcing* zu Logistik-Dienstleistern (Transport, Transportdisposition, Lagerhaltung, Verpackung) sowie durch die DV-technische Verknüpfung von Lieferanten, Herstellern und Kunden.

2.3 Der Einfluss der Materialwirtschaft auf die Bilanzrelationen

Viele Unternehmen werden mit Hilfe von zwei Kennzahlen geführt oder zumindest kontrolliert: Umsatz pro Mitarbeiter und Höhe der Bestände. Bestände sind gebundenes Kapital und umfassen Roh-, Hilfs- und Betriebsstoffe sowie Halb- und Fertigerzeugnisse. Zu einem kleinen Teil ist auch gespeicherte Wertschöpfung (Lohn, Gehalt, kalkulatorische Kosten, etc.) enthalten, bedingt durch den im Unternehmen stattfindenden Veredelungsprozess, d. h. die Verarbeitung von Rohstoffen unter Einsatz von Produktionsfaktoren zur Erzeugung der Produkte. Den größten Teil aber machen die Materialkosten aus. Die Bestände, gespeichertes Material in verschiedenen Fertigungsstufen als Rohstoff, Zwischenprodukte und Endprodukte, verursachen *Kapitalbindungskosten*. Die Kapitalbindungskosten entstehen dadurch, dass das in Material angelegte Geld nicht für andere unternehmerische Zwecke zur Verfügung steht. Das benötigte Geld muss, unabhängig ob fremd finanziert über ein Kreditinstitut oder eigenfinanziert durch Gewinnverwendung oder Kapitaleinlagen der Eigentümer, verzinst werden. Damit werden die Kapitalbindungskosten durch den Wert der Materialvorräte und die Dauer der Kapitalbindung bestimmt. Bei Betrachtung der Bilanzrelationen wird die Höhe des Umlaufvermögens, das sich zum größten Teil aus Beständen an Rohstoffen, unfertigen Erzeugnissen und fertigen Erzeugnissen ergibt, der Bilanzsumme, die sich aus der Addition des Umlaufvermögens und des *Anlagevermögens* ergibt, gegenübergestellt. So liegen die Bestände im Automobilbau bei ca. 30 % und in der Herstellung von Produkten mit geringer Anzahl an Fertigungsstufen (z. B. Reifenherstellung) bei ca. 9 %. An einem kleinen Beispiel soll diese Relation verdeutlicht werden:

Wertschöpfung

Kapitalbindungskosten

Anlage-/ Umlaufvermögen

Unternehmen X hat 100 000 Mitarbeiter, einen Umsatz von 30 Mrd. €, einen Anteil der Vorräte an der Bilanzsumme von 20 % und eine Bilanzsumme von 24 Mrd. €. Damit ergeben sich bei einem Zinssatz von 12 % vor Steuern Kapitalbindungskosten in Höhe von 576 Mio. € p.a. und ein durch Bestände gebundenes Kapital von 4,8 Mrd. €. Durch eine Reduktion der Bestände um die Hälfte würden einmalig 2,4 Mrd. € zusätzlich an liquiden Mitteln zur Verfügung stehen und 288 Mio. € jährlich an Zinskosten eingespart werden können. Dabei bleibt unberücksichtigt, dass hohe Bestände auch andere Kosten z. B. in der Verwaltung und Lagerhaltung verursachen und damit einen nicht zu vernachlässigenden Anteil der so genannten Komplexitätskosten in den Unternehmen darstellen.

In den Rezessions-Jahren 1992–1994 wurde hier seitens der Industrie sehr viel getan, um die Bestände zu reduzieren. Das Ziel der Bestandsreduzierung geht einher mit der Forderung nach kurzen *Durchlaufzeiten*. Hohe Bestände verursachen nicht nur Kapital-

Durchlaufzeit

bindungskosten, sondern verdecken auch Probleme im Fertigungsprozess oder Verwaltungsablauf. Reduzierte Bestände decken diese
Probleme eher auf, sodass sie angegangen und behoben werden
können. Dadurch wiederum wird der Zwang zur Veränderung und
zur Beherrschung der Fertigungsprozesse, der Beschaffungsprozesse und Vertriebsprozesse verstärkt. Wenn ein Hersteller ein
wichtiges Produkt von einem Lieferanten bezieht, der ständig
wechselnde Qualitäten liefert, so wird der Hersteller sicherheits-
halber einen höheren Bestand auf Lager nehmen, um zu vermeiden, dass mangelhaftes Material seinen Fertigungsprozess stört
oder gar zum Stillstand bringt. Reduziert er seine Bestände, so
wächst der Druck auf seinen Lieferanten, eine gleich bleibend
hohe Qualität zu gewährleisten. Kann der Lieferant dies aber nicht
realisieren, so wird ein Lieferantenwechsel verstärkt eingefordert.
Mit einem neuen Lieferanten kann die Bestandshöhe reduziert
werden, und die zusätzlichen Kontrollen, um den Fertigungsprozess nicht zu gefährden, können entfallen.

2.4 Zukünftige Herausforderungen in der Materialwirtschaft

In keinem anderen Bereich ist derzeit die Dynamik der Veränderungen so groß wie in dem der Materialwirtschaft. Die absolute
Kundenorientierung, die Öffnung der Märkte, die Vereinfachung
von innerbetrieblichen Abläufen (Verschlankung), Beschaffungs-
kooperationen, kürzere Produktlebenszyklen, mögliche Zoll- und
Handelsbarrieren, die zunehmende Austauschbarkeit/Verfügbar-
keit der Technik weltweit, Elektronische Datenübermittlung, der
Einfluss von Billiglohnländern, Globalisierung des Wettbewerbs,
Beschleunigung des Innovationstempos, Null-Fehler-Programme,
das Qualitätssicherungssystem ISO 9000 ff. und die Unruhe an der
Währungsfront fordern Konzepte und Reaktionen der Material-

Erfolgspotenziale wirtschaft. Daraus lassen sich folgende *Erfolgspotenziale* einer
künftigen Materialwirtschaft ableiten:

- Systemlieferanten (Modular Sourcing),
- Global Sourcing (weltweiter Einkauf),
- Single Sourcing (Einquellenbelieferung),
- Wertschöpfungspartnerschaften,
- langfristige   Partnerschaften,   Entwicklungs-Partnerschaften,
  Langzeit-Verträge,
- Total-Cost-of-Ownership,
- Informationstechnische Verknüpfung (EDI, Internet, etc.),
- Absicherung gegen Währungsrisiko durch den Abgleich von
  Einkaufs- und Verkaufsvolumen,

- regionaler Aufbau von Lieferanten,
- einheitliches Qualitätssicherungssystem,
- Ausbau Kundendienst, Service,
- neue Logistikkonzepte (Gebietsspediteure, Kombi-Verkehr, JIT).

Die wichtigsten dieser Erfolgspotenziale werden im Folgenden erläutert.

2.4.1 Modular Sourcing

Modular Sourcing beschreibt die Beschaffung von kompletten Modulen anstatt einzelner Komponenten. Modular Sourcing und Systemlieferanten sind ähnliche Begriffe.

Die Suche nach Kostensenkungspotenzialen veranlasst die Kunden, die Anzahl der Lieferanten zu reduzieren und die Aufgabeninhalte für die verbleibenden Lieferanten zu erhöhen. So werden nicht mehr eine Vielzahl von Bauteilen von einer Vielzahl Lieferanten bezogen, sondern zunehmend bereits höher integrierte Produkte von wenigen Lieferanten. Es werden keine Einzelteile oder Baugruppen, sondern ganze Systeme vom Lieferanten geordert. Damit wird ein Lieferant zum *Systemlieferant*. Dies führt ferner dazu, dass mit den Lieferanten Entwicklungspartnerschaften eingegangen werden, wobei der Lieferant frühzeitig in die Entwicklungsphase eingeschaltet wird und auch selbstständig entwickeln soll. Entwicklungskosten werden dann nicht separat abgerechnet, wie vielfach noch üblich, sondern über den Preis des Produktes. Damit übernimmt der Lieferant vielfach auch die Vorfinanzierung der Entwicklungskosten. Gerade dieser Aspekt kann für viele kleine und mittelständische Lieferanten kritisch, d.h. existenzbedrohend, werden. Der Systemlieferant liefert nicht mehr einzelne Komponenten, sondern übernimmt Tätigkeiten der Vormontage und Qualitätssicherung und liefert dem Kunden komplette Systeme an. Das System Kraftstoffversorgung im Automobil umfasst dabei beispielsweise den Benzintank, die Benzinpumpe, die elektronische Motorsteuerung und die Sensoren für Druck und Motordrehzahl. Anstatt wie bisher einem Automobilhersteller nur den Kühler oder die Scheinwerfer zu liefern, wird ein Systemlieferant künftig die komplette PKW-Front, bestehend aus Scheinwerfer, Kühlergrill, Kühler, Lüfter und Stoßfänger, vormontiert anliefern. Die Aufgabe, die einzelnen Komponenten zu beschaffen (evtl. auch beim Konkurrenten) sowie die Vorfertigung und die Qualitätskontrolle durchzuführen, obliegt in diesem Fall dem Lieferanten. Da-

Systemlieferant

durch muss er sein Tätigkeitsfeld stark ausdehnen und ein erhöhtes Entwicklungs-, Fertigungs- und Qualitätsrisiko tragen, kann dafür aber mit höheren Umsätzen und langfristigen Verträgen rechnen. In Abbildung 2.3 ist die veränderte Beschaffungsstruktur schematisch wiedergegeben.

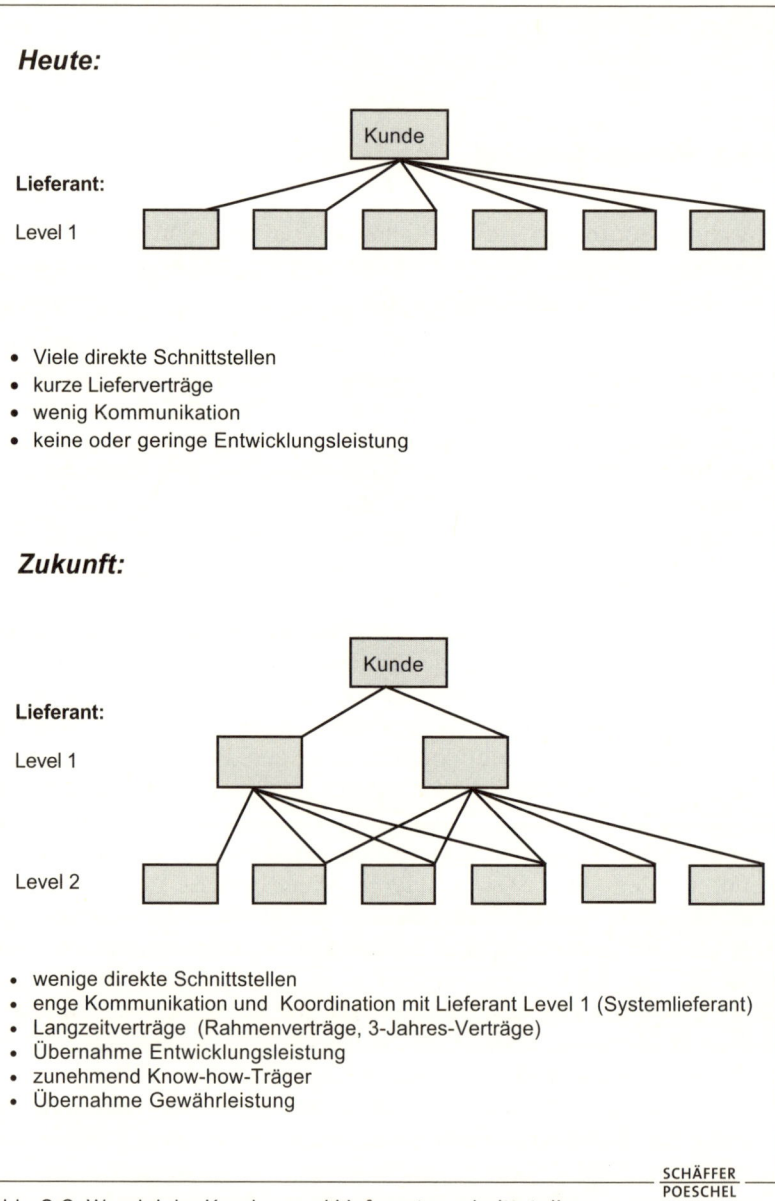

Abb. 2.3: Wandel der Kunden- und Lieferantenschnittstellen

Die Weiterentwicklung der Systemlieferantenschaft könnte am Ende in eine so genannte Wertschöpfungspartnerschaft zwischen Lieferant und Kunde münden, die sich wie folgt kennzeichnen lässt:

- gemeinsame Anstrengung zur Kostensenkung,
- Null-Fehler-Philosophie,
- Standardisierung (Gleichteile, Baukasten),
- strategisches Beschaffungsmanagement,
- integrierte Kommunikation,
- einheitliches Qualitätsmanagement,
- Simultaneous Engineering,
- Komplexitätsmanagement.

Eine Wertschöpfungspartnerschaft ist durch die *gemeinsame Anstrengung zur Kostensenkung* gekennzeichnet. Dies wird erreicht, indem nicht nur über die kostengünstigsten Fertigungsverfahren oder Produktauslegungen nachgedacht wird, sondern auch über logistische Abläufe, Materialbezugsquellen und den benötigten Funktionsumfang der Produkte. Darin eingebunden ist die *Null-* **Null-Fehler-**
Fehler-Philosophie: Es wird vom Lieferanten, das können auch un- **Philosophie**
ternehmensinterne Lieferanten sein, erwartet, dass Produkte ohne Fehler angeliefert werden. Der Lieferant wird angehalten, die internen Abläufe und Fertigungsprozesse zu beherrschen, anstatt eine aufwändige Endprüfung durchzuführen. Wird dieses Ziel erreicht, dann kann die Stoffeingangsprüfung beim Kunden entfallen. Die Null-Fehler-Philosophie gilt im Rahmen eines *Total-Quality-Managements* (TQM) ebenso für administrative Bereiche und ist nicht **TQM**
auf ausführende Bereiche wie die Fertigung beschränkt.

Weitergehende Anstrengungen im Qualitätsbereich erfordern ein *einheitliches Qualitätsmanagement*, um Qualitätskosten (z. B. Prüfkosten, Reparaturaufwand) zu senken und die Kundenzufriedenheit zu erhöhen. Ein einheitliches Qualitätsmanagement verlangt, dass einander angeglichene Abläufe und Verfahren zum Einsatz kommen. Erste Schritte sind durch die ISO 9000 ff. und durch **ISO 9000 ff.**
die Vorgabe großer Unternehmen (QS 9000) gemacht worden. Ein **QS 9000**
weiterer wichtiger Bereich in einer Wertschöpfungspartnerschaft sind die *Standardisierung* und ein *strategisches Beschaffungsmanagement*. Durch die Standardisierung sollen bewährte Komponenten häufiger eingesetzt werden und die »Kinderkrankheiten« durch zu viele und zu schnelle Neuentwicklungen bei Produkten vermieden werden. Darüber hinaus sind größere Stückzahlen und damit geringere Kosten zu realisieren. Das strategische Beschaffungsmanagement ist im Zusammenhang mit günstigen Beschaffungsquellen (Kosten, Technik) und den Kundenstandorten zu sehen. Um mit den Produkten rechtzeitig am Markt zu sein, wird es

wichtiger, mit dem Lieferanten parallel das gesamte Produkt zu entwickeln. Hier wird die Sukzessivplanung durch das *Simultaneous Engineering* abgelöst. Dabei werden viele Entwicklungsschritte nicht hintereinander, sondern möglichst parallel abgearbeitet. Der Lieferant ist in diesen Ablauf entsprechend einzubinden. Durch das Simultaneous Engineering wird »the time to market«, die Zeit von der Entwicklung bis zur Marktreife, erheblich verkürzt. Dies ist unter dem Aspekt der sich ständig verkürzenden Produktlebenszyklen von außerordentlich großer Bedeutung. Ein nicht zu vernachlässigender weiterer Aspekt in der Wertschöpfungspartnerschaft ist das *Komplexitätsmanagement.* Durch die enge Verknüpfung von Lieferant und Kunden sind Strukturen zu schaffen, die eine schnelle, unbürokratische Kommunikation ermöglichen und die bei auftretenden Problemen (Zeitverzug, Kostenüberschreitung, technische Machbarkeit ist in Frage gestellt) zügig zu Ergebnissen und Abhilfe führen. Ein latentes Problem muss dann in kürzerer Zeit und in einvernehmlicher Weise gelöst werden, wenn die o.g. Ziele zur Wettbewerbsfähigkeit nicht gefährdet werden sollen.

2.4.2 Global Sourcing

Global Sourcing beschäftigt sich mit der weltweiten Beschaffung von Gütern. Damit wird die traditionelle Beschaffung im direkten Umfeld eines Unternehmens durch den Einkauf auf den Märkten der Welt abgelöst. Der Globalisierung der Märkte folgen die Unternehmen mit einer Strategie zur globalen Materialbeschaffung, dem *Global Sourcing.*

Markttransparenz

Die Ziele der Beschaffungsmarktforschung im Rahmen des Global Sourcing bestehen darin *Markttransparenz* zu schaffen, optimale Lieferquellen aufzuspüren sowie Entscheidungsgrundlagen zu erstellen. Dabei wird man bei der Entscheidung zur Internationalisierung feststellen, dass der Informationsbedarf überproportional zunimmt. Hier sind im Gegensatz zu den nationalen und bekannten Lieferanten eine ganze Reihe zusätzlicher Informationen zu erarbeiten. Die Informationen, die über künftige Lieferanten benötigt werden, die nicht aus bisher bekannten Regionen stammen, sind sehr vielfältig. Sie betreffen das Leistungsprogramm des Lieferanten, wie Produktpalette, Kundendienst und Möglichkeiten der Übernahme von Konstruktions-/Entwicklungsleistungen bis hin zu Fragen der *Kommunikationsfähigkeit.* Dabei ist u. a. zu klären, ob die Kommunikationsinfrastruktur des Lieferanten ausrei-

**Kommunikations-
fähigkeit**

chend ausgebaut ist, ob es die Möglichkeit von Standleitungen gibt oder auch ob Sprachbarrieren bestehen und wie kulturelle Unterschiede ausgeglichen werden können. Daneben müssen Informationen über die Fertigungsanlagen des Lieferanten (Standorte, Fertigungstechnik, Kapazitäten, Kunden, Belieferung von Wettbewerbern) sowie über Kontrollmöglichkeiten und Geheimhaltungspflichten, die gegebenenfalls in anderen Ländern anders gehandhabt werden, eingeholt werden. Letztlich spielt die Flexibilität eines Lieferanten im Ausland eine wichtige Rolle. Flexibilität kann sich dabei auf die zu liefernden Mengen beziehen oder aber auch auf kurzfristige Änderungen, wie das Vorziehen von Lieferterminen. Flexibilität kann auch bei Änderungen der technischen Randbedingungen von Bedeutung sein. Hier kann ein in Fernost ansässiges Unternehmen in der Regel langsamer reagieren, als ein Zulieferer, der im Nachbarort sitzt. Die Personalqualifikation des Lieferanten ist schwierig zu beurteilen, da die Ausbildungssysteme sehr stark differieren. Ein weiterer wichtiger Punkt bei der Globalisierung der Beschaffung sind Kenntnisse der rechtlichen Situation, wie Gefahrenübergang, Zahlung von Transportkosten und Versicherungen. Ebenso kann ein Global Sourcing letztlich nur dann erfolgreich sein, wenn man das sozio-kulturelle Umfeld kennt und sich entsprechend darin zu bewegen weiß.

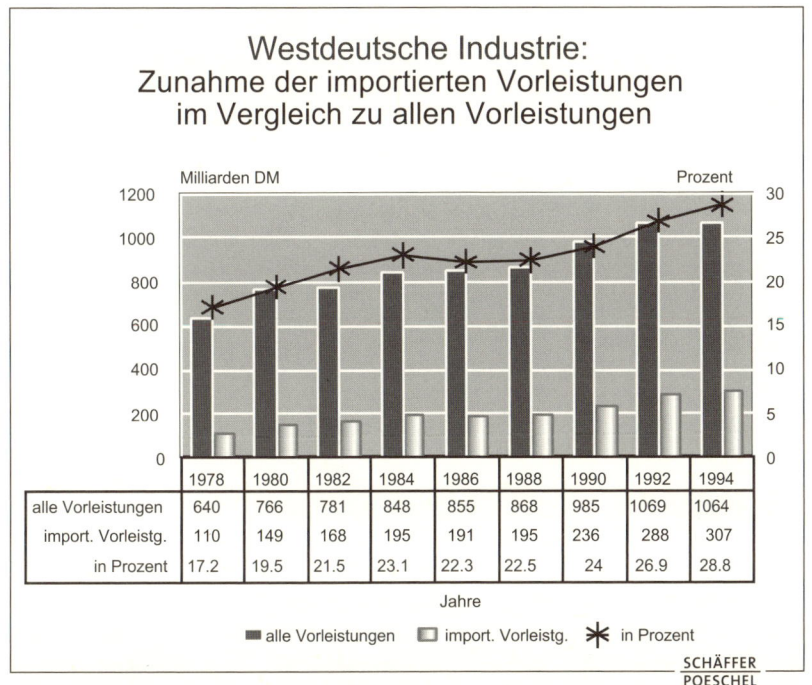

Abb. 2.4: Entwicklung des Global Sourcing

In Abbildung 2.4 ist die Entwicklung des Global Sourcing anhand
der aus dem Ausland bezogenen Vorleistungen dargestellt werden.
Während Ende der siebziger Jahre die aus dem Ausland bezogenen
Vorleistungen noch bei 20 % lagen, haben immer mehr Unternehmen den Anteil auf 30 % hochgeschraubt, um die hohen Pro-
Standort Deutschland   duktionskosten am *Standort Deutschland* durch preiswerte aus-
ländische Zulieferungen auszugleichen. Als neue interessante Bezugsquellen sind seit Beginn der neunziger Jahre die Länder in
Mittel- und Osteuropa hinzugekommen. Dadurch hat sich die Internationalisierung der Wertschöpfungskette weiter beschleunigt.

Eine weitere Beschaffungsphilosophie neben dem Global Sourcing ist das Multi Sourcing, bei dem bei internationaler Beschaffung auch international produziert wird. Beide Philosophien sind
in Abbildung 2.5 dargestellt.

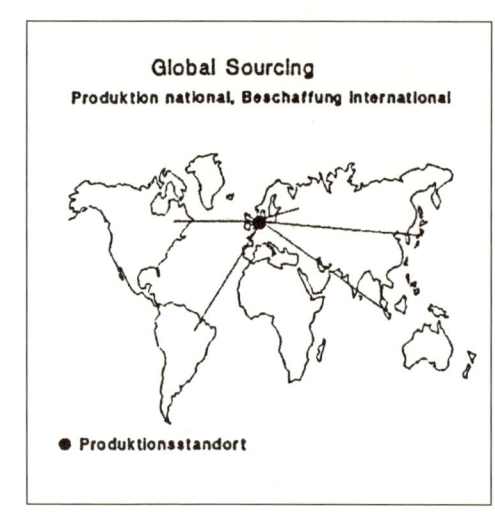
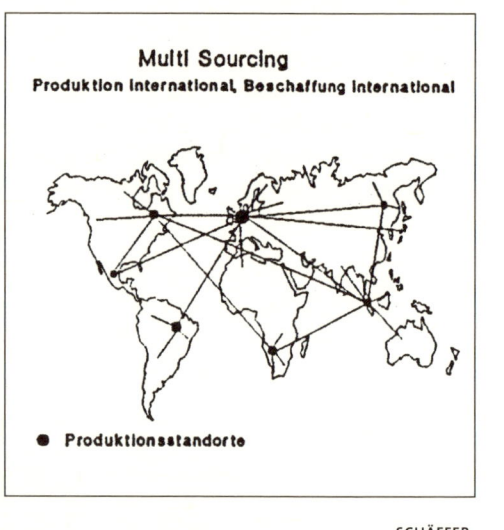

SCHÄFFER
POESCHEL

Abb. 2.5: Beschaffungsphilosophien im Überblick

2.5 Materialwirtschaft als Querschnittsfunktion

Angesichts der vielfältigen Aufgaben der Materialwirtschaft, die
nicht nur im Blick auf die Außenkontakte deutlich werden, sondern sich auch im Gefolge der innerbetrieblichen Verflechtungen
ergeben, erfüllt die Materialwirtschaft eine der wenigen Quer-
schnittsfunktionen im Betrieb. Die innerbetriebliche Einbindung
zeigt sich im Kontakt mit der Entwicklung, dem Input bei Kalkula-

tionen (Angebotseinholung, Preisszenarien, Preisausblick), der Abstimmung bei Liefersitzungen zusammen mit der Fertigung, wo es um die Absprache über zu liefernde und herzustellende Mengen sowie Termine geht, bei der Bereitstellung der ausreichenden Produktmengen und Produktarten für den Vertrieb und den Beurteilungen von Lieferanten nach Termintreue, Mengenerfüllung, Qualität und Preisniveau. Die Materialwirtschaft ist dadurch nicht nur einer der bestinformierten Bereiche im Unternehmen, sondern kann auch in vielfältiger Weise aktiv Einfluss nehmen. Als Folge davon sind die Einzelaufgaben im Bereich der Materialwirtschaft in der Regel sehr selbstständig organisiert und den höheren Hier- **Hierarchie** archiestufen direkt angegliedert. Der Leiter der Materialwirtschaft oder manchmal auch Logistik-Chef genannt, bei anderer Organisationsgliederung der Einkaufs- und Vertriebsleiter, ist zum Teil direkt der Geschäftsleitung unterstellt oder Mitglied der Geschäftsleitung.

2.6 E-Procurement und Supply-Chain-Management

Durch den technologischen Wandel in der Informationsverarbeitung sind zunächst die Bereiche technische und betriebswirtschaftliche Datenverarbeitung revolutioniert worden. In gleicher Weise wird jetzt die gesamte Wertschöpfungskette im Unternehmen und in den Verbindungen zu Kunden und Lieferanten neu gestaltet. Begleitet wird dieser Vorgang von den Anstrengungen der Unternehmen, die Geschäftsprozesse zu analysieren und zu optimieren. Hier bieten DV-gestützte Informationssysteme noch Kosten- und Zeitvorteile und damit Wettbewerbsvorteile.

Als Prozess wird nach (*Vahs* 1997, Seite 177) eine Verkettung, d. h. sachliche, zeitliche und räumliche Abfolge von Tätigkeiten verstanden, mit denen bestimmte Ziele verfolgt werden. Ein Prozess ist charakterisiert durch:

- die zielgerichtete Erstellung einer Leistung,
- durch eine Folge logisch zusammenhängender Aktivitäten,
- die innerhalb einer Zeitspanne und
- nach bestimmten Regeln durchgeführt werden.

Durch die Nutzung der IV-Systeme und einer ausgeprägten Prozessorientierung der Unternehmen sind im Bereich der Materialwirtschaft starke Veränderungen eingetreten. Daraus ergeben sich in der Materialbeschaffung und in Materialbewirtschaftung neue Möglichkeiten. Im Einzelnen sind im Bereich der Beschaffung das

E-Procurement und im Bereich der Logistik das Supply-Chain-Management zu nennen.

2.6.1 Ansatz E-Procurement

E-Procurement stellt einen Sammelbegriff für die elektronisch unterstützte Beschaffung dar, ohne dass eindeutig definiert werden kann, was alles darunter zu verstehen ist. Einigkeit herrscht lediglich darin, dass der Einsatz von Technologien, die mit dem Internet in Verbindung stehen – TCP/IP, HTML, XML – und von Internetdiensten wie E-mail, FTP, Newsgroups und WWW, Kernelemente von E-Procurement Konzepten sind. Mit Aussage von (Arthur Andersen 2001, Seite 2) werden mit dem Begriff E-Procurement alle Systeme zusammengefasst, die durch die Nutzung der vernetzten IV-Technologie die Beschaffung unterstützen. Dies können operative Aufgaben (Bedarfsübermittlung, Bestellung, Zahlungsausgleich, etc.), strategische Aufgaben (Lieferantenauswahl, Gestaltung Rahmenverträge, etc.) oder auf Ebene der Anwendungen Katalogmanagement-Systeme, Broker-Systeme oder Desktop-Purchasing-Systeme sein.

Katalogsysteme

Katalogsysteme ermöglichen es den Bedarfsträgern, Ihren Bedarf selbst aus durch den Einkauf oder den Lieferanten vorkonfigurierten Katalogen zusammenzustellen und an den Lieferanten zum Beispiel über das Internet weiterzuleiten. Dadurch können zugleich die Effizienzvorteile einer dezentralen Beschaffung und zentral verhandelter Rahmenverträge genutzt werden.

Elektronische Marktplätze

Elektronische Marktplätze sind meist eigenständig agierende Geschäftsmodelle, die für Käufer und Verkäufer Plattformen darstellen, auf denen Güter und Dienstleistungen gehandelt werden. Daneben bieten Marktplätze Zusatzfunktionalitäten wie z. B. elektronische Ausschreibungen, Auktionen oder logistische Dienstleistungen an. Ein wesentlicher Vorteil von Marktplätzen besteht in den Synergien für Katalogmanagement, Softwareentwicklung und Transparenz für die angeschlossenen Unternehmen.

In der Abbildung 2.6 ist dargestellt, in welchen Stufen sich Kompetenz bis zur vollständigen Umsetzung von E-Procurement aufbaut.

Abb. 2.6: Schritte in E-Procurement (Quelle: Block 2001, S. 145)

Das Beispiel für eine Umsetzung einer Beschaffungskooperation zeigt in folgendem Bild die Anteilseigner von SupplyOn.

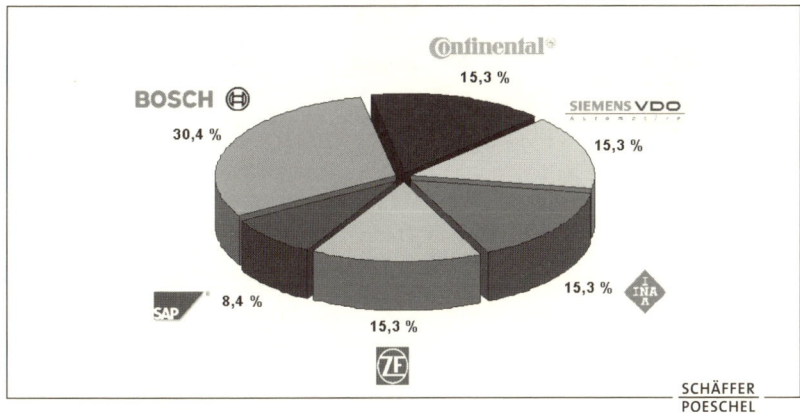

Abb. 2.7: Anteilseigner von SupplyOn und deren Anteile (www.bosch.com)

2.6.2 Ansatz Supply-Chain-Management

Supply-Chain-Management (SCM) entspringt ebenfalls dem Prozessdenken und hat das Ziel die Prozessketten in der Lieferanten-Kunden-Beziehung zu optimieren. SCM soll über den systemischen Ansatz von Prozessketten die Informationsdefizite in der logistischen Kette zwischen Lieferanten und Kunden schließen und dadurch Kosten- und Zeitvorteile erschließen. So wird bei Thaler

Prozessverbesserung der Schlüsselprozesse

(*Thaler* 1999, S. 18) unter Supply-Chain-Management die übergreifende Prozessverbesserung der Schlüsselprozesse verstanden, da Kunden, Lieferanten und weitere Dienstleister in die logistische Kette einbezogen werden. Als Schlüsselprozesse sind definiert:

- der Produktentstehungsprozess,
- der Entwicklungsprozess,
- der Auftragsgewinnungsprozess,
- der Produktionsplanungsprozess,
- der Beschaffungsprozess,
- der Produktionsprozess,
- und der Distributions- und Entsorgungsprozess verstanden.

Der Schwerpunkt der Prozessbetrachtung und damit der Prozessoptimierung liegt bei SCM beim Produktionsplanungs-, Beschaffungs-, Produktions- und Distributionsprozess. Dabei entwickeln sich künftig die Logistikketten zu Logistiknetzwerken.

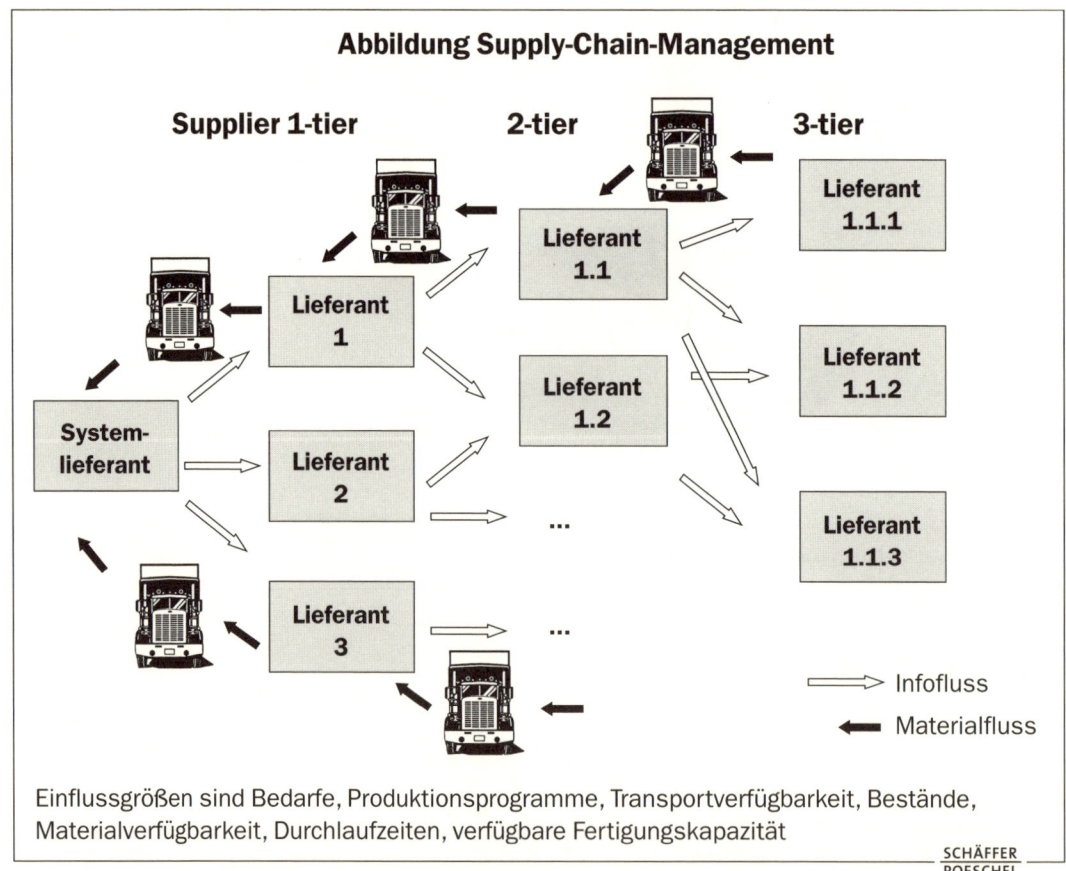

Abb. 2.8: Prinzipielle Darstellung einer Supply Chain

Kontrollfragen

1. Wie entwickelt sich die Fertigungstiefe in den wichtigsten Industriezweigen Elektronik und Automobil?
2. Welche Gründe gibt es für die Abnahme der Fertigungstiefe?
3. Aus welchen Kostenarten lässt sich eine einfache Kostenstruktur aufbauen?
4. Welche Auskünfte erhalten Sie auf Basis der Kostenstruktur?
5. Erläutern Sie den Einfluss der Materialwirtschaft am Beispiel der Bilanzrelationen!
6. Wie sieht die heutige Lieferantenstruktur aus und wie die bei Modular Sourcing?
7. Welche Vorteile bietet Modular Sourcing und Global Sourcing?
8. Erläutern Sie den Prozessgedanken im Rahmen des Supply-Chain-Managements (SCM)
9. Welche Ziele werden mit SCM verfolgt?

3 Instrumente der Materialwirtschaft

Lernziele

Nach Lektüre dieses Kapitels soll der Leser

- die Instrumente der Materialwirtschaft aufzählen können,
- die ABC-Analyse beherrschen,
- die Ergänzung zur ABC-Analyse kennen,
- die Wertanalyse in ihrem Ablauf verstehen,
- die Anforderungen durch die Wertanalyse beschreiben können,
- das Instrument der Erfahrungskurve kennen,
- den Benchmarking-Kreislauf darstellen und die Varianten des Benchmarking diskutieren können,
- die Vorgehensweise bei der Prozesskostenrechnung erläutern können,
- das Instrument der Kennzahlen an Beispielen beschreiben können.

Instrumente

Die *Instrumente der Materialwirtschaft* sollen Hilfsmittel sein, um Problemstellungen in der Materialwirtschaft erkennen und Lösungssystematiken erarbeiten zu können. Dabei sind die meisten Instrumente nicht spezifisch für die Anwendung in der Materialwirtschaft entwickelt, sondern universelle Ansätze und Analyseinstrumente, die auch in anderen, vorwiegend kaufmännisch orientierten Funktionen eingesetzt werden. Die hier dargestellten Beispiele zeigen problembezogenen Handlungsbedarf und Lösungswege auf.

D

Unter Instrumenten der Materialwirtschaft werden hier verstanden:

- ABC-/XYZ-Analyse
- Wertanalyse
- Erfahrungskurve
- Prozesskostenrechnung
- Benchmarking
- Kennzahlen, Kennzahlensysteme
- Lieferantenbewertung.

3.1 Verfahren der Materialklassifikation

Die ABC-Analyse und die XYZ-Analyse zählen zu den wichtigsten Analysemethoden in der Materialwirtschaft. Hierbei werden die Materialien nach bestimmten Kriterien klassifiziert, um die Materialstruktur weiteren analytischen Betrachtungen zugänglich zu machen.

Klassifizierung

3.1.1 ABC-Analyse

Die *ABC-Analyse* zielt auf die Klassifizierung eines Problems in A-, B- und C-Kategorien. Dabei kann die Klassifizierung nach verschiedenen Kriterien angesetzt werden. Die Abstufung in A, B, C bewertet einen Sachverhalt oder ein Objekt unter vorgegebenen Gesichtspunkten und stuft sie nach hoher, mittlerer oder geringer Erfüllung der Kriterien ein. In der Materialwirtschaft wird dieser Ansatz in der Mehrzahl der Anwendungen auf Beschaffungs- und Lagerfunktionen bezogen. Dabei erfüllt A-Material das gewählte Kriterium in großem Umfang, B-Material hat gewichtigen Einfluss auf das Kriterium, während C-Material dieses Kriterium nur gering erfüllt. Die verschiedenen Kriterien können der Wert des Materials, die Innovationsfähigkeit zugekaufter Produkte, das Preissenkungspotenzial des Materials, das Lagerraumvolumen und andere sein. Die Kriterien werden bezogen auf die Menge oder die Art des Materials. Die ABC-Analyse soll helfen

* Wesentliches von Unwesentlichem zu trennen,
* Transparenz zu schaffen,
* die Schwerpunkte der Rationalisierung festzulegen,
* Vergleichsmaßstäbe zu ermitteln,
* den Analyseaufwand zu minimieren.

Dabei stellt die klassische ABC-Analyse den Zusammenhang zwischen dem Wert eines Materials und der Art oder Menge des Materials dar. Das Kriterium ist hier der Wert des Materials, das über der Menge des betrachteten oder des gelagerten Materials ermittelt wird. Sowohl das Kriterium wie auch die Bezugsmenge werden auf 100 % bezogen. Das Ergebnis einer ABC-Analyse ist in der Regel, dass nur eine kleine Menge der Materialien einen großen Wert repräsentieren. Damit wird die Fokussierung auf bestimmte Materialarten erleichtert. Die Rationalisierungsarbeit besteht demzufolge darin, die Einkaufsaktivitäten oder die Lagerhaltung an den A-Materialien zu optimieren. Dies bedeutet, wenig A-Material am Lager zu haben, günstiger einzukaufen durch Einbeziehung zusätzlicher Lieferanten oder das A-Material durch andere Materialien zu substituieren. Eine ABC-Aufteilung kann wie folgt vorgenommen werden:

Materialart	Wertgrenzen (Kriterium)	Artgrenzen Mengengrenzen (Bezug)
A-Material	60-80 %	10-20 %
B-Material	10-20 %	30-40 %
C-Material	5-10 %	40-70 %

Tab. 3.1: Wertgrenzen bei der ABC-Analyse

Neben der Bezugsbasis Art und Menge kann auch das Volumen von Interesse sein. Die Größe des Materials und damit der Verzehr an Lagervolumen ist wichtig, da die Bereitstellung und Unterhaltung von Lagervolumen hohe Kosten verursacht. Im Extremfall kann billiges Verpackungsmaterial in großer Stückzahl am Lager liegen. Durch die Wertbildung ist es C-Material, aber durch den Volumenverbrauch belegt dieses Material viel Lagervolumen und verursacht damit einen großen Teil der Lagerkosten. Hier sind andere Kriterien anzuwenden, um auch den Lagerkostenaspekt besser zu berücksichtigen, z. B. die Darstellung der Lagerkosten über Materialart oder des Lagervolumens über Materialart. In Abbildung 3.1 ist der Ablauf einer ABC-Analyse dargestellt.

(1) Festlegen des Analyseobjekts/-vorgangs,

(2) Daten ermitteln und überprüfen,

(3) Daten sortieren,

(4) Werte der einzelnen Materialarten (Menge × Einstandspreise) ermitteln, Summen ermitteln,

(5) Werte absteigend sortieren,

(6) Grenzen zwischen A-, B-, C-Materialien kennzeichnen,

(7) relative Anteile der Klassen am Gesamtwert ermitteln,

(8) Ergebnis tabellarisch oder grafisch darstellen.

SCHÄFFER
POESCHEL

Abb. 3.1: Ablauf einer ABC-Analyse

Zunächst muss festgelegt werden, welcher Sachverhalt bzw. welches Objekt einer ABC-Analyse unterzogen werden soll. Danach sind die Daten zu sichten und zu ermitteln. Dies sind z. B. der Betrachtungszeitpunkt oder Betrachtungszeitraum (vom 1.1. bis 30.6), die Teilenummern, der Bedarf je Teilenummer oder der Verbrauch je Teilenummer oder der Bestand je Teilenummer, der Preis je Materialart. Nachdem die Daten auf Vollständigkeit und Aussagekraft (Zeitraum, Umfang der Stichprobe) geprüft wurden, wird der Wert aus dem Produkt von Menge und Preis ermittelt. Dieser Wert (Menge x Einstandspreis) sei das Klassifizierungskriterium. Ein hoher Wert kann durch eine geringe Stückzahl und einen hohen Einstandspreis, aber auch durch eine hohe Stückzahl und einen geringen Einstandspreis zustande kommen. Wenn die einzelnen Werte ermittelt sind, erfolgt die Rangbildung, indem mit dem höchsten Wert und der dazugehörigen Menge begonnen und anschließend mit absteigenden Werten fortgefahren wird, solange bis sämtliche Werte und Mengen zugeteilt sind. Parallel dazu werden die Einzelwerte als Prozentwert des Gesamtwertes ausgedrückt. In einer weiteren Spalte können die Werte und Mengen, beginnend bei dem höchsten Wert, aufkumuliert werden. Dann sind die Materialien, deren kumulierte Werte (absolut oder prozentual) im Bereich der Wertgrenze von 60–80 % liegen, die so genannten A-Materialien. Die Materialien, die dann die weitere Wertgrenze von 10–20 % erfüllen, sind die B-Materialien und die Materialien, die den Rest zur Summe ausmachen, sind die C-Materialien. Die beispielhaft genannten Wertgrenzen sind dabei nur Orientierungswerte und können entsprechend variiert werden. Abschließend kann das Ergebnis in einer Lorenzkurve (vgl. Fallbeispiel) dargestellt werden. Die Lorenzkurve weist die Verteilung des Gesamtwertes über die einzelnen Materialarten oder Materialmengen aus. Der Verlauf ist branchenabhängig. Technologieunternehmen, deren Materialien hohe Werte darstellen, haben einen sehr steilen Kurvenverlauf. Das heißt wenig A-Materialien machen fast den gesamten Lagerwert aus. Handelsunternehmen im Lebensmittelbereich, deren Warenwerte im Großen und Ganzen zwischen 1 € und 100 € liegen, haben einen viel flacheren Kurvenverlauf. Damit ist die klare Abgrenzung in A-, B- und C-Material schwieriger.

Die ABC-Analyse ist ein universelles Instrument und kann daher auch für andere Fragestellungen eingesetzt werden, z. B.

- für die Darstellung der Jahresbedarfsmengen: Dabei geht es um die Frage, welche Materialien übers Jahr für betriebliche Zwecke verbraucht werden. Es soll ermittelt werden, wie sich der Verbrauch bestimmter Materialien über die Jahre verändert und welche Materialien in großem Umfang verarbeitet werden. Damit können neben statistischen Auswertungen auch Trends er-

Wert
Menge

Wertgrenze
A-Material
B-Material
C-Material

ABC-Analyse

mittelt werden, um so die Beschaffungsmärkte besser bearbeiten zu können oder neue Lieferquellen zu erschließen. So ist in vielen Branchen des verarbeitenden Gewerbes der Anteil an Elektronikkomponenten stark gestiegen, während der Anteil an mechanischen Komponenten stagniert oder fällt. Daraus lässt sich die Frage ableiten, ob die gegenwärtigen Elektronik-Lieferanten auch die zukünftig wachsende Kundennachfrage befriedigen können und auch neue Produkte in ausreichendem Maße anbieten können.

- Für die Zuordnung Anzahl der Produkte bzw. Produktvarianten zum Umsatz: Dabei geht es um die Frage, mit welchen Produkten/Produktvarianten welcher Umsatz gemacht wird. Durch diese Gegenüberstellung soll ermittelt werden, welche Produkte große Stückzahlen und große Umsätze erzielen. Ausgangspunkt ist dabei die Frage, ob überhaupt genügend Stückzahlträger vorhanden sind und ob diese Kunden auch ausreichend betreut werden. Darüber hinaus soll die Produktvielfalt kritisch hinterfragt werden.

- Für die Zuordnung des Einkaufsvolumens zu Lieferanten: Dabei geht es um die Frage, welche Materialien und Produkte von welchen Lieferanten bezogen werden. Hier soll dargestellt werden, bei welchem Lieferanten eine große Nachfrage und damit eine große Einkaufsmacht besteht. Damit wird andererseits auch die volumenmäßige Abhängigkeit von diesem Lieferanten aufgezeigt. Diese Auswertung kann bei Preisverhandlungen eingesetzt werden, um die Bedeutung des Einkaufsvolumens für den Lieferanten herauszustellen.

Fallbeispiel ABC-Analyse

In der *Speedy* GmbH sollen die Lagerbestände und die damit verbundenen Lagerhaltungskosten (Kapitalbindungskosten) einer Untersuchung unterzogen werden. Dabei wird die ABC-Analyse angewendet. Aus der Lagerdatei des kleinsten Lagers liegen folgende Daten vor:

Material	Lagerinhalt	Einstandspreis
(Typen)	(Stück)	(€/Stück)
5711	500	35,00
5712	1.000	5,70
5713	20	150,00
5714	50	275,00
5715	10	45,00
5716	2.500	0,10
5717	190	2,50
5718	1.200	0,05
5719	240	7,90
5720	20	310,50

Nachdem die Lagerwerte ermittelt wurden, werden sie, beginnend mit dem höchsten Lagerwert, absteigend durchnummeriert.

Material	Lager-inhalt	Einstands-preis	Lager-wert	Rang
(Typen)	(Stück)	(€/Stück)	(€)	
5711	500	35,00	17.500,00	1
5712	1.000	5,70	5.700,00	4
5713	20	150,00	3.000,00	5
5714	50	275,00	13.750,00	2
5715	10	45,00	450,00	8
5716	2.500	0,10	250,00	9
5717	190	2,50	475,00	7
5718	1.200	0,05	60,00	10
5719	240	7,90	1.896,00	6
5720	20	310,50	6.210,00	3
Σ	5.730		49.291,00	

Anschließend erfolgt die Sortierung nach Wert. Die A-, B- und C-Materialien werden entsprechend ihrem Prozentanteil beim Wert, der Art und evtl. der Menge notiert und kumuliert.

Der Prozentwert für den Wert des Materials errechnet sich aus:

$$\text{Prozentwert W} = \frac{\text{Wert des Materialtyps x 100}}{\text{Gesamtwert der Materialtypen}}$$

Der Prozentwert für die Art des Materials errechnet sich aus:

$$\text{Prozentwert A} = \frac{\text{Anzahl Materialarten x 100}}{\text{Gesamtanzahl Materialarten}}$$

Der Prozentwert für die Menge des Materials errechnet sich aus:

$$\text{Prozentwert M} = \frac{\text{Stückzahl je Materialtyp x 100}}{\text{Gesamtstückzahl des Materials}}$$

Rang	Material	Lagerwert	Anzahl Art	kumul. Prozent- wert
	(Typen)	(€)	(Typen)	(%)
1	5711	17.500	1	35,5
2	5714	13.750	1	63,4
3	5720	6.210	1	76,0
4	5712	5.700	1	87,6
5	5713	3.000	1	93,6
6	5719	1.896	1	97,5
7	5717	475	1	98,5
8	5715	450	1	99,4
9	5716	250	1	99,9
10	5718	60	1	100,0

Die Spalte »kumulierter Prozentwert« gibt die Orientierung für die Einteilung in A-, B- und C-Materialien nach Wert. Die Auswertung erfolgt nach den oben genannten Wertegrenzen, d. h. A-Material umfasst 60–80 % des gesamten Lagerwertes und wird durch ca. 10–20 % der Arten dargestellt. B-Material umfasst vom gesamten Lagerwert 10–20 % und stellt ca. 30–40 % Arten dar. Ebenso repräsentiert C-Material einen geringen Wert von 5–10 % des Lagerwertes, stellt aber mit ca. 40–70 % die meisten Materialarten.

Das Ergebnis kann in einer Abschlusstabelle wie folgt dargestellt werden:

Materialart	%-Anteil Menge	%-Anteil Art	%-Anteil Wert (€)
A-Material	9,9	30,0	76,0
B-Material	17,8	20,0	17,6
C-Material	72,3	50,0	6,4
Summe	100,0	100,0	100,0

Das Ergebnis kann auch grafisch mit der so genannten Lorenz-Kurve abgebildet werden. Dabei beschreibt die x-Achse die Anzahl Arten (oder die Menge) in Prozent und die y-Achse den Wert vom Gesamtwert in Prozent. Werden die Werte aus obiger Tabelle in das Koordinatensystem eingetragen, entsteht eine an die 100 % Grenze sich asymptotisch annähernde Kurve.

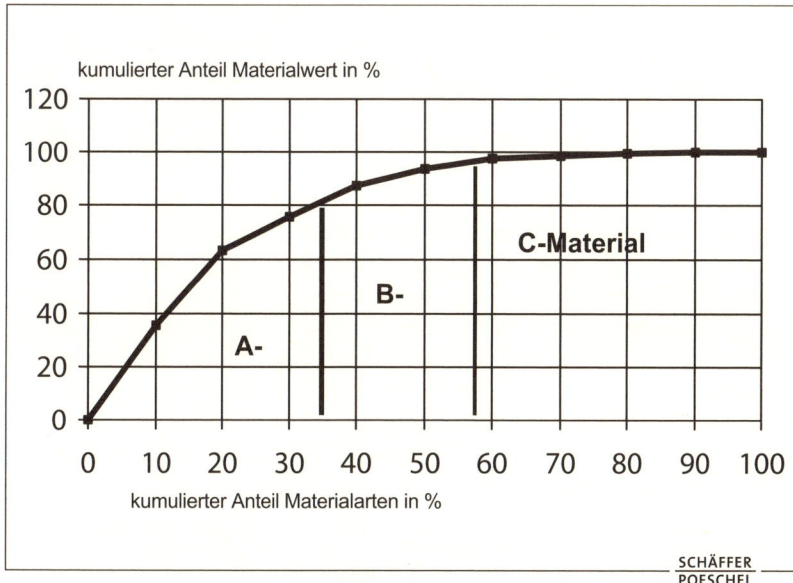

Abb. 3.2: Darstellung der ABC-Analyse mittels einer Lorenz-Kurve

3.1.2 XYZ-Analyse

Die *XYZ-Analyse* ist eine Erweiterung der ABC-Analyse und bietet sich besonders für logistische Fragestellungen an. Auch hier wird eine *Klassifizierung* der Materialien vorgenommen, wobei die Verbrauchsstruktur als Maßstab fungiert. Damit werden Aussagen über die Art des *Verbrauchsverlaufs* und dadurch auch über die Vorhersagegenauigkeit des Materialverbrauchs möglich.

Klassifizierung

Verbrauchsverlauf

Zu diesem Zweck werden drei Verbrauchsverläufe unterschieden:

X-Material: gleichmäßiger Verbrauch   →   gute Vorhersagegenauigkeit

Y-Material: schwankender Verbrauch   →   mittlere Vorhersagegenauigkeit

Z-Material: unregelmäßiger Verbrauch   →   niedrige Vorhersagegenauigkeit

AX-Material

C-Z-Material

Die Ergebnisse der ABC-Analyse und der XYZ-Analyse können in einer Matrix (vgl. Abbildung 3.3) dargestellt werden. Die Matrix beruht auf der Klassifizierung der Materialien nach zwei Kriterien: Wert und Planbarkeit. So ist AX-Material Material mit hohem Wert, dessen Verbrauch gut vorherbestimmbar ist. Dieses Material wird man nicht auf Lager legen, sondern bei Bedarf bestellen oder liefern lassen. In dieser Form verfährt die Automobilindustrie z. B. beim Beschaffen der Autositze. Teures, sperriges Material wird kurz vor Einbau bei den Herstellern der Sitze abgerufen, so dass die Polster kurz vor dem Einbauzeitpunkt ans Band geliefert werden. Somit spart der Automobilhersteller die Kapitalbindungskosten für am Lager liegende Sitze sowie die Kosten für Handling und Lagerung. Das andere Extrem bilden Materialien im Feld CZ. Dies sind Materialien von geringem Wert und einem nicht vorausplanbaren Bedarf. Solche Materialien können ans Lager gelegt werden. Zwischen diesen beiden Polen sind eine Reihe vielfältiger Handlungsalternativen gegeben, die im Einzelfall geklärt werden müssen. Grundsätzlich eignen sich die Materialien AX, BX und AY für eine produktionssynchrone Beschaffung, wie sie bei »Just-in-time« (JIT) der Fall ist. Die Materialien BZ, CZ und CY sind sinnvollerweise zu lagern.

	A-Material	B-Material	C-Material
X-Material	hoher Wert, stetiger Verbrauch	mittlerer Wert, stetiger Verbrauch	geringer Wert, stetiger Verbrauch
Y-Material	hoher Wert, schwankender Verbrauch	mittlerer Wert, schwankender Verbrauch	geringer Wert, schwankender Verbrauch
Z-Material	hoher Wert, stetiger Verbrauch Verbrauch	mittlerer Wert, stochastischer Verbrauch	geringer Wert, stochastischer Verbrauch

SCHÄFFER
POESCHEL

Abb. 3.3: Darstellung einer ABC- und XYZ-Analyse

Die Matrix liefert dem Materialwirtschaftler weitere Handlungshinweise. Durch Standardisierung können die Mengen an gleichen Teilen erhöht und damit der Verbrauch der Standardkomponenten verstetigt werden. Anstatt zehn verschiedene Varianten einzukaufen, die unterschiedliche Bedarfsverläufe haben, könnte durch Standardisierung der Bedarf der verbleibenden Varianten erhöht und verstetigt werden und dadurch neben Mengenrabatten auch eine zeitliche Bedarfs- und Verbrauchsharmonisierung erzielt werden. Eventuell sind weitere Analysen, wie die Untersuchung der Materialien nach Preissenkungspotenzialen oder die Durchführung einer Wertanalyse im Hinblick auf Eigenfertigung oder Fremdvergabe auf bezogene Erzeugnisse notwendig.

3.2 Wertanalyse

In der deutschen Volkswirtschaft gehen jedes Jahr Kostensenkungschancen von 200 Mrd. € verloren oder werden nicht genutzt.

Die Kosten eines Produkts werden zum größten Teil (ca. 70 %) bereits im Entwicklungs- oder Konstruktionsstadium festgelegt. Dabei liegt in der Regel seitens des Kunden ein Pflichtenheft oder eine Spezifikation vor. Durch übertriebene Vorsicht des Auftraggebers werden diese Spezifikationen oft sehr eng ausgelegt. Die diesbezüglichen Erfahrungen des Herstellers bewirken, dass zusätzliche oder redundante Funktionen eingebaut werden. Damit stellt das entwickelte Produkt (nach z. B. eins bis zwei Jahren Entwicklungszeit) den größten gemeinsamen Nenner zwischen Kundenwünschen und Lieferantenängsten (ausreichende Erfüllung der Kundenwünsche bzgl. Pflichtenheft) dar.

Um die Funktionen des Enderzeugnisses auf das technisch Notwendige und das wirtschaftlich Sinnvolle zu reduzieren, und damit dem Kundenwunsch stärker zu entsprechen, kann eine Wertanalyse angewandt werden.

**Funktionen
Enderzeugnis**

> Nach DIN 69910 wird die Wertanalyse als »das systematische analytische Durchdringen von Funktionsstrukturen mit dem Ziel einer abgestimmten Beeinflussung von deren Elementen (z. B. Kosten, Nutzen) in Richtung einer Wertsteigerung« bezeichnet.

Die *Wertanalyse* stellt den Funktionsbegriff und das funktionale Denken in den Mittelpunkt der Betrachtung. Die Funktion beschreibt die Aufgabe, die ein Objekt erfüllt bzw. erfüllen soll. Funktionen sollen mit einem Hauptwort und einem Tätigkeitswort formuliert werden können. So ist die Funktion eines Kühlschrankes z. B. »Lebensmittel kühlen«, die einer Glühbirne z. B. »Licht erzeugen«. Ferner ist zu bedenken, dass ein Produkt oder eine Dienstleistung aus der Kombination verschiedener Funktionen besteht. So kann der oben erwähnte Kühlschrank auch weitere Funktionen haben, wie: »Umwelt schützen«, »Küche verschönern«.

Diese Funktionen technisch zu realisieren verursacht Herstellkosten. So ist das Verfahren der Wertanalyse darauf ausgerichtet, das Produkt dahingehend zu verändern, dass es nur die Funktionen erfüllt, die der Kunde tatsächlich braucht. Dadurch entfallen die Kosten für nicht benötigte Funktionen. Zur Wertanalyse gehört auch die Betrachtung, wie eine Funktion am kostengünstigsten bereitgestellt bzw. wie zusätzlicher Nutzen erbracht werden kann, indem eine Funktion kostengünstiger durch andere Fertigungsverfahren erzeugt wird. Weiter gefasst kann die Wertanalyse auch beim Herstellungsprozess angesetzt werden. Hier ist zu entscheiden, welche Fertigungsschritte überhaupt benötigt werden und welche Fertigungsverfahren zum Einsatz kommen, um ein geplantes Produkt herzustellen. Nicht die Funktionen des herzustellenden Produktes, sondern die Fertigungsabläufe werden auf den Prüfstand gestellt und bewertet. Die Fertigungsabläufe sind oftmals das Ergebnis einer entsprechenden Entwicklungs- und Konstruktionsphilosophie.

Projektteam

Wertanalysen sind aufgrund der Komplexität der Sachverhalte und der Verbindung technischer und kaufmännischer Inhalte nur in einem Projektteam zu leisten. Die organisierte Zusammenarbeit erfolgt in einem oder mehreren Teams, die interdisziplinär ausgerichtet sind. Es ist ein Anliegen der Wertanalyse, dass Mitarbeiter sowohl der technischen als auch der kaufmännischen Disziplinen an der Problemlösung arbeiten.

Eine der zentralen Punkte der Wertanalyse ist eine systematische Vorgehensweise. Hierzu gehören die Auswahl des Analyseobjektes, die Festsetzung der Ziele, die Bildung eines Teams (Zusammensetzung des Teams), das Aufstellen eines Zeitplans, die Durchführung einer Ist-Analyse, die Ermittlung vorhandener Funktionen, die Erstellung der Soll-Funktionen, die Ermittlung von Lösungen (unter Anwendung von Ideenfindungstechniken), die Bewertung der Lösungsideen, die konkrete Ausarbeitung einer Lösung, die Planung der Lösungsrealisierung, die Umsetzung der Lösung sowie das Controlling dieser Umsetzung. Der *Ablauf einer Wertanalyse* könnte folgende Schritte umfassen:

1. Vorbereitung des Projekts

1.1 *Benennung des Moderators*

  Unternehmensleitung legt Moderator fest

  Auswählen des Wertanalyse-Objekts

  Auswahlkriterien für Wertanalyse-Objekt

1.2 *Festlegung des Rahmenziels*

  Aufgabenstellung formulieren

  Aufgabe ist nach allen Seiten klar abgegrenzt

  Aufgabenstellung erlaubt Soll/Ist-Vergleich, z. B. Herstellkostensenkung, Gemeinkostensenkung, Qualitätsverbesserung, Kostenziel und Nutzenziel

1.3 *Festlegung der Einzelziele*

  Kostenziele, Funktionsziele, Qualitätsziele, Terminziele, Amortisationszeiten, Durchlaufzeitverkürzung

1.4 *Abgrenzung des Untersuchungsrahmens*

  Randbedingungen festlegen, die durch Unternehmenspolitik, Auflagen und Marktmechanismen gegeben sind

1.5 *Festlegung der Projektorganisation*

  Festlegen von Entscheidungskompetenzen

  Bilden von Wertanalyse-Arbeitsgruppen, Team besteht z. B. aus kompetenten Mitarbeitern aus Einkauf, Entwicklung, Fertigung, Qualitätssicherung, Kostenrechnung und Disposition.

  Wertanalyse-Teamsprecher

  Wertanalyse-Moderator

1.6 *Planung des Projektablaufs*

  Planungselement, wie Starttermin, Zeitdauer, Sitzungen

  Darstellungsformen, wie Netzplantechnik, Metaplantafel, etc.

2. Analyse der Objektsituation

2.1 *Beschaffung von Objekt- und Umweltinformationen*

  Interne Daten, wie technische Daten, Know-how, Richtlinien

  Externe Daten wie Marktdaten und Wettbewerbsdaten

2.2 *Beschaffung von Kosteninformationen*

  Kalkulationsunterlagen

  Kostenanalysen

  Wirtschaftlichkeitsrechnungen

  ABC-Analysen

2.3 *Ermittlung der Funktionen*

  Was tut es?

Ablauf einer Wertanalyse

Welche Wirkung hat es?
Erstellen der Funktionsbeschreibung und
-gliederung
2.4 *Ermittlung lösungsbedingender Vorgaben*
Vorgaben, die den Lösungsraum einschränken
können, sollen erfasst und wenn möglich quantifiziert werden
2.5 *Zuordnung der Kosten zu den Funktionen*
Ausgangssituation: welche Funktionen sind
vorhanden?
Ermitteln von Kosten-Gewichtungsfaktoren
Funktionskosten errechnen

3. Beschreibung des Soll-Zustandes
3.1 *Auswertung der Informationen*
Informationen prüfen
Schwerpunkte bilden
3.2 *Festlegung der Soll-Funktionen*
Was soll es tun?
Welche Wirkung soll es erzeugen?
3.3 *Festlegung der lösungsbedingenden Vorgaben*
Lösungsbedingende Vorgaben auf die Gültigkeit für
den Soll-Zustand prüfen
3.4 *Zuordnung der Kostenziele zu den Soll-Funktionen*
Was soll es kosten?
Was darf die Funktion kosten? (Ansatz über Target
Costing)
Was soll die Erfüllung der Soll-Funktionen kosten?

4. Entwicklung von Lösungsideen
4.1 *Sammlung vorhandener Ideen*
Anregungen und Verbesserungsvorschläge
von Mitarbeitern sammeln
Daten auswerten
Markt- und Wettbewerbsinformationen nutzen
4.2 *Entwicklung neuer Ideen*
Ideenfindungstechniken einsetzen (Brainstorming,
Methode 635, Ähnlichkeitsgesetze, Struktu-
rierungsmethode etc.)

5. Bewertung von Lösungsideen
5.1 *Festlegung von Bewertungskriterien*
objektspezifische Vorgaben
allgemeingültige Vorgaben
5.2 *Bewertung der Lösungsideen*
nach Realisierungsmöglichkeit differenzieren

nach Zeitraum für Umsetzung unterscheiden

günstige Ideen hervorheben

5.3 *Darstellung und Verdichtung der Ideen zu Lösungsansätzen*

Ideen kombinieren

Ideen ausschalten und neue Ideen aufnehmen

5.4 *Bewertung von Lösungsansätzen*

Lösungsansätze auf ihren Erfüllungsgrad prüfen

5.5 *Ausarbeitung von Lösungen*

Lösungsansätze im Einzelnen darstellen

Lösungen festlegen

5.6 *Bewertung der Lösungen*

nach Bewertungskriterien (Entwicklungsaufwand, Wirtschaftlichkeit, Kostenreduzierung, Marktanteile gewinnen, Qualitätsverbesserung)

5.7 *Erarbeitung der Entscheidungsvorlage*

als beste Lösung gilt die Lösung, die bei Erfüllung der gewünschten Funktionen die geringsten Kosten verursacht

5.8 *Herbeiführung von Entscheidungen*

Lösungen in knapper und übersichtlicher Form darstellen

Präsentation der Lösungen und der ausgewählten besten Lösung vor Unternehmensführung

6. Verwirklichung der Lösung

6.1 *Planung der Realisierung im Detail*

Arbeitsablauf

Personal- und Finanzaufwand

Zeitraum, Termine

Zuständigkeiten (Projektleiter, Teamleiter)

Informationswege

6.2 *Einleitung der Realisierung*

Realisierung durch Projektteams und Fachabteilungen

6.3 *Überwachung der Realisierung*

Überwachung durch das Wertanalyse-Team oder Projektleiter

6.4 *Abschluss des Projekts*

Kostenkontrolle

Terminkontrolle

Erfüllungsgrad bestimmen

Abschlussbericht an Unternehmensführung

Tab. 3.2: Ablaufschema zur Wertanalyse

3.3 Ansatz Erfahrungskurve

D

> Der *Erfahrungskurve* oder *Lernkurve* liegt die Theorie zugrunde, dass mit jeder Verdopplung der kumulierten Ausbringungsmenge die Stückkosten um einen gewissen Prozentsatz (den Erfahrungsgewinn) sinken.

Der Begriff der Lernkurve erstreckt sich stärker auf die betrieblichen, produktionsbedingten Belange, während der Begriff Erfahrungskurve der weitergehende ist und auch Entwicklungen beim Einkauf und Vertrieb mit berücksichtigt. Darüber hinaus werden mit Erfahrungskurven auch die Wirkungen der Betriebsgröße (economy of scale) mit berücksichtigt.

Ausbringungsmenge   Nach Verdopplung der *Ausbringungsmenge* hat der Hersteller (Lieferant) einen Erfahrungsgewinn durch eingeübtes Personal, verbesserte Ausbeute, optimierte Rüstzeiten, geringere Bearbeitungzeit und günstigere Konditionen beim Rohstoffbezug, so dass die Herstellkosten sinken. Die Erfahrungskurven basieren meist auf Preis- weniger auf Kostendaten. Der ausgewiesene Erfahrungseffekt entspricht jedoch nur dann der Realität, wenn die Preise parallel zu den Kosten verlaufen. Zur Ermittlung der Erfahrungskurve können Perioden-Stückkosten verwendet werden, d. h. Stückkosten bezogen auf die erstellte Menge innerhalb einer Periode.

D

> Zur Definition von Stückkosten lassen sich folgende Ansätze unterscheiden:
>
> - als *Durchschnittskosten*: Dies sind die Gesamtkosten dividiert durch die gesamte kumulierte Menge.
> - als *Grenzkosten*: Dies sind die Stückkosten der letzten Produkteinheit.
> - als *Periodenstückkosten*: Dies sind die Durchschnittskosten einer Bezugsperiode (z. B. Jahr, Quartal, Monat).

Ergebnisse   Das Instrument der Erfahrungskurve ist nicht nur sinnvoll zur preisanalytischen Untersuchung von Angeboten, sondern genauso von Bedeutung zur Bewertung der selbst erbrachten Leistung. Kennt man die branchenspezifischen Erfahrungsgewinne, so kann man das Angebot des Lieferanten oder die eigene Leistungserstellung einem Vergleichsmaßstab unterziehen. Dabei ist es nicht ganz einfach, die Theorie der Erfahrungskurve anzuwenden, da die Verdopplung der Ausbringungsmenge oder Bezugsmenge nicht unbedingt mit der gewöhnlichen Planungsperiode (Halbjahr, ganzes Jahr) parallel verläuft. Darüber hinaus ist es sehr schwer, für ein Produkt, das mehrere Jahre gefertigt oder bezogen wird, eine Erfahrungskurve aufzustellen. Denn in den Jahren der Herstellung unterliegen die meisten Produkte einer Veränderung. Die Produkte verändern im Laufe des Lebenszyklus ihren Funktionsinhalt, indem neue Funktionen hinzukommen und andere wegfallen. Genauso können sich Fertigungsverfahren im Laufe der Zeit ändern, indem geometrisch kleinere Bauteile eingesetzt werden oder indem die Prüfprogramme komplexer werden, um auch bisher unbekannte Fehlerstellen ermitteln zu können. Die aus diesen Veränderungen resultierenden Kostenwirkungen müssten dann herausgerechnet werden, um den zeitlichen Vergleich auf eine einheitliche sachliche Basis stellen zu können.

Die Aufstellung einer Erfahrungskurve über eigene Erzeugnisse kann durchaus ergeben, dass der Erfahrungsgewinn nicht in den fertigungstechnischen Abläufen entstanden ist, sondern durch den günstigen Materialeinkauf. Ferner lässt sich ablesen, ob der erbrachte Erfahrungsgewinn mit dem der Konkurrenten vergleichbar ist. So geben beispielsweise Halbleiterhersteller ihren Kunden im Rahmen von Preisverhandlungen für Standardprodukte (Micro-Controller, Speicherbausteine) die Erfahrungskurven über die nächsten Jahre in Abhängigkeit der prognostizierten Mengenentwicklungen an. Somit lassen sich aus den Erfahrungskurven die Preise beispielsweise für die nächsten Jahre ableiten. Der Einsatz der Erfahrungskurve für die Preisgestaltung setzt aber die Prozessbeherrschung und die Kenntnis der Einflussgrößen auf die Fertigung voraus. Wer in diesem Bereich Global Player sein möchte, muss sich diese Informationen erarbeiten. Dies wird deswegen umso interessanter, weil zunehmend langfristige Verträge abgeschlossen werden und die Erfahrungskurve ein Instrumentarium ist, das es ermöglicht, das Kostensenkungspotenzial eines künftigen Lieferanten zu beurteilen. Denn nur wer nachhaltig und ständig Kosten senken kann, ist auch in Zukunft wettbewerbsfähig. Ferner zeigt das Aufstellen von Erfahrungskurven auch die Beherrschung der Fertigungsprozesse und führt zu einem gewissen Maß an Transparenz den Kunden gegenüber. Denn ein Unternehmen, das auf Basis weit in die Zukunft reichender Erfahrungskurven Kostensenkungspotenziale ausweisen kann, scheint sich sicher zu sein, die Kosten tatsächlich zu senken und damit die gesamte Prozesskette zu beherrschen.

Eine 70 %ige Erfahrungskurve besagt, dass jede Verdopplung der kumulierten Menge einen Kostenrückgang von 30 % bewirkt. Diese 30 % nennt man auch Lernrate. Je höher die Lernrate, desto stärker ist die Kostensenkung.

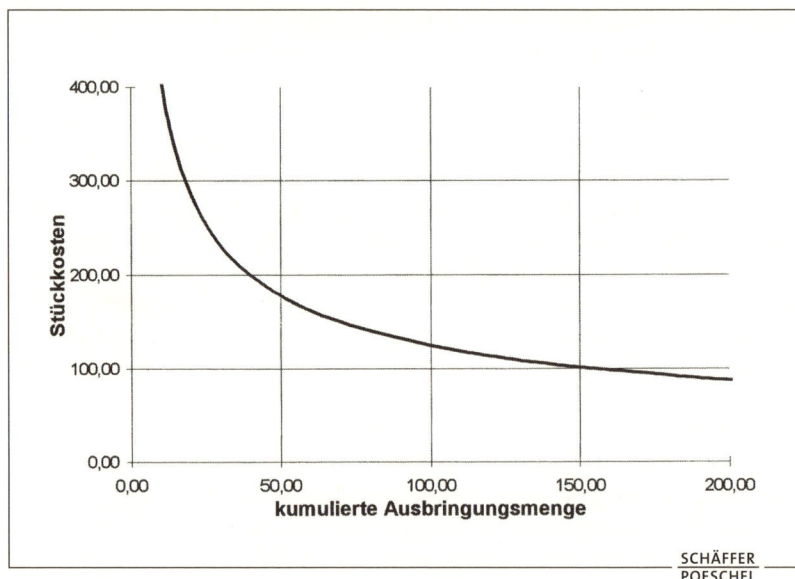

SCHÄFFER
POESCHEL

Abb. 3.4: Beispiel einer 70 % Erfahrungskurve bei
linearer Skalierung

Jedes Produkt bzw. jeder Prozess in einem Unternehmen besitzt in der Regel eine andere Neigung der Kurve. Die Einflussfaktoren sind:

- die eingesetzte Technologie (Erfahrungsgewinne bei alten Technologien sind wesentlich schwieriger zu realisieren als bei neuen Technologien)
- Preissenkungstendenzen auf den Beschaffungsmärkten
- Produktvielfalt/Produktspektrum
- Betriebsgrößen (economies of scale); mit zunehmender Betriebsgröße sinken die Stückkosten eines Produktes bei steigenden Ausbringungsmengen. Dies kann darauf zurückzuführen sein, dass mit Zunahme der produzierten Mengen ein Übergang zu spezialisierten Produktions- und Organisationsprozessen möglich wird. Die Betriebsgrößenvariation geht einher mit dem technischen Fortschritt (Technologie).
- Rationalisierungspotenzial (Mitarbeiterideen, Abläufe, Material, etc.).

Erfahrungsgewinn

Die Lernrate ist je nach Branche unterschiedlich. In High-Tech-Bereichen wie der Halbleiterindustrie liegt die Lernrate bei 20 bis 30 % und in traditionellen technischen Bereichen wie dem Werkzeugbau bei 5 bis 8 %.

3.4 Ansatz Prozesskostenrechnung

Die Prozesskostenrechnung stellt ein Kostenrechnungssystem auf Vollkostenbasis dar (Activity Based Accounting). Auslöser war das Problem der Kostenzurechnung, die durch die Zunahme der Gemeinkosten nicht verursachungsgerecht erfolgen kann. Der Ansatz der Prozesskostenrechnung stellt die für die betriebliche Leistungserstellung in Anspruch genommenen Prozesse (abgeschlossene Tätigkeiten) in den Vordergrund und bewertet diese mit Kosten.

Die Entscheidungsträger in der Materialwirtschaft sollen in der Lage sein, die bezogene Leistung, z. B. Vorprodukte, Rohstoffe oder Dienstleistungen, kostenmäßig zu beurteilen. Andererseits stellt die Materialwirtschaft im Rahmen ihrer betriebsbezogenen Tätigkeiten auch bestimmte Dienstleistungen zur Verfügung, die ebenso einer kostenmäßigen Beurteilung zu unterziehen sind. Diese Dienstleistungen sind z. B. die Beschaffungsanbahnung, Angebotseinholung, Angebotsvergleich, Lieferantenauswahl, die Planung und Ausführung des Beschaffungsvorgangs, Lager- und Transportfunktionen, Erstellung der Wareneingangspapiere/Warenbegleitpapiere, Stoffeingangsprüfung und Dispositionstätigkeiten. Nur wenn auch die Kosten für diese Dienstleistungen ermittelt sind, können Kostensenkungspotenziale in der Materialwirtschaft auch tatsächlich vollständig ausgeschöpft werden. Um diese Potenziale besser erkennen und nutzen zu können, sollen hier die Grundlagen der Prozesskostenrechnung dargestellt werden.

Die *Prozesskostenrechnung* versteht sich als ein neuer Ansatz in der Kostenrechnung. Im Gegensatz zur herkömmlichen Kostenrechnung, die mit Gemeinkostenzuschlagssätzen arbeitet, damit eine strenge Proportionalität zwischen Einzelkosten und Gemeinkosten unterstellt, und die indirekten Bereiche nur unzureichend kostenmäßig erklärt und differenziert, geht die Prozesskostenrechnung den Weg über die Abbildung und Bewertung von Prozessen. Dies bedeutet, dass in einem Unternehmen nicht mehr vertikal kalkuliert wird, sondern horizontal über die internen Abläufe (Prozesse). Nicht die Addition der Kostenarten je Produkt steht im Vordergrund, sondern die Frage, welche Stationen bzw. Kostenstellen ein Produkt durchläuft, bis es fertiggestellt ist. Jeder, der einen Prozess in Anspruch nimmt, ist dafür mit Kosten zu belegen. So darf nicht mehr dahingehend verfahren werden, dass eingekaufte Materialien, die keiner Eingangsprüfung unterzogen werden, mit einem pauschalen Materialgemeinkostenzuschlagssatz belastet werden, der Kosten für Prüfung enthält, während ein Material, das die Eingangsprüfung sehr stark in Anspruch nimmt, mit dem gleichen

Gemeinkosten

Prozesse

Zuschlagssatz belegt wird. Es entscheidet nicht mehr der Wert des Materials über Materialgemeinkosten, sondern die tatsächliche Inanspruchnahme eines Prozesses. Die Prozesskostenrechnung trägt damit der Zunahme an indirekten Tätigkeiten in den Unternehmen Rechnung. Dabei senkt die Prozesskostenrechnung selbst zunächst keine Kosten, sondern ordnet diese nur anders zu. Durch die Ermittlung so genannter Kostentreiber, also Vorgänge im Unternehmen, die bestimmte Prozesse stark in Anspruch nehmen, werden zunächst nur Kostensenkungspotenziale offengelegt. Die Einführung der Prozesskostenrechnung erfolgt parallel zum bestehenden Kostenrechnungssystem, verursacht also selbst zunächst höhere Kosten durch Planung und Datenpflege.

Die Einführung der Prozesskostenrechnung erfolgt in 5 Schritten, die in Abbildung 3.5 dargestellt sind.

Durch die Prozesskostenrechnung werden:

- die Kosten verursachungsgerecht zugeordnet (nur wer einen Prozess in Anspruch nimmt, wird mit Kosten belastet).
- einzelne Prozesse und Abläufe bewertet (hier ergibt sich die Frage nach »make or buy«).
- Kostentreiber ersichtlich; dies bietet Anhaltspunkte für eine nachhaltige Kostensenkung.
- die betrieblichen Funktionen kostenmäßig bewertbar.

1. Bildung eines Projektteams und Auswahl des Untersuchungsbereichs

2. Durchführung einer Tätigkeitsanalyse, Bestimmung der kostentreibenden
   Prozesse und Bildung einer Prozesshierachie.
   Die Vielzahl der Prozesse, man nennt sie Teilprozesse, werden zu
   kostenstellenübergreifenden Hauptprozessen verdichtet.

3. Festlegung von Maßgrößen/Bezugsgrößen und Planprozessmengen je
   Einzelprozess.
   Dies sind in der Materialwirtschaft die Anzahl der geprüften Bauteile, Gewicht
   der transportierten Produkte, die Anzahl der Reklamationen, die Anzahl der
   eingeholten Angebote etc.

4. Ermittlung der Plankosten je Prozess und Bildung von Prozesskostensätzen.

Prozess	Planprozess-menge	Plankosten in T€/a	Prozesskostensatz in €/Vorgang
Angebote einholen	1.200	300	250,00
Bestellung aufgeben	3.500	70	20,00
Reklama-tionen bearbeiten	100	100	1.000,00

5. Aufbau einer Gemeinkostenplanung und -kontrolle sowie einer strategischen
   Kalkulation.

SCHÄFFER
POESCHEL

Abb. 3.5: Einführungsschritte für Prozesskostenrechnung

Fallbeispiel Prozesskostenrechnung

Die Speedy GmbH prüft die Produktkalkulation mittels herkömmlicher Zuschlagskalkulation und Prozesskostenrechnung. Dabei wird der Bereich Beschaffung bis
Teileverfügbarkeit in der Fertigung untersucht.

Produkte	Inanspruchnahme der Teilprozesse durch die Produkte					
Prozess	Beschaf- fung	Waren- annahme	Eingangs- prüfung	Lagerung	Kommis- sionierung	Transport Fertigung
Prozess- kostensatz	50 €	10 €	20 €	10 €	8 €	5 €
	Materialeinzelkosten/Prozessinanspruchnahme					
Produkt I 800 €	x	x	x	x	x	x
Produkt II 400 €	x	x		x	x	x
Produkt III 800 €	x					x

Damit ergeben sich Materialkosten (Materialeinzelkosten plus Materialgemeinkosten) nach der Prozesskostenrechnung:

Mat.kosten Produkt I	903 €/Stück
Mat.kosten Produkt II	483 €/Stück
Mat.kosten Produkt III	855 €/Stück.

Hätte man mit einem durchschnittlichen Materialgemeinkostensatz von 12,05 %
kalkuliert (Gesamte Gemeinkosten im Verhältnis zum Materialeinzelkosten), so
hätten Produkt I und Produkt III die gleichen Materialkosten von 896,40 €. Damit
würde Produkt III, das keine Eingangsprüfung und keine Lagerhaltung benötigt, da
es direkt ans Band geliefert wird, indirekt Produkt I und Produkt II subventionieren.

3.5 Ansatz Benchmarking

Das *Benchmarking* ist ein noch sehr junges Verfahren, das ein sys-
tematisches Vorgehen beim Vergleich von Prozessen und Abläufen
in den Vordergrund stellt und auf diese Weise einen ständigen
Kreislauf des Vergleichens-Verbesserns-Überprüfens anstößt.

Benchmarking ist ein externer Blick auf interne Aktivitäten,
Funktionen und Verfahren, um eine ständige Verbesserung zu erreichen. Ausgehend von einer Analyse der existierenden Aktivitäten und Praktiken im eigenen Unternehmen, will man einen externen Bezugspunkt identifizieren, einen Maßstab, nach dem die
eigenen Prozesse und Aktivitäten gemessen und beurteilt werden
können. Dabei sollen Unterschiede zu anderen Unternehmen (externes Benchmarking) oder auch anderen Abteilungen (internes

Benchmarking) offengelegt, die Ursachen für die Unterschiede und Möglichkeiten zur Verbesserung und Veränderung aufgezeigt werden. Der Vergleich findet dabei mit Unternehmen statt, die die zu untersuchende Methode oder den Prozess hervorragend beherrschen. Diese Unternehmen werden dabei als »Klassenbeste« bezeichnet.

Best in Class

Für Benchmarking gibt es eine Reihe verschiedener Definitionen vom Erfinder dieses Verfahrens *Robert Camp* und dessen Kollegen bei der *Xerox Corporation*:

- Benchmarking ist der kontinuierliche Prozess, Produkte, Dienstleistungen und Praktiken gegen den stärksten Mitbewerber oder die Firmen, die als Industrieführer angesehen werden, zu messen.
- Benchmarking ist die Suche nach den besten Industriepraktiken, die zu Spitzenleistungen führen.
- Benchmarking ist der Weg, Bester unter den Besten zu werden.

Damit ist auch für die Materialwirtschaft Benchmarking ein Instrument zur Verbesserung der eigenen Praktiken und Dienstleistungen, d. h. die Möglichkeit, Prozessketten zu hinterfragen und neu festzulegen. Dabei ist Benchmarking nicht reines Kopieren, sondern es gilt: »nicht kopieren, sondern kapieren«. Erst wenn man verstanden hat, wie andere Unternehmen bestimmte Abläufe praktizieren, kann überlegt werden, es gleich oder modifiziert zu machen. Damit wird der eigene Verbesserungsprozess angestoßen. Auch geht das Benchmarking weiter als eine Konkurrenzanalyse. Im Rahmen des Benchmarking will sich das Unternehmen mit dem Besten vergleichen, das können auch andere, branchenfremde Unternehmen sein. So kann sich die Materialwirtschaft eines Automobilzulieferers mit der Materialwirtschaft eines sehr erfolgreichen Handelsunternehmens vergleichen. Auch ein internes Benchmarking kann zur Prozessverbesserung genutzt werden. Der Prozess Materialbeschaffung bei der Division Elektromotoren (vorwiegend mechanische Komponenten) kann vom Prozess der Materialbeschaffung von Halbleiterbauelementen im gleichen Konzern lernen. Der Ablauf eines Benchmarking ist beispielhaft in Abbildung 3.6 wiedergegeben.

Nicht kopieren sondern kapieren

Schritt 1:	Gegenstand des Benchmarking festlegen, Benchmarking Ziele definieren
Schritt 2:	Leistungsbeurteilungsgrößen ermitteln, eigene Kenndaten erarbeiten
Schritt 3:	Hypothesen aufstellen (z.B. Kostentreiberanalyse)
Schritt 4:	Vergleichsunternehmen aussuchen und ansprechen
Schritt 5:	Fragenkatalog erstellen
Schritt 6:	Detaillierung des Fragenkatalogs mit Hilfe Hypothese/BM-Partner
Schritt 7:	BM-Besuche und Durchsprache Katalog
Schritt 8:	Leistungslücke ermitteln (Analyse)
Schritt 9:	Definition best practice und Änderungsziele festlegen
Schritt 10:	Aktionspläne erarbeiten
Schritt 11:	Implementierung der Veränderungen
Schritt 12:	Fortschrittskontrolle durchführen
Schritt 13:	Wiederholung des Benchmarking

SCHÄFFER
POESCHEL

Abb. 3.6: Ablaufschema eines Benchmarking-Prozesses

Wichtig beim Benchmarking ist das Denken in Prozessketten. Oft wird ein Benchmarking über *Kostenvergleiche* durchgeführt. Dann werden unterschiedliche oder ähnliche Unternehmen (es gibt keine absolut wettbewerbsgleichen Unternehmen, da deren Produkte oder die Art der Kunden in der Regel mehr oder weniger differieren) vergleichbar gemacht, indem z.B. die Geschäftsfelder und Produktprogramme abgeglichen werden. Durch Vergleich der Kosten kann zwar eine Kostenlücke ermittelt werden (z.B. wenn die Herstellkosten für das Produkt Elektromotor gegenüber einem japanischen Weltmarktführer 15 % höher sind = Kostenlücke), aber nicht wie sich diese Lücke zusammensetzt. Selbst wenn bekannt ist, dass die Personalkosten, die Anzahl der Beschäftigten, das aufwändige Design, die höhere Produktivität oder der günstigere Materialbezug diese Kostenlücke erklären, ist noch nicht bekannt, wie der Wettbewerber es überhaupt anstellt, geringere Kosten oder weniger Mitarbeiter bei gleichem Output zu haben. Erst die Kenntnis über die eigenen *Prozesse* und die des Vergleichsunternehmens eröffnet die Chance, Unterschiede in den Abläufen und den Vorgängen zu erkennen, und dann durch den eingeleiteten Veränderungsprozess Kosten zu senken. Somit ist ein systematisch durchgeführtes Benchmarking eine wichtige und wertvolle Informa-

tionsquelle, um eigene Stärken zu verbessern und Anregungen zur
Behebung der Schwächen zu erhalten.

In der Praxis unterscheidet man verschiedene Arten des Benchmarking:

- *Kosten-Benchmarking,*
- *Prozess-Benchmarking,*
- *Produkt-Benchmarking,*
- *Methoden-Benchmarking.*

Fallbeispiele Benchmarking
Beispiel 1: Vergleich zweier Prozessketten im Einkauf im Unternehmen A und Unternehmen B:

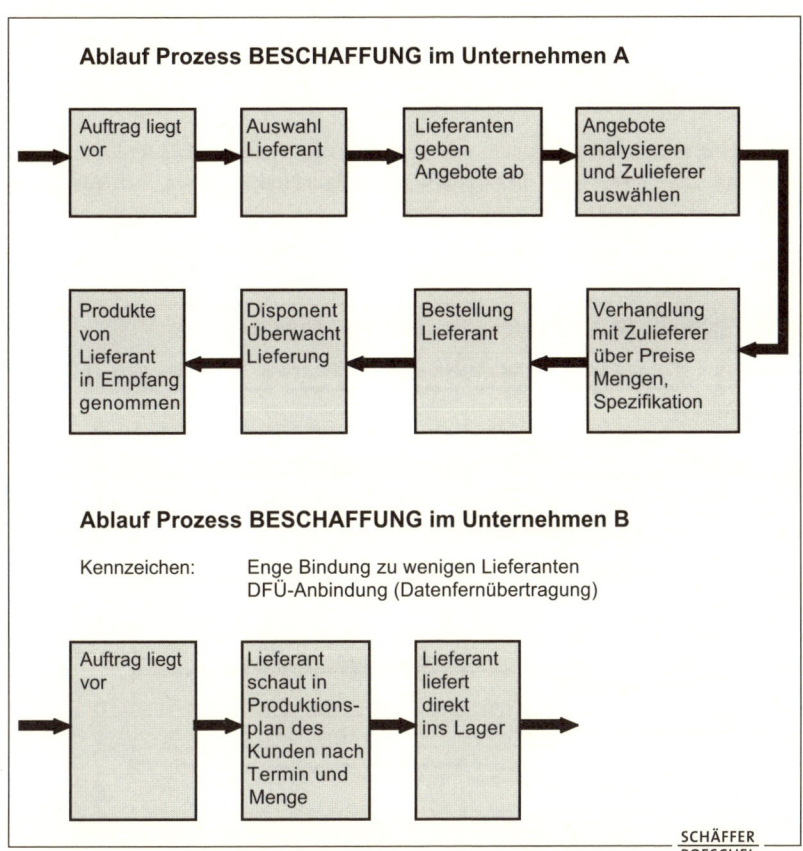

Abb. 3.7: Unterschiedliche Gestaltung des Geschäftsprozesses
»Beschaffen«

B

Beispiel 2: Benchmarking beim Einkauf. Die IBM Deutschland GmbH konzentriert sich im Zentraleinkauf auf sechs Benchmarking-Felder: Produktivität, Arbeitssysteme, Richtlinien, Qualität, Personal und Weiterbildung. Dabei wird im eigenen Unternehmen gestartet, mit dem Ziel, das Gesamtniveau anzuheben und Abläufe zu vereinheitlichen. Erst später werden die Ergebnisse außerhalb angewendet. Ein Benchmarking mit Firmen außerhalb der Branche kann für beide Seiten interessante Ergebnisse bringen, wenn z. B. der Vergleich des Prozesses »Marktanalyse« im Einkauf der EDV-Branche mit der Funktion »Marktanalyse« im Einkauf des Versandhandels gegenübergestellt werden.

Beispiel 3: Als Objekt des Benchmarking hat die Siemens AG bei Produkten und technischen Lösungen das Reverse Enginnering ausgemacht. Hauptziel ist, die Kosten rasch durch Re-Design zu reduzieren oder Verbesserungsmöglichkeiten für die Entwicklung neuer Produkte in Erfahrung zu bringen. Dabei stellt man das eigene Produkt dem eines Wettbewerbers gegenüber. Beide werden in ihre Einzelteile zerlegt und miteinander verglichen, die Unterschiede bewertet und in Kosten umgesetzt. Die Kostenschätzung erfolgt so, als würde man das Vergleichsprodukt im eigenen Hause herstellen. Im nächsten Schritt sind Design- und Leistungsunterschiede herauszuarbeiten. Die leistungsabhängigen Differenzen werden weiter untergliedert, und zwar in solche, die beim Kunden einen Preisaufschlag erlauben und andere, für die dies nicht gilt.

Beispiel 4: Durchführung Benchmarking bei Unternehmen A und B (durchgeführt vom Informationszentrum Benchmarking Deutschland in Berlin; vgl. Abbildung 3.8).

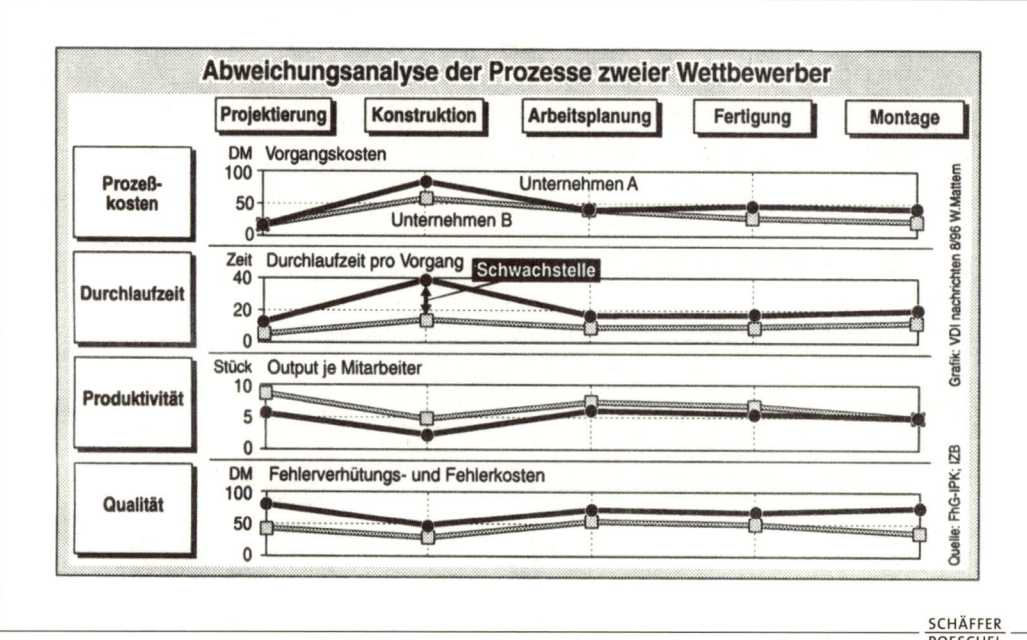

Abb. 3.8: Abweichungsanalyse der Prozesse zweier Wettbewerber
(Quelle: VDI-Nachrichten 8/96, Analyse Fraunhofer-Gesellschaft Berlin)

Bei den Prozessen des Unternehmens A fallen die höheren Kosten und die niedrigere Produktivität auf; die größte Abweichung ist bei der Durchlaufzeit im Konstruktionsprozess zu erkennen. Analysen des Entwicklungsbenchmarking ergaben, dass insbesondere der Anteil der Bearbeitungszeit an der Durchlaufzeit im Vergleich zum Wettbewerber B zu hoch war. Diese potenzielle Schwachstelle war auf einen niedrigeren CAD-Nutzungs- und CAD-Spezialisierungsgrad zurückzuführen.

3.6 Transparenz durch Kennzahlen

Kennzahlen werden zur Unternehmensführung in sämtlichen betrieblichen Funktionsbereichen angewendet. Mit ihnen sollen Schwachstellen aufgezeigt, Abweichungen signalisiert und Entscheidungen vorbereitet werden.

> Kennzahlen bieten quantitative Größen in konzentrierter Form. Dazu werden absolute und relative Kennzahlen unterschieden. Kennzahlen haben eine dreifache Bedeutung:
>
> 1. Sie dienen der Maßstabsbildung.
> 2. Sie ermöglichen die Ausübung von Erfolgskontrollen.
> 3. Sie ermöglichen innerbetriebliche und außerbetriebliche Vergleiche.

D

Die wichtigsten Elemente von Kennzahlen sind:

- Informationscharakter, um sich über wichtige Sachverhalte Urteile bilden zu können,
- Quantifizierbarkeit, um messtheoretisch präzise Aussagen zu ermöglichen,
- Spezifische Form der Information, um komplizierte Prozesse und Zusammenhänge in einfacher Weise darzustellen.

Dazu werden die Kennzahlen unterschiedlich dargestellt. Die Kennzahlen können als ursprüngliche Zahlen (z. B. Preise, Stückzahlen), oder aber als abgeleitete Zahlen (z. B. Summen, Differenzen) und als Verhältniszahlen (z. B. Stück pro Periode) dargestellt werden. Die ursprünglichen und abgeleiteten Zahlen stellen absolute Zahlen dar. Die Verhältniszahlen unterteilen sich in Gliederungszahlen (z. B. Umlaufvermögen/Gesamtvermögen, also Vergleich eines Teils zum Ganzen), Beziehungszahlen (z. B. Gewinn/Gesamtkapital, also Zuordnung zweier begrifflich verschiedener Merkmale) und Indexzahlen (Vergleich einer Zahl mit ihrer Ausgangsgröße, z. B. Entwicklung Einkaufsvolumen bei Kunde X in den letzten Jahren).

Zahlensystem

Der Vergleich der Kennzahlen kann sowohl als Soll-Ist-Vergleich wie auch als Vergleich zweier Zeiträume oder als Branchenvergleich erfolgen. Allerdings ist bei der Aufstellung der Kennzahlen Vorsicht geboten, da durch falsches, veraltetes oder ungeeignetes Zahlenmaterial, durch Fehlinterpretation oder durch eine falsche Aufstellungsmethode leicht Fehlentscheidungen getroffen werden können. Kennzahlen sollten am Unternehmensziel orientiert, aktuell und auf die Zahl beschränkt und damit möglichst selbsterklärend und aussagefähig sein. Daher ist eine anzahlmäßige Beschränkung geboten und es ist wichtig, die Basisdaten zur Erstellung der Kennzahlen rückverfolgen zu können. Dazu gibt es in der EDV-gestützten Datenverwaltung die Möglichkeit so genannnter Drill-Down-Ansätze. Hiermit kann bei Veränderung einer Kennzahl gegenüber dem letzten Periodenwert oder einem Zielwert nachvollzogen werden, woher die Abweichungen stammen.

Einige wichtige Kennzahlen sollen nachfolgend aufgeführt werden:

D

Lieferbereitschaft = Summe sofort bedienter Mengen x 100/ Summe der insgesamt angeforderten Menge

Lieferbereitschaft

Die Lieferbereitschaft gibt den Prozentsatz an, mit dem eine Bedarfsanforderung in der betrachteten Periode erfüllt wurde. Sie ist eine Kennzahl zur systematischen Planung und Kontrolle der Lagerbestände und Ausdruck von Kundennähe/-zufriedenheit.

D

Reichweite = Lagerbestand am Stichtag/durchschnittlicher Verbrauch pro Tag (Woche, Monat)

Reichweite

Die Reichweite gibt den Zeitraum an, für den ein Lagerbestand bei einem durchschnittlichen oder geplanten Materialverbrauch pro Tag (oder Woche oder Monat) ausreicht oder voraussichtlich ausreichen wird. Sie ist eine bedeutende Kennzahl zur systematischen Planung und Kontrolle der Lagerbestände (Bestandscontrolling).

D

Lagerhaltungskostensatz = Lagerkosten je Periode/durchschnittlicher Lagerbestandswert

Lagerhaltungs-kostensatz

Der Lagerhaltungskostensatz ist die Summe aus Lagerkosten der reinen Lagerhaltung und dem kalkulatorischen Zinssatz für das in Beständen gebundene Kapital. Die Bezugsperiode ist in der Regel ein Jahr. Er dient als Kennzahl zur Kostenanalyse im Lagerbereich,

zur Ermittlung der optimalen Bestellmengen und für das Lager-
wesen zur Bevorratungspolitik.

Umschlagsdauer = durchschnittlicher Lagerbestand x 360/Jah-
resverbrauch

Umschlagdauer

Diese Kennzahl gibt an, wie häufig sich bestimmte Materialien pro
Jahr umschlagen. Sie dient der systematischen Analyse der Lager-
situation und der Entwicklung der Dauer der Kapitalbindungs-
dauer im Lager und ist damit eine Kennzahl für Disposition, Einkauf und Bevorratungswirtschaft.

Als weitere Kennzahlen lassen sich nennen:

- Logistikkosten/Umsatzeinheit,
- durchschnittliche Warenannahmezeit,
- Kosten/Lagerbewegung,
- Transportzeit/Transportauftrag,
- Lagerbewegungen pro Arbeitstag,
- Lagerbelegungsgrad.

3.7 Lieferantenbewertung und Auditierung

Die oben angesprochene Dynamik der Beschaffungsmärkte (Stichwort: Global Sourcing, erhöhte Qualitätsanforderungen und Reduzierung der Fertigungstiefe) führt letztlich dazu, leistungsfähige Instrumente zu entwickeln, um die Lieferanten zu bewerten und
auszuwählen. Denn die Auswahl der richtigen Lieferanten wird
künftig, wenn sich die großen Autohersteller oder Gerätefertigerer
mehr und mehr als reine Montagefirmen sehen, ein wesentlicher
Wettbewerbsfaktor sein. Hinzu kommt, dass die Lieferanten in Zukunft weniger Teilelieferanten, sondern vielmehr auch System-
und Problemlöser sein werden. Diese Lieferanten werden dann
Produktions- und Prozess-Know-how vereinigen und damit einen
großen Einfluss auf die Wettbewerbsfähigkeit ihrer Kunden aus-
üben. Daher ist es von großer Wichtigkeit die richtigen, d. h. leistungsfähigen, schlanken, kostengünstigen, innovativen und ände-
rungsfähigen Lieferanten zu erkennen und auszuwählen. Hier soll
aber nicht die Angebotsprüfung und die Preisbeurteilung, wie sie
durch Preisstrukturanalysen, Preisbeobachtung und Preisvergleich
möglich sind, Gegenstand der Ausführungen sein, sondern die
ganzheitliche Betrachtung des Lieferanten oder der erbrachten Lie-
ferleistung.

3.7.1 Kriterien der Lieferantenbewertung

Als Basis einer *Lieferantenbeurteilung* sind grundsätzlich beliebige Kriterien denkbar. In der Praxis haben sich einige wenige durchgesetzt, verständlicherweise jene, die gut messbar und für den Fertigungsablauf von Bedeutung sind. Folgende Kriterien können zur Beurteilung eines Lieferanten bezüglich seiner technischen und wirtschaftlichen Leistungsfähigkeit herangezogen werden:

Allgemeine Unternehmensbeschreibung
- Umsatz, Umsatzentwicklung
- Bonität, Finanzkraft, Gewinnentwicklung
- Cash-flow
- Rechtsform, Mehrheitsverhältnisse
- Unternehmenskultur
- Firmensitz, Standorte, auch Standorte in so genannten Billiglohnländern
- Wettbewerbsfähigkeit (Preis, Produktivität)
- Produktstruktur, Anteil der Neuentwicklungen am Umsatz,
- Anzahl der Mitarbeiter, Pro-Kopf-Umsatz
- Lieferleistungen
- Qualität der Produkte
- Qualitätssicherungssystem vorhanden
- Aufwand für Entwicklung und Forschung
- Effizienz Qualitätssicherung, F&E
- Fertigungskapazitäten, Fertigungstechnik, Prozessfähigkeit
- Produktpalette
- Technischer Service, Reaktionsfähigkeit
- Leistungsfähigkeit der Logistik oder Logistikpartner
- Konditionen und Service
- Zahlungs- und Lieferbedingungen
- Garantieleistungen
- Recycling-Konzept
- Termineinhaltung, Mengenzuverlässigkeit, Flexibilität
- Kommunikation

Beziehungen zum Lieferanten
- Wettbewerber in Teilsegmenten
- kapitalmässige Verflechtung mit Wettbewerbern
- Abhängigkeit zwischen Kunde und Lieferant
- Konkurrenzbelieferung
- räumliche Nähe

Tab. 3.3: Kriterien zur Lieferantenbeurteilung

Die Bedeutung und die Auswahl der relevanten Kriterien hängt in starkem Maße von den Anforderungen an den Lieferanten und der Art der Produkte, die bezogen werden sollen, ab. Wenn eine langfristige Partnerschaft angestrebt werden soll und es sich um technisch anspruchsvolle und innovative Produkte handelt, sind andere Kriterien von Bedeutung, als bei Massenartikeln, die vielleicht technisch völlig unkritisch sind. Im ersten Fall sind die Kriterien Bonität/Finanzkraft, Unternehmenskultur, Qualitätsaspekte, Fle-

Kriterien

xibilität, wettbewerbsfähige Preise und evtl. räumliche Nähe von besonderer Bedeutung. Gerade die Bonität ist von Bedeutung, wenn Entwicklungsleistungen vorfinanziert werden sollen. Neue Produkte zu entwickeln und technisch auf dem neuesten Stand zu sein, erfordert in der Regel ein Höchstmaß an Geldmitteln. Bei einer langfristigen Bindung an einen Lieferanten ist der Aspekt der ähnlichen Unternehmenskulturen nicht zu vernachlässigen. Ein miteinander Kommunizieren und wechselseitiges Lösen von Problemen erfordert die Verträglichkeit der Unternehmenskulturen, d. h. die Art und Weise des Umgangs, die Einhaltung gemachter Versprechungen und Abmachungen, ähnliche Ziele und Wege der Entscheidungsfindung. Eine langfristige Partnerschaft mit Lieferanten macht es aber auch notwendig, wenn die gemeinsame Wettbewerbsfähigkeit nicht verloren gehen soll, ein einheitliches, durchgängiges Qualitätswesen zu etablieren, und im Sinne eines Total-Quality-Managements das Qualitätsdenken über die Abteilungsgrenzen und Unternehmensgrenzen hinweg zu verfolgen. Lieferanten, die über ein großes Maß an Flexibilität verfügen, sei es im Sinne geänderter Mengenvolumen, sei es bei Entwicklungsleistungen oder bei der Berücksichtigung von Zeitaspekten, verfügen eher über eine schlanke Organisation und effektive Abläufe. Zunehmend wichtiger ist die räumliche Positionierung des Lieferanten, insbesondere wenn eine Ausweitung der JIT-Belieferung vorgesehen ist, so ist die räumliche Nähe des Lieferanten von Vorteil. Aber auch bei Bezug umfangreicher Entwicklungsleistungen hat sich die räumliche Nähe als vorteilhaft herausgestellt.

Bei einer Vielzahl von Kriterien für die Lieferantenbewertung ist es umso wichtiger, die eigenen Zielkriterien klar zu formulieren. Darüber hinaus ist zu beurteilen, dass es Kriterien gibt, die einfach zu bewerten sind und Kriterien (technischer Service, Reaktionsfähigkeit, Flexibilität, Termineinhaltung), die nicht ad hoc quantifiziert werden können. Hier ist ein Verfahrensmix bei der Beurteilung des Lieferanten notwendig.

Eine Lieferantenbeurteilung sollte so angelegt sein, dass man Potenziale eines Lieferanten erkennen und, wenn möglich, auch zahlenmäßig beschreiben kann. Sie muss so detailliert und objektiv nachvollziehbar sein, dass den Lieferanten die Beurteilung und Bewertung erläutert werden kann, um so auf Veränderungen hinwirken zu können.

3.7.2 Verfahren der Lieferantenbewertung

**Einfaktorvergleich/
Mehrfaktorvergleich**

Die Verfahren der *Lieferantenbewertung* sind entweder Einfaktor-vergleiche oder Mehrfaktorenvergleiche. Beim Einfaktorvergleich werden die Lieferanten nach nur einem Kriterium verglichen. Dieser Faktor ist in der Regel der Preis, kann sich aber auch auf Lieferzeit oder Qualität beziehen. Die Beurteilung eines Lieferanten nach nur einem Kriterium wird wegen der eingeschränkten Sichtweise nur selten angewendet, da in der Praxis wesentlich mehr Einflüsse zu berücksichtigen sind. So könnte das Ergebnis eines Einfaktorvergleichs falsche Signale senden, wenn dadurch beispielsweise das preislich günstigste Angebot realisiert wird und dadurch in der Fertigung Qualitätsprobleme (Maßhaltigkeit, Oberflächenbeschaffenheit, Stabilität elektrischer Kenngrößen) auftreten, die zu zusätzlichen Kosten für Prüfarbeitsgänge, zusätzliche Arbeitsschritte, etc. führen.

In der Praxis haben sich daher folgende Mehrfaktorenvergleiche durchgesetzt:

- Punktbewertungsverfahren (Scoring-Tabelle),
- Quotientenverfahren,
- Kennzahlenverfahren,
- Notensystem.

Verfahren

Das *Punktbewertungsverfahren* ist das am häufigsten eingesetzte Verfahren. Es entspricht dem Vorgehen der Kosten-Nutzen-Analyse. Zunächst werden die Kriterien zur Lieferantenbewertung zusammengetragen. Dann werden die verschiedenen Kriterien ihrer Bedeutung nach gewichtet. Jeder Lieferant erhält je Kriterium eine Leistungsbeurteilung (z. B. von 1 bis 6). Gewicht des Kriteriums mal Leistungsbeurteilung des Lieferanten ergibt die Bewertung des Kriteriums. Durch Addition der Einzelbewertungen erhält man eine Gesamtbewertung des Lieferanten, die mit der Gesamtbewertung der anderen Lieferanten verglichen werden kann.

Beim *Quotientenverfahren* werden Vergleichsfaktoren gebildet. Ein Vergleichsfaktor ist z. B. der niedrigste Einstandspreis im Verhältnis zum Einstandspreis des jeweiligen Lieferanten. Die verschiedenen Vergleichsfaktoren (Preis, Qualität, Liefertreue, etc.) werden addiert. Der Lieferant, der die niedrigste Summe hat, bildet die erste Wahl.

Beim *Kennzahlenverfahren* wird eine Trennung von Anbieter (Lieferant) und Angebot (Produkt) vorgenommen. Das Angebot wird nach Kriterien wie Qualität, Lieferzuverlässigkeit, Service, etc. bewertet. Für Abweichungen werden Punkte vergeben. Für Abweichungen nach oben und unten werden Strafpunkte vergeben

(z. B. zu früh geliefert +0,01, zu spät geliefert +0,04) und Gutpunkte für sehr gute Leistungen. Die vergleichende Kennzahl ergibt sich, indem zum Wert 1,0 die ermittelten Punkte hinzuaddiert werden. Damit erhält man eine Lieferantenkennzahl. Diese Lieferanten-kennzahl wird mit dem jeweiligen Einstandspreis multipliziert, so dass man einen vergleichenden Preis erhält. Dieser Preis beinhal-tet damit indirekt die bewerteten Abweichungen.

Im *Notensystem* werden die Leistungen des Lieferanten, wie Er-füllung der Liefermenge, Einhaltung Lieferzeitpunkt, Qualitäts-daten, Preisdisziplin, etc. mit Noten (z. B. von 1 bis 6) bewertet. Die Durchschnittsnote aus der Anzahl der gewählten Kriterien er-gibt den Bewertungsmaßstab für den Lieferanten.

Der prinzipielle Aufbau einer Lieferantenbewertung kann aus Abbildung 3.9 entnommen werden.

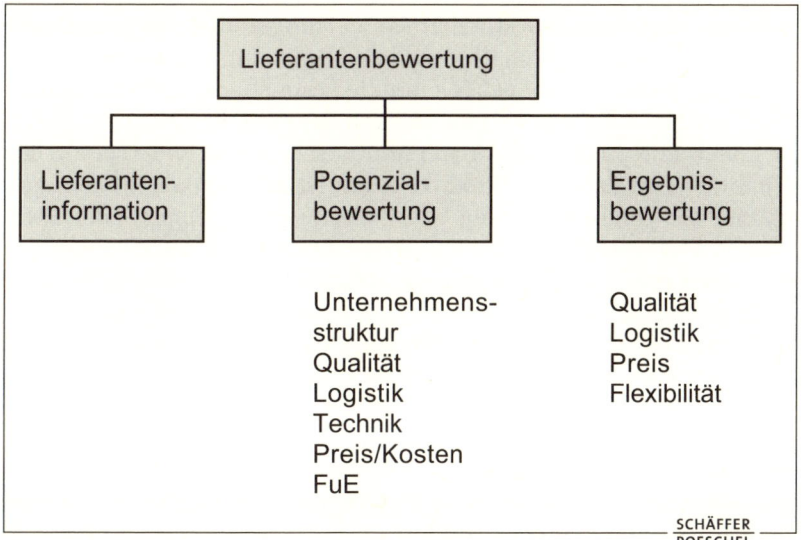

Abb. 3.9: Aufbau einer Lieferantenbewertung

3.7.3 Lieferantenbewertung durch Auditierung

Der zunehmenden Bedeutung des Qualitätsaspekts bei der Liefe-rantenauswahl wird durch ein weiteres Bewertungsinstrument Rechnung getragen, der *Auditierung*. Dabei sollen Fehlerquellen und Kostenverursacher beim Lieferanten erkannt und behoben werden. Insbesondere das Qualitätsaudit, als Instrument der Qua-litätssicherung, steht im Vordergrund einer Auditierung.

Auditierung

Bei der Qualitätsauditierung werden drei Arten unterschieden:

- Verfahrens-Audit,
- Produkt-Audit,
- System-Audit.

Verfahrens-Audit

Beim *Verfahrens-Audit* wird die Wirksamkeit der Qualitätssicherung betrachtet. Dabei geht es um die Beantwortung folgender Fragen: Sind Prozesse und Verfahren zweckmäßig? Werden Prozesse und Verfahren beherrscht? Sind Prüfunterlagen und Prüfmittel richtig und anwendbar? Das Verfahrens-Audit wird auch Prozess-Audit genannt. Es ermöglicht einen tiefen Einblick in firmeninterne Abläufe und das Know-how des Lieferanten. Beurteilt werden die eingeführten Verfahren bzw. Prozesse und die Arbeitsabläufe auf ihre Sicherheit und Zweckmäßigkeit, auf Einhaltung der gültigen Verfahrens- und Arbeitsanweisungen und auf Einhaltung der geforderten Eigenschaften und Qualitätsanforderungen.

Produkt-Audit

Beim *Produkt-Audit* geht es um die Feststellung der Wirksamkeit der Qualitätssicherung im Hinblick auf das Produkt. Die zentrale Frage lautet: Entsprechen Rohmaterial, Zwischen- und Endprodukte den Qualitäts-Vorgaben? Das Produkt-Audit ist definiert als Momentaufnahme der Qualitätsprüfung von Bauteilen, Baugruppen oder kompletten Produkten nach der jeweiligen Endprüfung, unabhängig von der bestehenden Produktkontrolle. Beurteilt wird die Einhaltung der vorgegebenen Qualitätsmerkmale und Arbeitsanweisungen.

System-Audit

Beim *System-Audit* steht die Wirksamkeit des Qualitätssicherungssystems (nach DIN ISO 9000 ff und QS 9000) des Lieferanten im Mittelpunkt. Das Hauptziel der ISO 9000-Norm ist sicherzustellen, dass ein Lieferant darlegen kann: Unser Qualitätssicherungssystem ist so organisiert, dass das Auftreten von Fehlern im gesamten Entwicklungs- und Herstellungs-Verlauf vom Entwurf bis zum Kundendienst verhindert wird. Das System-Audit hat sich insbesondere in der Nachweisführung bzw. Qualitätssicherungs-Systemzulassung gemäß den allgemein gültigen europäischen Normen DIN EN ISO 9000–9004 bewährt. Beim Aufbau der QS 9000 wurden die zwanzig Elemente der ISO 9000 zugrunde gelegt und durch Zusatzforderungen ergänzt. Diese Zusatzforderung umfassen kundenspezifische und organisatorische Inhalte (Einbindung Unterauftragnehmer des Lieferanten, Techniken wie Quality Function Deployment und Fehlermöglichkeitseinflussanalyse). Beurteilt werden die einzelnen Qualitätselemente, deren Anwendung und die Kenntnisse und Qualifikationen des Qualitätssicherungs-Personals. Grundlagen für das System-Audit sind das Qualitätssicherungshandbuch, Qualitätsanweisungen, Auftragsunterlagen, Richtlinien, gesetzliche Auflagen und zutreffende Qualitätssicherungsnormen.

Zur Durchführung der Auditierung wird ein Fragenkatalog (vgl. **Fragenkatalog**
Abbildung 3.10) aufgestellt und zusammen mit dem Lieferanten
ausgefüllt.

Qualitätssicherungs-System-Audit

Fragen zur Unternehmensführung
- Verantwortung der obersten Leitung
  - Qualitätspolitik
  - Qualitätsziele
  - Qualitätsbezogene Kosten
  - Management Review
- Grundsätze zum Qualitätssicherungs-System
  - Bereichsabdeckung des Qualitätssicherungs-Systems
  - Verantwortung/Befugnisse
  - Interne Qualitäts-Audits
  - Auditoren-Qualifikation
- Produktsicherheit und Produkthaftung
  - Produkthaftungsgrundsätze
  - Dokumentationspflichtige Produkte
  - Erkennung von Produktrisiken
  - Eingrenzung fehlerhafter Einheiten

Fragen zum Produkt und Prozess
- Qualität bei Auslegung und Design
  - Eigenständige Entwicklung
  - Entwicklungserfahrungen dokumentiert
  - Produkterprobungen
  - Qualitätsanforderungen vollständig
  - Qualitätsbewertungen
  - Freigabe des Entwurfs
  - Ergebnis der Entwicklungsarbeit
- Qualität in der Produktion
  - Fertigungspläne
  - Maschinenfähigkeitsuntersuchungen
  - Eigene Fertigungsfreigabe
  - Serienfreigabe durch Abnehmer
  - Prüfpläne, Prüfanweisungen
  - Zustand der Fertigung
- Handhabung und Aufgaben nach der Produktion
  - Umgang mit Produkten
  - Transportschäden
  - Verpackungsfehler
  - Identifikation der Produkte
  - Kundendienst
  - Gebrauchs- und Einbauanleitung
  - Feldausfall-Frühwarnsystem

SCHÄFFER
POESCHEL

Abb. 3.10: Auszug aus einem Fragebogen zum
Qualitätssicherungs-System-Audit
(Quelle: VDA Band 6 nach DIN ISO 9004/EN 29004)

Im Vordergrund steht dabei abzuprüfen, ob der Fragengegenstand im Qualitätssicherungssystem festgelegt ist und ob er in der Praxis wirksam nachgewiesen werden kann. Die Fragen sind mit »ja« oder »nein« zu beantworten. Wenn der Fragengegenstand sowohl im QS-System festgelegt ist als auch in der Praxis wirksam nachgewiesen werden kann, gibt es die maximale Punktzahl zehn. Ist der Fragengegenstand weder im QS-System festgelegt noch in der Praxis nachgewiesen, so gibt es die Punktzahl null.

Nach Beantwortung sämtlicher Fragen wird ein so genannter Erfüllungsgrad ermittelt. Ist der Erfüllungsgrad beispielsweise 90 bis 100 %, so handelt es sich um einen Lieferanten, der die Anforderungen zufriedenstellend erfüllt. Ein Lieferant, der beispielsweise auf nur 60 % Erfüllungsgrad kommt, wird als nicht zufriedenstellend bezeichnet. Die Folge kann sein, dass bestehende Lieferbeziehungen abgebaut bzw. nicht weiter intensiviert werden. Besteht noch keine Lieferbeziehung, so wird diese erst gar nicht aufgebaut oder weiterverfolgt. Das Instrument der Auditierung wird zunehmend eingesetzt und von vielen Kunden gefordert. Dabei sind der hohe Zeitaufwand für die Vorbereitung, Durchführung und Nachbereitung einer Auditierung und die Vielzahl an Auditierungen als große Hemmnisse zu erwähnen.

Kontrollfragen

1. Wie lautet der Ablauf einer ABC-Analyse?
2. Was ist das Wesen einer ABC-Analyse?
3. Wann ist der Einsatz einer XYZ-Analyse sinnvoll?
4. Wann eignet sich eine Wertanalyse?
5. Was ist bei einer Wertanalyse zu beachten?
6. Skizzieren Sie den Ablauf einer Wertanalyse und zeigen Sie die kritischen Punkte auf!
7. Erläutern Sie den Unterschied zwischen der Prozesskostenrechnung und der herkömmlichen Zuschlagskalkulation!
8. Wie lautet eine Prozesskette zur Beschaffung, wie zum internen Materialfluss?
9. Bilden Sie Kennzahlen, um den Beschaffungsbereich, den Lagerbereich und den innerbetrieblichen Materialtransport besser beschreiben zu können.
10. Erklären Sie die Voraussetzungen zum Einsatz von Kennzahlen.

4 Planung des Materialbedarfs

Nach der Lektüre dieses Kapitels soll der Leser

- die Arten der Materialbedarfsermittlung kennen,
- die unterschiedlichen Arten der Bedarfsverläufe und Bedarfe kennen,
- die Bedeutung von Stücklisten kennen,
- die verschiedenen Anwendungsmöglichkeiten der Stücklisten in einem Betrieb aufzählen können,
- die »umgekehrte Stückliste«, den Teileverwendungsnachweis, kennen,
- die Methoden der verbrauchsorientierten Materialbedarfsrechnung nennen können,
- die Verfahren der arithmetischen Mittelwertbildung, die Glättung 1. Ordnung und die Regressionsanalyse anwenden können.

Die *Planung des Materialbedarfs* ist eine nach innen gerichtete Tätigkeit, die letztlich sämtliche betrieblichen Abläufe beeinflusst, so z.B. das Rechnungswesen, das Finanzmanagement, die Fertigung. Bei der Planung des Materialbedarfs gilt es insbesondere die 6 R's der Materialwirtschaft zu beachten. Die Materialbedarfsplanung hat die Verantwortung, die richtige Ware, die richtige Menge, in der richtigen Qualität, zum richtigen Zeitpunkt, zum richtigen Preis und am richtigen Ort bereitzustellen. Damit wird die Schwierigkeit der Aufgabenstellung klar: Die Kundenaufträge müssen in ein Produktionsprogramm eingebunden und anschließend der Materialbedarf in Rohstoffe und Baugruppen aufgeteilt werden. Außerdem sind interne Aufträge der einzelnen Kostenstellen wie Fertigungsabteilungen, Versuchsabteilungen, Montagebereiche, zu erfassen und ebenfalls in Materialbedarfe umzuwandeln. Erst wenn dies erfolgt ist, ist der Bedarf an Rohstoffen und Baugruppen bestimmt. Damit steht aber noch nicht genau fest, wann dieser Bedarf benötigt wird. Es gilt fest zu halten, dass viele Fertigungsstillstände oder nicht ausgelastete Maschinen zu ca. 5 bis 20 % ihre Ursache in einer nicht ausreichenden Materialbereitstellung haben. Die Forderung nach niedrigen Beständen (am besten: Bestand = 0) und die zunehmend kurzfristige und variantenreiche Auftragserteilung durch den Kunden lassen erkennen, wie umfangreich die Aufgaben und wie schwierig die Lösungsfindung ist.

D

Die Materialbedarfsplanung hat folgende Aufgaben:

- Prognose/Ermittlung des Materialbedarfs,
- Bestimmung der Bestellmengen, Bestellzyklen und Bestellzeitpunkte,
- Auswahl von Lieferanten.

Dabei will sich dieses Kapitel auf die Prognose und Ermittlung des Materialbedarfs konzentrieren, während die Bestimmung der Bestellmengen aufgrund seiner Bedeutung in einem eigenen Kapitel behandelt wird.

Materialbedarf

Grundsätzlich wird der Materialbedarf vom Absatzplan oder Produktionsplan abgeleitet. Pläne sind eine für mehrere Perioden geltende Zusammenstellung der nach Art und Menge zu erfüllenden Aufgaben eines Betriebs oder eines Teilbereichs eines Unternehmens. Der Plan enthält demnach Soll-Daten. Ein *Absatzplan* beinhaltet das Erzeugnisangebot des Unternehmens und wird für einen Zeitraum von mehreren Monaten bis zu einem Jahr aufgestellt. Für die langfristige Planung gilt ein Zeitraum von drei Jahren. Dabei gibt es eine genaue Planung für das nächste Jahr und eine grobe Planung für die folgenden zwei Vorschaujahre. Der Absatzplan enthält dabei entweder feste Kundenaufträge oder Erfahrungswerte aus den vergangenen Perioden. Es können aber, insbesondere bei der langfristigen Planung, auch noch zu entwickelnde projektierte Erzeugnisse aufgenommen werden. Der *Produktionsplan* geht vom Absatzplan aus und berücksichtigt zusätzlich die Gegebenheiten der Beschaffungsmärkte und die Kapazität des Produktionsbereichs. Er legt fest, welche Aufträge vom Produktionsbereich in bestimmten Perioden zu bearbeiten sind oder auch welche Aufträge eventuell an Fremdfertiger abgegeben werden. Die Entscheidung über die Aufträge, die selbst bearbeitet werden, ist stark von verfügbaren Kapazitäten und dem angestrebten Kapazitätsaufbau bestimmt. Dabei spielen auch Überlegungen der Finanzierbarkeit sowohl der Investitionen für den Kapazitätsaufbau wie auch für die Vorfinanzierung von Material bei Hereinnahme weiterer Aufträge eine gewichtige Rolle. Darüber hinaus sollte das Produktionsprogramm eine hohe Mengenelastizität berücksichtigen (z. B. +/– 20 %), um laufende Anpassungen des Programms an Stückzahlen, Produktvarianten und weitere Kundenwünsche zu ermöglichen.

4.1 Bestimmung der verschiedenen Bedarfe

Der Materialbedarf kann zunächst nach seinen Arten unterschieden werden. Dabei liegen die für die Produktion benötigten Materialien in unterschiedlichster Stufe vor. Es kann sich um Roh-, Hilfs-, Betriebsstoffe, um Halbfertigprodukte, Fertigprodukte oder Handelsware handeln. Diese Stoffe werden auch Repetierfaktoren (Verbrauchsfaktoren) genannt, da sie bei der betrieblichen Leistungserstellung im Produktionsprozess ständig neu beschafft werden müssen. Den Gegensatz dazu bilden die Produktionsfaktoren (Betriebsmittel, Mitarbeiter), die in verschiedenen Kombinationsprozessen wirksam werden können. Die Materialbedarfsarten zeigt Abbildung 4.1.

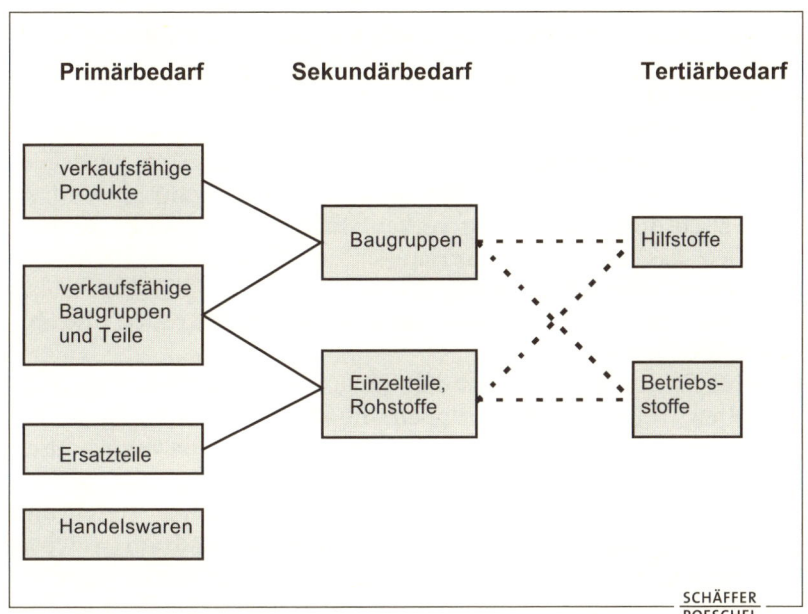

Abb. 4.1: Arten an Materialbedarf

Die Materialarten lassen sich wie folgt unterscheiden:

- *Fertigprodukte* sind Produkte, die selbst erstellt werden, also die verkaufsfähigen Endprodukte, oder Produkte, die zur Abrundung der Produktpalette als Handelsware ins Sortiment aufgenommen werden. (Beispiele: Waschmaschinen, Herde werden selbst hergestellt, als Handelsware werden Mikrowellengeräte geführt, die nicht selbst hergestellt werden, sondern beispielsweise von einen Hersteller aus Fernost bezogen werden). **Fertigprodukte**
- *Halbfertigprodukte* sind Zwischenprodukte, aus denen Enderzeugnisse entstehen. Sie können sowohl selbst hergestellt als **Halbfertigprodukte**

auch von außen zugekauft werden. (Beispiel: bestückte Leiterplatte, die selbst bestückt und ans Lager gelegt wird, oder von einem Fremdfertiger bestückt zugeliefert wird).

Rohstoffe

- *Rohstoffe* sind Materialien, die als wesentlicher Bestandteil in das Enderzeugnis eingehen. (Beispiel: Stahlblech für Karosseriefertigung; Halbleiterbauelemente für elektronische Geräte).

Hilfsstoffe

- *Hilfsstoffe* sind Materialien, die ebenfalls in das Produkt eingehen, aber von geringem Wert sind. (Beispiel: Lötzinn bei Leiterplatten; Knöpfe bei Anzügen).

Betriebsstoffe

- *Betriebsstoffe* sind Materialien, die nicht direkt ins Erzeugnis eingehen, sondern sich während der Fertigung verbrauchen. (Beispiel: Schmieröl für die Maschinen; Werkzeuge, die sich abnutzen).

Die Materialbedarfsarten lassen sich wie folgt unterscheiden:

- *Primärbedarf*: Bedarf an verkaufsfähigen Produkten (Enderzeugnissen). Der Primärbedarf ist durch die Absatzplanung bekannt. Primärbedarf kann auch in Form von Ersatzteilen vorliegen. Wenn eine Wasserpumpe für einen Kfz-Motor benötigt wird, so ist auch diese Pumpe ein verkaufsfähiges Endprodukt. Es tritt neben das eigentliche, verkaufsfähige Endprodukt PKW. Ein nicht zu unterschätzendes Faktum ist, dass der PKW-Handel bereits bis zu ca. 25 % seines Umsatzes mit Ersatzteilen und Zubehör erzielt.

Materialbedarfsarten

- Beim *Sekundärbedarf* handelt es sich um den Bedarf an Rohstoffen, Teilen und Baugruppen, die für die Herstellung des Erzeugnisses benötigt werden. Dieser Sekundärbedarf wird durch die Erzeugnisgliederung beschrieben. Aus der Erzeugnisgliederung geht hervor, aus welchem Rohstoff, welchen Teilen und welchen Baugruppen das Erzeugnis besteht und auf welchen Fertigungsstufen die einzelnen Teile und Baugruppen vorgefertigt und montiert werden. Durch die Erzeugnisgliederung wird auch der zeitliche Ablauf deutlich: Indem jeder Fertigungsstufe eine bestimmte Durchführungszeit zugewiesen wird, kann durch Addieren der Durchführungszeit je Fertigungsstufe die Fertigungs-Durchlaufzeit des Produkts errechnet und, ausgehend vom Fertigstellungstermin, rückwärts ermittelt werden, wann welches Material (Teil, Rohstoff) für die nächste Bearbeitungsstufe zur Verfügung gestellt werden muss. (Abbildung 4.2 zeigt beispielhaft die Erzeugnisgliederung für ein Produkt E1).
- Der *Tertiärbedarf* umfasst den Bedarf an Betriebs- und Hilfsstoffen, die für die Herstellung des Erzeugnisses benötigt werden.

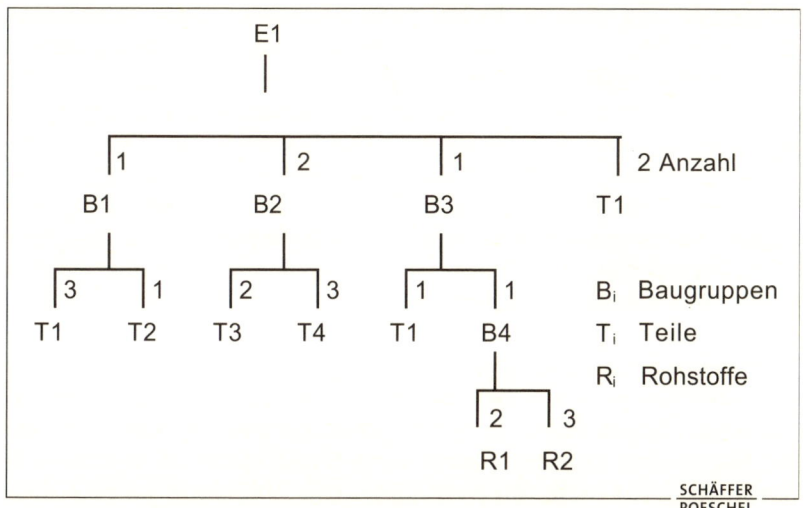

Abb. 4.2: Erzeugnisgliederung für ein Produkt E1 und den Sekundärbedarf. Dabei sind B die Baugruppen, T die Teile und R die Rohstoffe, aus denen sich das Produkt E1 zusammensetzt

Es wird deutlich, dass durch die unterschiedliche Wertigkeit und Messbarkeit des einzelnen Bedarfs (Primär-, Sekundär-, Tertiärbedarf) die Bedarfsermittlung oder auch Disposition des einzelnen Bedarfs unterschiedlich ausfällt. Der Verbrauch an Hilfs- und Betriebsstoffen lässt sich nicht exakt erfassen, außerdem sind hier Kosten und Nutzen einer genauen Bedarfsermittlung abzuwägen. Bei den Hilfs- und Betriebsstoffen herrscht in der Praxis eher die Tendenz vor, mehr als benötigt am Lager zu haben, da die Kosten weniger ins Gewicht fallen. Anders bei wertvollen Halbfertigprodukten, die zugekauft werden. In diesem Falle ist die Ermittlung der benötigten Menge wichtig, um unnötig hohe Lagerhaltungskosten zu vermeiden und der Gefahr der Verschrottung bei einem Wechsel des Kundenwunsches vorzubeugen. Oftmals werden größere Mengen der Halbfertigprodukte aufgrund optimistischer Verkaufserwartungen ans Lager gelegt oder werden diese zu Endprodukten weiterverarbeitet, weil zufällig Fertigungskapazitäten frei sind. Ändert sich plötzlich das Käuferverhalten, weil neue bessere und billigere Produkte auf den Markt kommen, oder weil die technische Spezifikation des Produkts nicht mehr ausreichend ist, so besteht die Gefahr, die lagerhaltigen Produkte nicht mehr absetzen zu können. Um weitere Lagerhaltungskosten zu vermeiden, kann es besser sein, die Ware zu verschrotten.

Neben den Arten des Materialbedarfs ist es wichtig, die Herkunft der Bedarfe genauer zu unterscheiden. So ergibt sich neben dem Produktionsbedarf laut Absatzplan ein Zusatzbedarf, der sich aus Ausbeuteverlusten, aus Bedarf für die Entwicklung und aus sonstigem ungeplanten Bedarf zusammensetzt. Dieser Zusatzbedarf ist nicht zu vernachlässigen und kann bei entwicklungsintensiven und kritischen Produkten zweistellige Prozentsätze annehmen. Wenn der Produktionsbedarf und der Zusatzbedarf ermittelt wurden, ergeben beide zusammen den Bruttobedarf. Vom Bruttobedarf werden die Lagerbestände, die offenen Bestellungen (schwimmende Bestände) und Materialreservierungen für eingeplante Aufträge abgezogen, um den Nettobedarf zu erhalten. Der Nettobedarf gibt die Menge an, die tatsächlich bestellt werden muss. Von schwimmenden Beständen spricht man, wenn Bestellungen erfolgt sind, die Ware aber noch nicht am Lager liegt. Die Ware kann noch beim Lieferanten oder auf dem Transportweg sein oder im Wareneingang des eigenen Unternehmens liegen. Reservierungen liegen dann vor, wenn für lang vorausgeplante Aufträge die Materialien bereits verplant sind. Diese Materialien stehen in der Regel nicht mehr zur Verfügung. Die Abbildung 4.3 zeigt beispielhaft den Ablauf zur Ermittlung des Nettobedarfs.

Schritt 1	Primärbedarf an Enderzeugnissen
Schritt 2	daraus ermittelter gesamter Sekundärbedarf
Schritt 3	plus Zusatzbedarf (Ausbeute, Entwicklung, Zusatzaufträge)
Schritt 4	plus Primärbedarf durch Ersatzteile
Schritt 5	= *Bruttobedarf*
Schritt 6	minus Lagerbestand
Schritt 7	reduziert um Sicherheitsbestand
Schritt 8	reduziert um Reservierungen
Schritt 9	minus Bestellbestand
Schritt 10	reduziert um Ausschuss
Schritt 11	= *Nettobedarf*

SCHÄFFER
POESCHEL

Abb. 4.3: Ablauf zur Ermittlung des Nettobedarfs

Bei der Materialbedarfsrechnung unterscheidet man je nach Umfang und Art der vorliegenden Daten drei Verfahren:

1. es liegt ein Produktionsprogramm vor, nach dem gefertigt werden soll (Programmorienierte Materialbedarfsermittlung),
2. es liegen die Verbräuche der Materialien (Rohstoffe) vor (Verbrauchsorientierte Materialbedarfsermittlung),

3. es liegen weder ein Produktionsprogramm noch Aufzeichnungen über den Materialverbrauch vor; es sind Annahmen oder Schätzungen durchzuführen (Methode des Schätzens zur Materialbedarfsermittlung).

Diese Verfahren sollen im Folgenden näher erläutert werden.

4.2 Programmorientierte Materialbedarfsermittlung

4.2.1 Voraussetzungen für die programmorientierte Materialbedarfsermittlung

Die *programmorientierte Materialbedarfsermittlung* ist gegeben, wenn es für die zu erzeugenden und abzusetzenden Erzeugnisse einen *Produktionsprogramm* gibt, d. h. wenn bekannt ist, wann welche Erzeugnisse gefertigt werden sollen. Der einfachste Fall liegt vor, wenn es sich um eine auftrags- bzw. kundenorientierte Fertigung handelt. Das Produktionsprogramm ergibt sich aus dem *Produktionsplan*, dieser wiederum aus dem *Absatzprogramm*. Das Absatzprogramm berücksichtigt vorwiegend die Gegebenheiten des Absatzmarktes und die eigene Leistungsfähigkeit (Kapazitäten, Beschaffung), über den Vertrieb den Markt zu bedienen. Im Absatzprogramm spiegeln sich unternehmensexterne Gegebenheiten (Nachfrage, Konkurrenzangebote, Marktentwicklung) und interne Vorgaben (Deckungsbeiträge, Gewinnmarge, Auslastung Kapazitäten, Erzeugnissortiment) wider. Das Absatzprogramm enthält Informationen über Mengen/Periode, Erlöse, Umsatzzahlen und Deckungsbeiträge. Aus diesem Absatzprogramm wird das Produktionsprogramm entwickelt. Hier finden Gegebenheiten der Beschaffungsmärkte und die Kapazität des Produktionsbereichs Berücksichtigung. Das Produktionsprogramm legt fest, welche Aufträge von der Produktion (Entwicklung, Beschaffung, Fertigung, Produktionssteuerung) abzuarbeiten sind. Die Beschaffungsaufträge für das Material müssen aus dem Bedarf an Fertigerzeugnissen entsprechend dem Produktionsprogramm ermittelt werden. Um dies bewerkstelligen zu können, müssen für alle zu fertigenden Erzeugnisse *Stücklisten* vorliegen.

Produktionsprogramm

4.2.2 Stücklisten als Instrument der Materialbedarfs-
ermittlung

D

Stücklisten sind Verzeichnisse von Rohstoffen, Einzelteilen, Bauteilen und Baugruppen, die in ein Fertigerzeugnis eingehen.

Die Stückliste ergibt sich aus der oben dargestellten Erzeugnisgliederung. Stücklisten sind für den planenden und ausführenden Part eines Unternehmens ein wichtiges Dokument. Sie wird in folgenden Funktionen des Unternehmens eingesetzt bzw. benötigt:

- Arbeitsplanung: Arbeitsplanerstellung, Montageanleitung,
- Fertigungsplanung: Fertigungsablauf (Teilefertigung, Montage),
- Disposition: Bedarfsermittlung,
- Lager: Verfügbarkeit und Bereitstellung von Teilen,
- Rechnungswesen: Vorkalkulation, Nachkalkulation, Inventur,
- Fertigung: Ausführung der Aufgaben,
- Verkauf: Ermittlung Brutto-Verkaufspreise,
- Kundendienst: Ersatzteillisten.

Es gibt eine Reihe verschiedener Stücklisten. Bezogen auf die Funktion der Stückliste werden Konstruktions-, Fertigungs-, Einkaufs- und Ersatzteilstücklisten unterschieden. Wird die Art der Stückliste zugrunde gelegt, sind als die wichtigsten Stücklisten zu nennen:

Art der Stückliste

- *Mengenstückliste* (wie oft kommt ein Teil im Fertigerzeugnis vor?).
- *Strukturstückliste* (entsprechend der Erzeugnisgliederung kommt ein Teil auf verschiedenen Produktionsstufen in unterschiedlicher Anzahl vor).
- *Baukastenstückliste* (einstufige Stückliste, Darstellung auf Basis der Erzeugnisgliederung für nur eine Produktionsstufe).
- *Variantenstückliste* (Zusammenfassung mehrerer Stücklisten innerhalb einer Darstellung, um verschiedene Produkte/Erzeugnisse mit einem hohen Anteil identischer Bauteile und Teile gemeinsam aufführen zu können. Anwendung häufig bei Kleinserienfertigung).
- *Grund- und Plus-Minus-Stückliste* (Darstellung durch zwei Listen, der Grund-Stückliste und der Plus-Minus-Stückliste. Die Grund-Stückliste bezieht sich auf die überwiegend gebaute Ausführung. Die Plus-Minus-Stückliste enthält in Bezug auf die Grund-Stückliste die zusätzlich hinzukommenden oder entfallenden Bauteile und Teile. Entfallende Positionen werden mit

einem Minus, hinzukommende Positionen mit einem Plus gekennzeichnet).
- *Endformstückliste und Gleichteileliste* (Zusammenwirken
  zweier Listen. Keine Stückliste, die sämtliche Varianten enthält. Beschränkung auf eine Gleichteileliste, die alle Bauteile
  und Teile enthält, die mit gleicher Sachnummer und gleicher
  Menge in mehreren Varianten vorkommen. Die Ergänzung findet in der Endformstückliste statt. Diese enthält neben dem
  Hinweis auf die Gleichteileliste auch die Unterschiedteile, die
  dazukommen).

Ein Produkt oder Erzeugnis lässt sich in verschiedener Weise auf-
gliedern: vom Erzeugnis oder einer Baugruppe aus abwärts bis hin
zu den Einzelteilen oder umgekehrt vom Einzelteil aufwärts bis
zum Erzeugnis. Im ersten Fall spricht man von einer analytischen
Betrachtung und der herkömmlichen Stückliste. Im anderen Fall
spricht man von einer synthetischen Betrachtung und der »umge-
kehrten« Stückliste oder dem Teileverwendungsnachweis. Die bedeutendsten Stücklistenarten sind die Mengen-, Struktur- und
Baukastenstückliste. Die Basis für die Stückliste ist eine Erzeugnisgliederung.

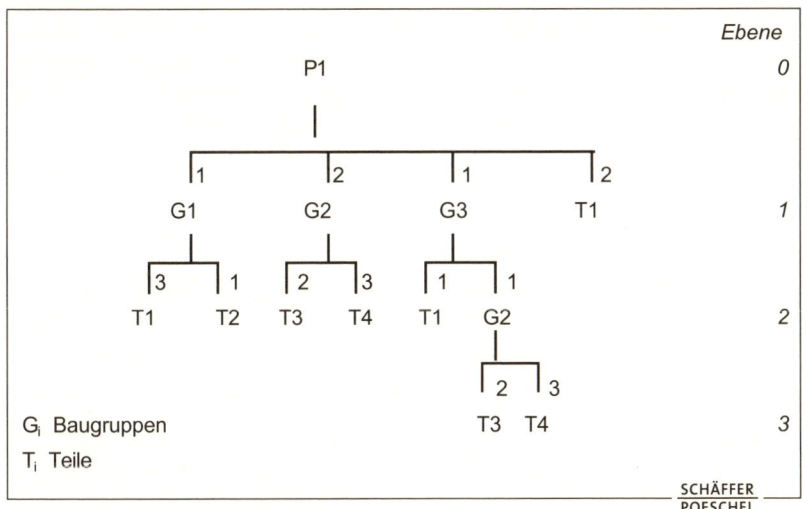

Abb. 4.4: Erzeugnisgliederung für Produkt P1

In der *Mengenstückliste* werden alle Teile, die für ein Erzeugnis **Mengenstückliste**
oder eine Baugruppe benötigt werden nur einmal in ihrer Gesamt-
menge aufgeführt. Aus dieser Stückliste geht nicht hervor, an welcher Stelle oder zu welchem Zeitpunkt ein Teil benötigt wird. Die
Mengenstücklisten beschreiben demnach ein Produkt in sehr kom-
primierter Weise. Mengenstücklisten lassen sich in verschiedenen

Weisen darstellen. Die Frage ist, ob übergeordnete Baugruppen auch aufgeführt werden oder nicht. Wenn übergeordnete Baugruppen mit aufgeführt werden, besteht die Gefahr der Doppelzählung der Teile. In Tabelle 4.1 ist beispielhaft eine Mengenstückliste für das Produkt P1 dargestellt. Die aufgeführten übergeordneten Baugruppen G1, G2 und G3 erscheinen nicht in der Stückliste.

lfd. Nummer	Benennung, Typteilenummer (Baugruppe, Teil)	Menge
1	T1	6
2	T2	1
3	T3	6
4	T4	9

Tab. 4.1: Beispiel für eine Mengenstückliste

Strukturstückliste

Die *Strukturstückliste* enthält die Teile in strukturierter Form, d. h. die Erzeugnisstufen werden bis zum einzelnen Teil aufgegliedert. Dabei können gleiche Teile mehrfach vorkommen, wenn Teile in unterschiedlichen Positionen oder auf unterschiedlicher Ebene im Produkt verwendet werden. Die Strukturstückliste gibt in vereinfachter Form die Erzeugnisgliederung wieder. Die Stückzahlangaben beziehen sich nur auf die jeweilige Erzeugnisebene. In Tabelle 4.2 ist beispielhaft eine Strukturstückliste für das Produkt P1 dargestellt.

lfd. Nummer	Benennung, Typteilenummer (Baugruppe, Teil) Ebene	1	2	3	Anzahl
1	G1				1
2		T1			3
3		T2			1
4	G2				2
5		T3			2
6		T4			3
7	G3				1
8		T1			1
9		G2			1
10			T3		2
11			T4		3
12	T1				2

Tab. 4.2: Beispiel für eine Strukturstückliste

Die *Baukastenstückliste* wird auch einstufige Stückliste genannt. Sie gibt immer die Teile der nächsttieferen Ebene wieder, die unmittelbar für den Zusammenbau benötigt werden. Sie ist dann von Vorteil, wenn in Baukästen konstruiert wird. So kann eine Baukastenstückliste, einmal angelegt, für viele verschiedene Produkte verwendet werden. Baukastenstücklisten sind selbst sehr übersichtlich. Wenn komplizierte Produkte als Baukastenstückliste dargestellt werden, so benötigt man eine Vielzahl verschiedener Stücklisten, um dieses Produkt zu beschreiben. Damit geht der Zusammenhang leicht verloren. In Tabelle 4.3 sind beispielhaft die Baukastenstücklisten, aus denen sich Produkt P1 zusammensetzt, dargestellt.

Baukastenstückliste

Baukastenstückliste für Produkt P1

lfd. Nummer	Benennung, Typteilenummer (Baugruppe, Teil)	Menge
1	G1	1
2	G2	2
3	G3	1
4	T1	2

Baukastenstückliste für Baugruppe G1

lfd. Nummer	Benennung, Typteilenummer (Baugruppe, Teil)	Menge
1	T1	3
2	T2	1

Baukastenstückliste für Baugruppe G2

lfd. Nummer	Benennung, Typteilenummer (Baugruppe, Teil)	Menge
1	T3	2
2	T4	3

Tab. 4.3: Beispiele für Baukastenstücklisten

**Verwendungs-
nachweis**

Während eine Stückliste analytisch aufgebaut ist, also die Frage nach den Bestandteilen eines Produktes/Erzeugnisses im Vordergrund steht (Analyse = Auflösung), wird beim *Verwendungsnachweis* (= »umgekehrte« Stückliste) vice versa eine synthetische Vorgehensweise beschritten. Hier wird gefragt, wo die einzelnen Teile, Bauteile, Baugruppen etc. ihre Verwendung finden (Synthese = Zusammenfügung, Verknüpfung). Die Fragestellung ist also umgekehrt und schließt vom Rohstoff, Teil, Baugruppe auf das Erzeugnis. Im Einzelnen werden die Verwendungsnachweise wie folgt unterteilt:

- *Mengenteileverwendungsnachweis* (gibt die Gesamtmenge an, mit der ein Teil in den verschiedenen Produkten/Erzeugnissen enthalten ist).
- Strukturteileverwendungsnachweis (Darstellung, wie die Teile der Struktur nach im Produkt/Erzeugnis angeordnet sind. Hier steht die Sichtweise, ausgehend vom Bauteil im Vordergrund).
- *Baukastenteileverwendungsnachweis* (zeigt die Verwendung eines Baukastens in den Produkten/Erzeugnissen. Wichtig auch hier, in welcher Produktionsstufe der Baukasten Eingang in das Erzeugnis findet).

In Abbildung 4.5 wird exemplarisch die Grundstruktur des Teileverwendungsnachweises für Teil T1 dargestellt, wobei T1 in den Stufen 1 und 2 in das Endprodukt P1 eingeht.

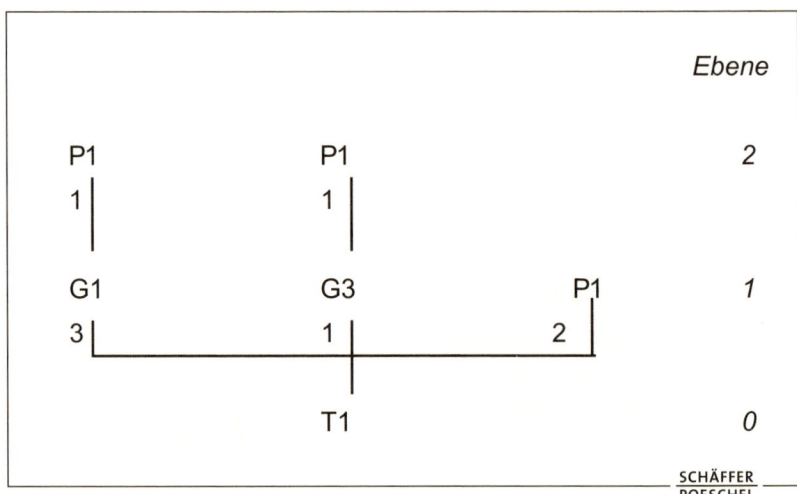

Abb. 4.5: Verwendungsstruktur für Teil 1

Die Tabellen 4.4 bis 4.6 zeigen beispielhaft die entsprechenden Teileverwendungsnachweise nach Mengen, Struktur und Baukasten für Teil T1.

lfd. Nummer	für Teil T1 Benennung, Typteilenummer	Menge
1	P1	6
2	G1	3
3	G3	1

Tab. 4.4: Mengenteileverwendungsnachweis für Teil T1

lfd. Nummer	für Teil T1 Benennung, Typteilenummer		Anzahl
	Ebene 1	2	
1	G1		3
2		P1	1
3	G3		1
4		P1	1
5	P1		2

Tab. 4.5: Strukturteileverwendungsnachweis für Teil T1

lfd. Nummer	für Teil T1 Benennung, Typteilenummer	Menge
1	P1	2
2	G1	3
3	G3	1

Tab. 4.6: Baukastenteileverwendungsnachweis für Teil T1

Die Verwendung der Teileverwendungsnachweise hat gegenüber der Auflösung in Stücklisten Rechenzeitvorteile auf DV-Anlagen. Die Ermittlung des Materialbedarfs wird durch Auflösung nach den einzelnen Materialien im Batch-Betrieb und durch Verwendung der Teileverwendungsnachweise durchgeführt.

Fallbeispiel

Ein Beispiel soll die Zusammenhänge und die Ermittlung des Bruttobedarfs darstellen:

Der Produktionsplan enthält den Primärbedarf für das kommende Quartal, aus dem Teileverwendungsnachweis der eingesetzten Teile kann der Sekundärbedarf ermittelt werden.

Der Produktionsplan für die Monate M1, M2, M3

Produkte	Monat M1	Monat M2	Monat M3
P 1	100 Stück	120 Stück	140 Stück
P 2	80 Stück	60 Stück	40 Stück
P 3	200 Stück	250 Stück	180 Stück

Der Mengenteileverwendungsnachweis für die Teile T1, T2 und T3

Teile	Produkt P 1	Produkt P 2	Produkt P 3
T1	3	1	1
T2	0	0	4
T3	2	2	2

Daraus resultiert der Sekundärbedarf an Teilen T1, T2 und T3

Bauteile	Monat M1	Monat M2	Monat M2
T1	580 Stück	670 Stück	640 Stück
T2	800 Stück	1.000 Stück	720 Stück
T3	760 Stück	860 Stück	720 Stück

4.3 Verbrauchsorientierte Materialbedarfsermittlung

Materialverbrauch

Während bei der programmorientierten Materialbedarfsermittlung die Anzahl der zu fertigenden Produkte und deren Auflösung in ihre Bauteile und Teile im Vordergrund steht, wird bei der *verbrauchsorientierten Materialbedarfsermittlung* vom Verbrauch der Einsatzmaterialien, also der Teile und Bauteile, ausgegangen. Man nennt diese Vorgehensweise auch stochastische Materialbedarfsermittlung. Sinnvollerweise wird diese Art der Materialplanung für C-Materialien verwendet.

Die verbrauchsorientierte Materialbedarfsermittlung wird dann eingesetzt, wenn:

- keine Stücklisten vorhanden sind,
- die Erstellung von Stücklisten zu kostenintensiv wäre,
- wenn die zu beschaffenden Teile/Bauteile nicht in den Stücklisten erscheinen (meist Kleinteile, Hilfs- und Betriebsstoffe),
- keine Produktprogrammplanung möglich ist.

Die verbrauchsorientierte Materialbedarfsermittlung benötigt andererseits Informationen über den Verbrauchsverlauf. Dieser kann über Materialbewegungsrechnungen und -statistiken, über Verbrauchswerte der zurückliegenden Perioden oder Prognosen für die Zukunft ermittelt werden.

Prognosen

Um daraus den Verbrauchsverlauf der kommenden Periode oder Perioden abzuleiten, bedient man sich *Methoden der Bedarfsprognose.*

4.3.1 Darstellung der verschiedenen Bedarfsverläufe

Für die korrekte Materialbedarfsermittlung werden drei Arten von Bedarfsentwicklungen unterschieden. Zum einen der horizontale Bedarfsverlauf (auch konstanter Bedarfsverlauf), dann der trendmäßig steigende oder trendmäßig fallende Bedarfsverlauf und schließlich der saisonabhängige Bedarfsverlauf.

Beim *horizontalen Bedarfsverlauf* schwankt der Bedarf um einen gleichbleibenden Mittelwert (vgl. Abbildung 4.6). Die Schwankungen sind kurzfristig und gleichen sich langfristig aus. Diese Schwankungen unterliegen keiner Gesetzmäßigkeit und sind stochastischer Natur.

Horizontaler Bedarfsverlauf

Beispiele finden sich im Konsumgüterbereich z. B. bei Nahrungsmitteln und Textilien.

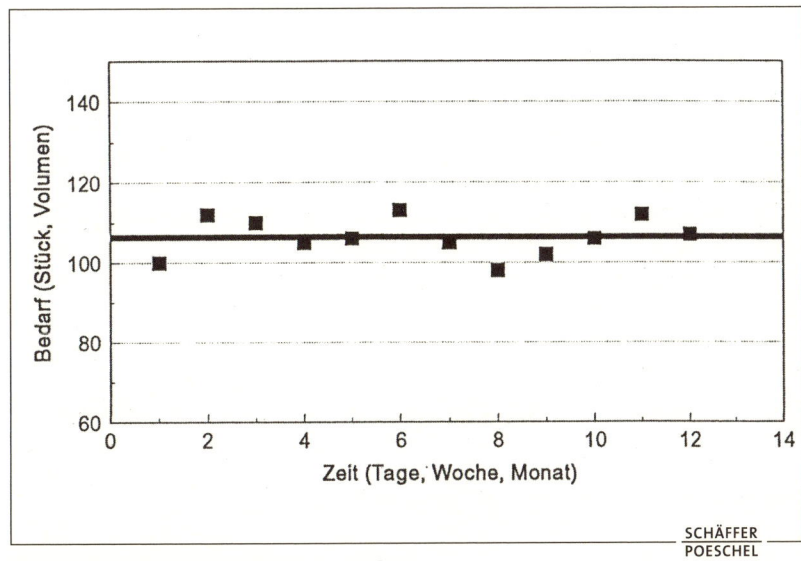

Abb. 4.6: Horizontaler Bedarfsverlauf

Trendmäßig steigender oder fallender Bedarfsverlauf

Bei *trendmäßig steigendem oder fallendem Bedarfsverlauf* schwankt der Bedarf um einen Mittelwert, der linear steigt oder fällt (vgl. Abbildung 4.7). Die Schwankungen sind kurzfristig und gleichen sich langfristig aus. Der trendförmige Bedarfsverlauf ist langfristig erkennbar.

B

Als Beispiele für den steigenden Bedarfsverlauf lassen sich die Einführung neuer Produkte am Markt oder auch eine steigende Nachfrage durch Bevölkerungszuwachs oder Erschließung neuer Märkte nennen. Der fallende Bedarfsverlauf wird deutlich sichtbar bei Produkten, die nicht beworben werden oder bei Produkten, die langsam auslaufen oder durch ein verbessertes neues Produkt abgelöst werden (z. B. Modellwechsel in der Automobilindustrie).

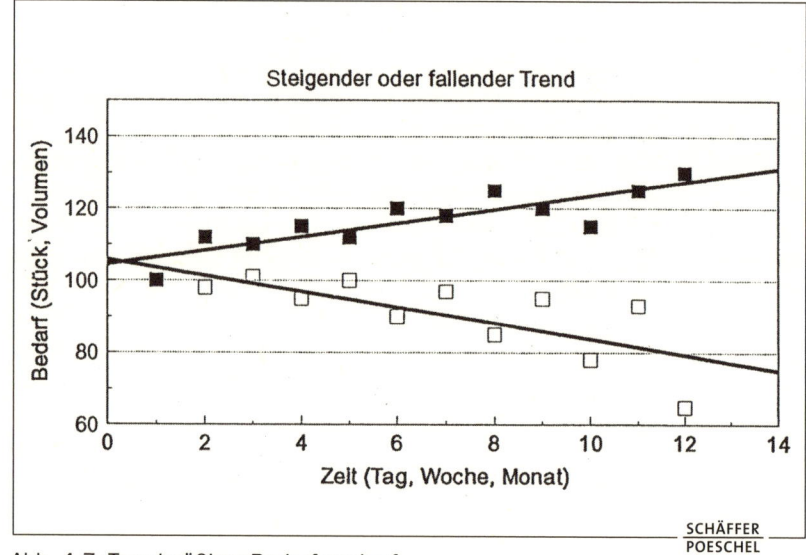

Abb. 4.7: Trendmäßiger Bedarfsverlauf

Saisonabhängiger Bedarfsverlauf

Beim *saisonabhängigen Bedarfsverlauf* zeigt der Bedarf gleiches oder ähnliches Verhalten in gleichmäßigen Zeitabständen. Es erfolgt ein Abwechseln von Spitzen- und Minimalwerten (vgl. Abbildung 4.8). Die Gründe für die Schwankungen sind bekannt (Jahreszeiten, Kollektionswechsel, Weihnachtsgeschäft).

B

Beispiele sind sämtliche Saisonartikel, hier insbesondere Sportausstattung und Textilien oder auch Konsumgüter des gehobenen Bedarfs, die in starkem Maße zu Weihnachten abgesetzt werden sowie Energieversorgungsunternehmen und Brennstoffhandel, die in den Wintermonaten höhere Abgabemengen als im Sommer haben.

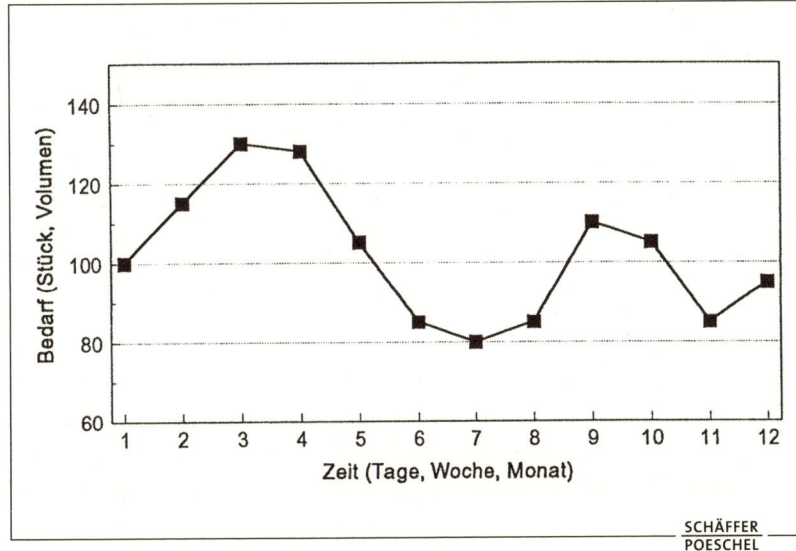

Abb. 4.8: Saisonabhängiger Bedarfsverlauf

Neben diesen klar zu unterscheidenden Bedarfsverläufen gibt es auch beliebige Kombinationen daraus. So können sich z. B. saisonale und trendförmige Bedarfsverläufe überlagern.

Bestes Beispiel für solche kombinierten Schwankungen ist der Elektrizitätsbedarf im Stromnetz. Bei den Energieversorgungsunternehmen sind deutliche saisonale Einflüsse, wie die Jahreszeiten (Sommer, Herbst, Winter, Frühling, Übergangszeiten) als auch saisonale Einflüsse bedingt durch den Wochentag (Montag bis Sonntag, Brückentage) spürbar. Darüber hinaus wird im Energiebereich auch ein trendförmig steigender Bedarfsverlauf mit Änderungsraten von –3 % bis +3 % erkennbar.

4.3.2 Methoden der verbrauchsorientierten Materialbedarfsermittlung

Die meisten Verfahren beziehen sich in starkem Maße auf vergangenheitsbezogene Werte. Diese Werte aus der Vergangenheit heißt es, in die Zukunft weiterzuschreiben, d. h. es ist der vermutliche Verbrauch in der nächsten Periode zu bestimmen. Die hier vorgestellten Verfahren sollen Wege aufzeigen, wie eine Materialbedarfsermittlung bei verschiedenen Bedarfsverläufen erfolgen kann (vgl. Tabelle 4.7). Dabei gilt es auch hier, den Aufwand und Nutzen in Bezug auf das erwartete Ergebnis zu setzen.

Bedarfsverlauf	- Methode Bedarfsermittlung - Prognoseverfahren	
		Absatz
horizontaler	- arithmetischer Mittelwert	a)
	- gewogener Mittelwert	b)
	- gleitender gewogener Mittelwert	c)
	- exponentielle Glättung 1. Ordnung	d)
linearer trendförmiger	- exponentielle Glättung 1. Ordnung - exponentielle Glättung 2. Ordnung	
	- lineare Regressionsanalyse	e)
nichtlinearer trendförmiger	- exponentielle Glättung 3. Ordnung - nichtlineare Regressionsanalyse	

saisonab-
hängiger
	- Kombination verschiedener
	  Prognoseverfahren
	- zerlegen des Kurvenverlaufs in
	  Einzelabschnitte	

Tab. 4.7: Übersicht der Verfahren bei verbrauchsorientierter Materialbedarfsermittlung

a) Methode des arithmetischen Mittelwertes

Eines der einfachsten und häufig eingesetzten Verfahren der Prognose ist die Bildung des *arithmetischen Mittelwertes*. Die Vorhersage der nächsten Periode ergibt sich aus einer einfachen Durchschnittswertbildung der zurückliegenden Perioden. Die Formel lautet:

$$V_{n+1} = \frac{1}{n} \sum T_i \quad \text{i=1 bis n}$$

V_{n+1} = Vorhersagewert für die nächste Periode (Tag, Woche, Monat), Verbrauchsmenge eines Teils oder Bauteils

T_i = tatsächlicher Verbrauch in den zurückliegenden Perioden

n = Anzahl der betrachteten Perioden

Die arithmetische Mittelwertbildung ist ein einfaches Verfahren, das in der Praxis wegen der schnellen Ermittlung von Ergebnissen sehr verbreitet ist. Das Verfahren ist dann sinnvoll anzuwenden, wenn ein horizontaler Bedarfsverlauf gegeben ist und wenn die Zahlenkolonne nicht zu lang ist, d. h. nicht zu viele Werte aus der Vergangenheit berücksichtigt werden. Der Nachteil dieses Verfahrens ist, dass oftmals zu viele Vergangenheitswerte in die Mittelwertbildung mit einfließen. Dadurch wird die Vergangenheit zu stark abgebildet und dies bewirkt ein Hinterherhinken der Prognosewerte gegenüber den tatsächlichen Werten (die Entwicklung des Materialverbrauchs wird zu spät sichtbar, da Prognosewert = arithmetischer Mittelwert zu stark durch Vergangenheitswerte bestimmt wird).

b) Methode des gewogenen arithmetischen Mittelwertes

Die Methode ist eine Erweiterung der arithmetischen Mittelwertbildung. Hier werden die Werte der Vergangenheit gewichtet. Es liegt der Gedanke zugrunde, dass Werte, die weit in der Vergangenheit liegen, zukünftige Entwicklungen nur in geringem Maße bestimmen, während Werte aus der jüngsten Vergangenheit die zukünftigen Werte stärker beeinflussen. Deshalb wird eine Gewichtung der tatsächlichen Vergangenheitswerte derart durchgeführt, dass der Gewichtungskoeffizient Richtung Gegenwart zunimmt und Richtung Vergangenheit abnimmt. Die Formel lautet dann:

Gewichtung

$$V_{n+1} = \frac{\Sigma\, G_i \times T_i}{\Sigma\, G_i} \quad \text{i=1 bis n}$$

G_i =   Gewichtsfaktor
        (in der Regel wird die $\Sigma\, G_i$ auf 1.0 oder 100 % gebildet)
T_i =   tatsächliche Verbräuche in den zurückliegenden
        Perioden

Das Verfahren des *gewogenen arithmetischen Mittelwerts* ist ebenfalls ein einfach zu handhabendes Verfahren. Es ermöglicht durch die Vergabe von Gewichtungskoeffizienten die Steuerung der Vorhersagewerte und reduziert damit den Einfluss der Vergangenheitswerte. Die Gewichtung kann vor jeder Prognose neu festgelegt werden. Die Anzahl der Vergangenheitswerte wird allerdings durch dieses Verfahren noch nicht begrenzt.

c) Methode des gleitenden gewichteten Mittelwerts

Die Methode des *gleitenden gewichteten Mittelwerts* ist wiederum eine Erweiterung des unter b) dargestellten Verfahrens. Hier wird die so genannte Fenstertechnik eingesetzt, d. h. ein Fenster bewegt sich um eine Periode weiter. Da das Fenster eine konstante Anzahl an Periodenwerten umfasst, bedeutet dies, dass für einen neu hinzukommenden Verbrauchswert der älteste gespeicherte Verbrauchswert herausfällt. Damit bleibt die Zahl der zu betrachtenden Vergangenheitswerte konstant und es wird verhindert, dass zu viele alte, nicht mehr zukunftsrelevante Werte mit berücksichtigt werden. Dieser Ansatz ist von der rollierenden Finanzplanung her bekannt. Der formelmäßige Zusammenhang lautet wie folgt:

Fenstertechnik

D

$$V_{n+1} = \frac{\sum G_i \times T_i}{\sum G_i} \quad i = (n-m+1) \text{ bis } n$$

m = ist dabei die Anzahl der betrachteten Werte (Fenstergröße)
i = Anzahl der betrachteten Perioden, Laufvariable
T = tatsächliche Verbräuche in den zurückliegenden Perioden

Dieses Verfahren bewertet die jüngere Vergangenheit stärker und blendet die sehr weit zurückliegenden Werte einfach aus. Der Einfluss der Vergangenheitswerte wird durch das Zeitfenster gedämpft. Es gehen vergangenheitsbezogene Informationen verloren.

d) Methode der exponentiellen Glättung 1. Ordnung

Mit dem *Verfahren der exponentiellen Glättung 1. Ordnung* wird die Betrachtung eines horizontalen und mit Einschränkungen auch trendförmigen Bedarfsverlaufs möglich. Die Methode resultiert aus einer Exponentialfunktion (theoretisch) und einer angenommenen Glättung zwischen Vorhersage und tatsächlichen Werten. Der Begriff »Dämpfung« erscheint treffender, da mit diesem Glättungsfaktor die Reaktionsfähigkeit der Vorhersage auf Änderungen bestimmt werden kann. Damit wird auch deutlich, dass diese Methode Trends nachvollziehen kann und sich damit von einer gewöhnlichen Durchschnittsbetrachtung entfernt. Die Formel für die exponentielle Glättung 1.Ordnung lautet:

Glättungsfaktor

$$V_{n+1} = V_n + \alpha\,(T_n - V_n)$$

D

V_{n+1}	=	Vorhersagewert für die nächste Periode n + 1
V_n	=	Vorhersagewert der letzten Periode
T_n	=	tatsächlicher Bedarf der letzten Periode
α	=	Glättungsfaktor (zwischen 0 und 1)

Im Gegensatz zu den anderen Verfahren, die ausschließlich den tatsächlichen Bedarf als Grundlage nehmen, macht dieses Verfahren einen Abgleich zwischen den Vorhersagewerten und den tatsächlichen Bedarfswerten.

Warum Exponentialfunktion?

Als Anwender sieht man nur das letzte Glied dieser Funktion (s.o.). Die Entscheidungen der vorhergehenden Perioden erfolgten aber nach dem gleichen Schema, sodass man die Ausdrücke ineinander einsetzen kann und so eine Exponentialfunktion erhält:

$$V_{n+1} = \alpha T_n + \alpha(1-\alpha)T_{n-1} + \alpha(1-\alpha)^2\,T_{n-2} + \ldots + \alpha(1-\alpha)^n T_{n-n}$$

Geht man davon aus, dass die Berechnung der Vorhersagewerte der vergangenen Perioden nach dem gleichen Schema erfolgte, so berücksichtigt der Glättungsfaktor α die Vergangenheitswerte entsprechend einer Exponentialfunktion. Für $\alpha = 0{,}3$ wird der jüngste Wert mit einem Faktor 0,3 berücksichtigt, der zweitjüngste Wert noch mit Faktor 0,21 und der zehntjüngste Wert mit einem Faktor von 0,012. Damit liegt eine Gewichtung der Vergangenheitswerte entsprechend einer Exponentialfunktion vor. Die Abbildung 4.9 zeigt die Gewichtung der Vergangenheitswerte für einen Glättungsfaktor (Smoothing Faktor) von $\alpha = 0{,}1$, 0,3 und 0,5.

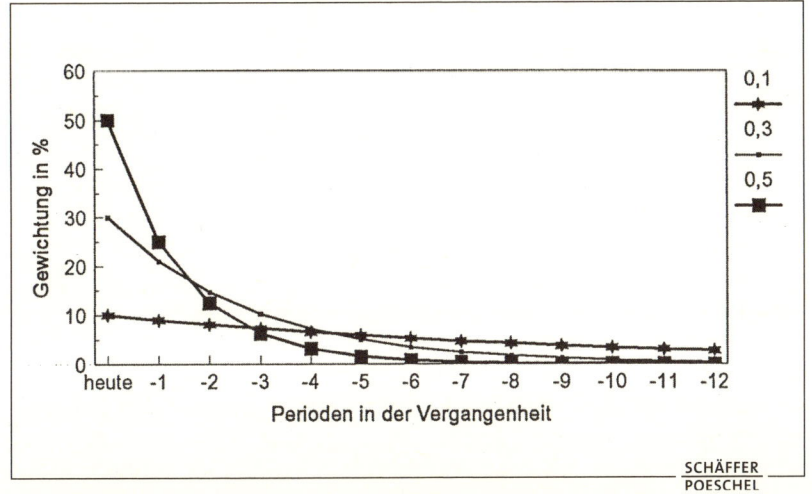

Abb. 4.9: Berücksichtigung und Gewichtung der Periodenwerte aus der Vergangenheit entsprechend den Smoothing Faktoren 0,1; 0,3; 0,5

In der Praxis wird in der Regel der Wert α = 0,3 als Startwert verwendet. α wird dann entsprechend den Anforderungen verändert.
Das heißt der Wert wird verkleinert, wenn keine starken Bedarfsschwankungen vorkommen, der Wert wird erhöht (z. B. auf 0,5),
wenn ständig Bedarfsschwankungen einer gewissen Größen-
ordnung stattfinden. An einem kleinen Beispiel soll die Reaktionsfähigkeit des Prognoseverfahrens in Abhängigkeit des Wertes a dargestellt werden. In Abbildung 4.10 ist ein zum Zeitpunkt der Planung noch nicht bekannter Nachfrage- oder Verbrauchsverlauf
dargestellt (Ist-Verlauf). Je nach Festlegung des Glättungsfaktors
verhält sich die Nachbildung bzw. die Vorhersage der künftigen
Nachfragewerte. Es wird ein Glättungsfaktor von 0,1 und 0,5 ge-
genübergestellt. Die Werte ergeben sich wie folgt, wenn gilt $V_{n+1} = V_n + \alpha \, (T_n - V_n)$

$\alpha = 0,5$	$\alpha = 0,1$
$V_1 = 100$	$V_1 = 100$
$V_2 = 100$	$V_2 = 100$
$V_3 = 125$	$V_3 = 105$
$V_4 = 137,5$	$V_4 = 109,5$
$V_5 = 93,75$	$V_5 = 103,6$

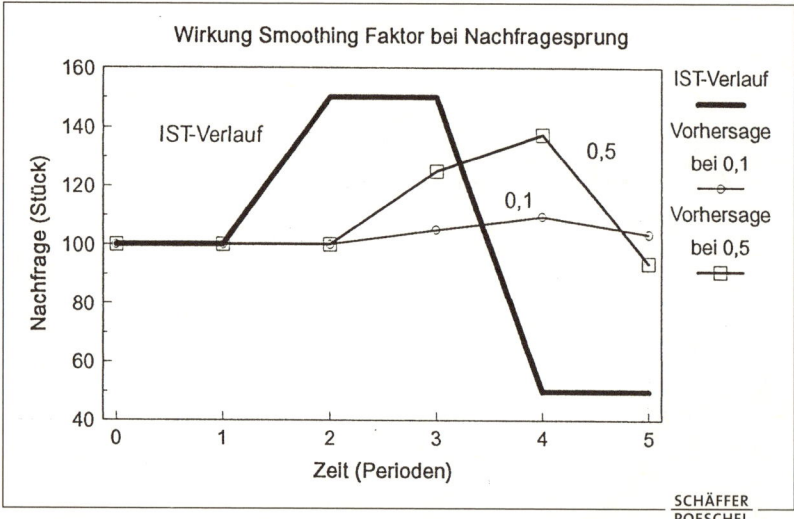

Abb. 4.10: Wirkung verschiedener Glättungsfaktoren bei sprung-
hafter Nachfrageänderung

Dabei wird sichtbar, dass ein kleiner Glättungsfaktor den konstru-
ierten sprungförmigen Nachfrageverlauf nur stark verzögert und
nur mit geringer Ausprägung abbilden kann. Der größere Glättungsfaktor wirkt hier wesentlich schneller und kann den Nachfrageverlauf bezüglich der Menge besser abbilden.

e) Methode der linearen Regressionsanalyse

Bei der *Methode der linearen Regressionsanalyse* wird die Bedarfsentwicklung als Gerade in Abhängigkeit der Zeit dargestellt. Die
Regressionsanalyse bietet aber auch die Möglichkeit andere Ab-
hängigkeiten (außer der Zeit) darzustellen. So ist der extrem ex-
portabhängige deutsche Maschinenbau mit seinen Stückzahlerwartungen eher vom Dollar-Kurs abhängig als von der Zeit. Die
Zahl der zu fertigenden Kombi-PKWs ist direkt abhängig von der
Zahl der Geburten und dem verfügbaren Einkommen von Fami-
lien. Da sich diese in der Regel zeitabhängig ändern, wird durch ihre Einbindung in die Regressionsanalyse die Zeitentwicklung indirekt berücksichtigt. Im Gegensatz zur Zeitdarstellung können
andere Einflussgrößen auf den Bedarf ermittelt werden, die zu einer realistischeren Ermittlung des Vorhersagewerts führen.

Die Regressionsanalyse beschreibt die Art des Zusammenhangs
zwischen zwei Merkmalen;

Die Regressionsgerade lässt sich formelmäßig darstellen als **Regressionsgerade**
$y = a + b \times x$;

Die Korrelationsanalyse gibt den Grad des Zusammenhangs **Korrelationsanalyse**
zwischen den Merkmalen (Bedarfswerten) wieder.

Der Vorhersagewert kann ermittelt werden, indem man in die
Punktemenge der tatsächlichen Bedarfswerte aus der Vergangenheit eine Gerade hineinlegt (vgl. Abbildung 4.11). Diese Gerade
soll so platziert werden, dass sie diese Punktemenge bestmöglich
wiedergibt. Das heißt die Summe der Abstandsquadrate zwischen
den tatsächlichen Werten und den Werten der gesuchten Regressionsgeraden soll minimal werden (siehe Gauß'sches Prinzip der
kleinsten Quadrate).

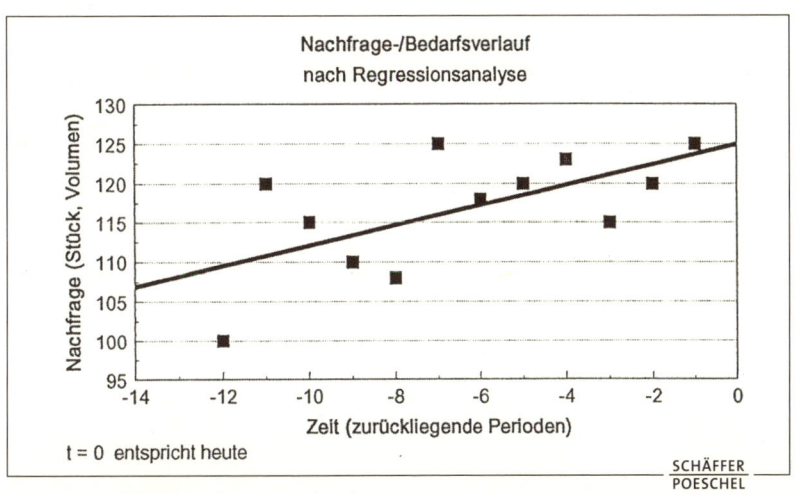

Abb. 4.11: Regressionsgerade, die die Punktemenge (Nachfrage-
mengen der Vergangenheit) wiedergibt

Dazu werden die Elemente der Geradengleichung y = a + b*x quadriert und aufsummiert. Durch die Forderung nach einem Minimum (1. Ableitung = 0) werden die Unbekannten a und b ermittelt.

Dann gilt folgender Zusammenhang

D

$$\sum_{i=1}^{n} (T_i - a - b \times t_i)^2 \rightarrow \text{Minimum}$$

T_i = Bedarfswerte der Vergangenheit
a = Absolutglied der Regressionsgeraden
b = Anstieg (Gradient) der Regressionsgeraden

Nach einer partiellen Differentiation nach a und b, Null setzen der Ausdrücke und nach Auflösen nach a und b erhält man folgende Gleichungen:

$$a = \frac{\sum T_i \sum t_i t_i - \sum t_i \sum t_i T_i}{n \sum t_i t_i - \sum t_i \sum t_i}$$

$$b = \frac{n \sum t_i T_i - \sum t_i \sum T_i}{n \sum t_i t_i - \sum t_i \sum t_i}$$

Daraus ergibt sich die gesuchte Geradengleichung:

$$V_{n+1} = a + b \times t_{n+1}$$

Auf dieser Regressionsgeraden $V_{n+1} = a + b \times t_{n+1}$ ist der Vorhersagewert zu finden. Der Übereinstimmungsgrad zwischen der gefundenen Geraden und der Punktemenge kann durch einen Korrelationskoeffizienten r dargestellt werden.

Tabellenkalkulationsprogramme (EXCEL, LOTUS 123, QUATTRO PRO) enthalten die lineare Regressionsanalyse als Anwendungsprogramm.

Fallbeispiel

Folgende Bedarfsverbräuche vom Teil T21 der letzten Perioden (Monate 1–9) sind gegeben; der Bedarf für Periode 10 ist zu prognostizieren.

Nummer i	1	2	3	4	5	6	7	8	9	10
Periode t_i	1	2	3	4	5	6	7	8	9	10
tatsächlicher Bedarf T_i	100	120	110	105	109	123	113	120	111	?

Ergebnisse nach verschiedenen Methoden:

– nach der Methode des arithmetischen Mittelwertes:

$$V_{n+1} = 1/n \times \Sigma\, T_i$$
$$V_{10} = (100+120+110+105+109+123+113+120+111)/9$$
$$V_{10} = 1.011/9 = 112{,}3 \text{ Stück}$$

– nach der Methode des gewogenen arithmetischen Mittelwertes:

Gewichtungsfaktoren werden wie folgt festgelegt:

G1	G2	G3	G4	G5	G6	G7	G8	G9
0,05	0,05	0,05	0,1	0,1	0,1	0,1	0,2	0,25

$$V_{n+1} = \Sigma\, G_i\, T_i / \Sigma\, G_i$$
$$V_{10} = 0{,}05\text{x}100+0{,}05\text{x}120+0{,}05\text{x}110+0{,}1\text{x}105+0{,}1\text{x}109+$$
$$0{,}1\text{x}123+0{,}1\text{x}113+0{,}2\text{x}120+0{,}25\text{x}111/1{,}0$$
$$V_{10} = 113{,}25 / 1{,}0 = 113{,}25 \text{ Stück}$$

– nach der Methode des gleitenden gewichteten Mittelwertes:

betrachtet werden m = 5 Perioden in der Vergangenheit, deren Gewichtung wird wie folgt festgelegt:

G5	G6	G7	G8	G9
0,1	0,15	0,2	0,25	0,3

$$V_{n+1} = \Sigma\, G_i\, T_i / \Sigma\, G_i$$
$$V_{10} = (0{,}1\text{x}109+0{,}15\text{x}123+0{,}2\text{x}113+0{,}25\text{x}120+0{,}3\text{x}111)/1{,}0$$
$$V_{10} = V_{10} = 115{,}25 \text{ Stück}$$

– nach der Methode der exponentiellen Glättung 1. Ordnung:

Glättung erster Ordnung; Festlegung für a = 0,3
Vorhersagewert der letzten Periode V_9 = 115
$$V_{n+1} = V_n + a\,(T_n - V_n)$$
$$V_{10} = 115 + 0{,}3 \times (\,111{-}115)$$
$$V_{10} = 115 - 1{,}2 = 113{,}8 \text{ Stück}$$

– nach der Methode der linearen Regressionsanalyse:

lineare Regressionsanalyse; zur Ermittlung der Summenwerte dient folgende Matrixdarstellung:

i	t_i	B_i	$t_i B_i$	t_i^2
1	1	100	100	1
2	2	120	240	4
3	3	110	330	9
4	4	105	420	16
5	5	109	545	25
6	6	123	738	36
7	7	113	791	49
8	8	120	960	64
9	9	111	999	81
S	45	1.011	5.123	285

Daraus lässt sich ermitteln:
a = 1.011 x 285 – 45 x 5.123 / 9 x 285 – 45 x 45 = 106,67
b = 9 x 5.123 – 45 x 1.011 / 9 x 285 – 45 x 45 = 1,13
Daraus folgt die Regressionsgerade $V_{n+1} = a + b \times t_{n+1}$
V_{10} = 106,67 + 1,13 x 10 = 118 Stück

Der Korrelationskoeffizient ergibt sich dann zu:
r = 9 x 5.123 – 45 x 1.011 / ÷(9 x 285 - 45 x 45) x (9 x 114.025–1.011 x 1.011)
r = 0.43

Der Korrelationskoeffizient mit 0,43 liegt unter dem in der Praxis anzustrebenden Wert von 0,8 bis 1,0. Das heißt, dass zwischen der Zeit und dem Verbrauch als abhängige Variable kein großer Zusammenhang besteht.

4.4 Heuristische Methoden der Bedarfsermittlung

In der Regel liegen für die meisten Produkte Verbrauchswerte oder Produktionspläne vor, sodass sich Heuristische Methoden oder das Schätzen auf wenige Vorgänge im Betrieb erstrecken werden. Diese Methoden werden sich auf Produkte oder Bauteile konzentrieren, deren Rolle von untergeordneter Bedeutung ist. Aber auch Produkte und Bedarfe mit weit in die Zukunft reichenden Planungshorizonten, für die weder die genaue Produktauslegung noch der Absatzmarkt bekannt ist, rechtfertigen die Schätzung.

Ein Beispiel wäre die Bedarfsschätzung für Bauteile (und damit verbunden die Bestellmengenpolitik) von Festplattenlaufwerken, deren Entwicklungszeit bei ca. 6 Monaten, die Produktlebensdauer unter einem Jahr liegt. Auch muss beispielsweise der Materialbedarf für Antriebe, Leseköpfe etc. für die nächsten 2 bis 3 Jahre abgeschätzt werden, um damit Fertigungskapazitäten planen und mit Lieferanten einen Rahmenvertrag mit längerer Laufzeit abschließen zu können. Dabei baut die Schätzung im Rahmen einer »qualifizierten Schätzung« auf Marktanalysen, Stückzahlentwicklungen in den letzten Jahren, Rationalisierungsfortschritten der letzten Perioden, vorliegendes Kundeninteresse, Substitutionsmöglichkeiten bestehender Bauteile, etc. auf.

Es ist wichtig, diese Ergebnisse gemeinsam in einem fachübergreifenden Team zu erarbeiten, um somit stark subjektive, intuitive und nicht nachvollziehbare Gedanken zu kanalisieren. Da die Methode des Schätzens zu einem frühen Zeitpunkt durchgeführt werden kann und dazu zwingt, viele nicht dokumentierte und mit Zahlen beschriebene Sachverhalte zu berücksichtigen, liegt darin eine große Chance, über die Situation und die scheinbare Genauigkeit der Zahlenwelt neue Erkenntnisse (positive wie negative) zu gewinnen.

Kontrollfragen

1. Was ist ein horizontaler Bedarfsverlauf? Wo findet man diesen Bedarfsverlauf?
2. Was ist Brutto-, Netto- und Zusatzbedarf?
3. Welche Informationen enthalten Stücklisten?
4. Wo sind die Vorteile und Nachteile der Mengenstückliste und der Strukturstückliste?
5. Wie unterscheiden sich Stückliste und Teileverwendungsnachweis?
6. Welche Verfahren der Mittelwertbildung können unterschieden werden! Machen Sie ein Beispiel dazu.
7. Welche Kritikpunkte gibt es zur Mittelwertbildung?
8. Erläutern Sie die exponentielle Glättung 1. Ordnung!
9. Wie kann die Regressionsgerade im Bereich der Materialwirtschaft angewendet werden?
10. Worauf ist bei der Bedarfsschätzung zu achten?

5 Planung der Materialbestellung

Lernziele

Nach der Lektüre dieses Kapitels soll der Leser

- die Kostengrößen, die die Bestellmenge beeinflussen, erklären und quantifizieren können,
- Beispiele für Fehlmengenkosten nennen können,
- den Lagerhaltungskostensatz herleiten können,
- die Prämissen für den Andler-Ansatz zur Bestimmung der optimalen Bestellmenge kennen,
- die Andler-Gleichung herleiten,
- die Behandlung von Rabatt/Staffelpreisen erklären,
- mit Hilfe der dynamischen Bestellmengenverfahren die Bestellmengen ermitteln,
- den Unterschied von statischen und dynamischen Verfahren zur Bestimmung der optimalen Bestellmenge kennen.

Nachdem die Bedarfe für die nächste Periode oder weitere Perioden festgestellt wurden, ist die Umsetzung in einen Bestellvorgang als nächstes zu planen. Man spricht hier auch von Beschaffungsdisposition. Dabei geht es u. a. um die Beantwortung folgender Fragen:

- welche Menge ist zu beschaffen?
- welche Vorgaben macht der Lieferant?
- zu welchem Zeitpunkt ist zu beschaffen?
- welche Lieferfristen sind einzuplanen?
- welche Sicherheitsbestände sind vorzuhalten?
- wie hoch sind die Eindeckungsziffern oder Lagerbestände?

5.1 Bestimmung der optimalen Bestellmenge

5.1.1 Einfluss durch Kostengrößen

Jahresmenge

Die Bestellmenge kann theoretisch für jedes einzelne Bauteil, Teil oder Stück erfolgen, das heißt, es wird jedes Teil einzeln bestellt und angeliefert. Das andere Extrem ist die Bestellung einer großen Menge, z. B. der gesamten Jahresmenge. Dabei wird nur einmal bestellt und nur einmal geliefert, was zu einem erhöhten benötigten Lagerraum führt. Das kostenmäßige Optimum wird zwischen beiden Extremen liegen. Optimal ist eine Lösung dann, wenn die Zielfunktion einen minimalen oder maximalen Wert annimmt. Im Falle der optimalen Bestellmenge wird als Zielfunktion die Gesamtkostenfunktion, bestehend aus *Lagerhaltungs-*, *Beschaffungs-* und *Fehlmengenkosten* definiert, die im Optimum einen minimalen Wert annehmen soll.

Dazu sind die Kostenvariablen, die das Kostenoptimum beeinflussen, genauer zu definieren:

Unter *Lagerhaltungskosten* versteht man alle Kosten, die mit der Lagerhaltung mittelbar und unmittelbar zu tun haben. Dies sind im Einzelnen:

Lagerhaltungskosten

- die Kapitalbindungskosten,
- die Lagerraumkosten,
- die Vorratserhaltungskosten und
- die sonstigen Kosten.

Die *Kapitalbindungskosten* beinhalten die Kosten für die Finanzierung der Lagerbestände. Lagerbestände stellen gebundenes Kapital dar, in Form des Einstandspreises der Ware und in Form der bereits erbrachten Wertschöpfungserhöhung durch Einlagerung, Vereinzelung und Registrierung. Dabei ist es vollkommen uninteressant, ob die beschafften Waren mit Eigenkapital oder Fremdkapital finanziert werden. Unabhängig davon, welche Finanzierungsform vorliegt, muss das eingesetzte Kapital verzinst werden. Die Kapitalbindungskosten werden über den durchschnittlichen Lagerbestand und einen festgesetzten Zinssatz p.a. ermittelt. Für den Zinssatz kann entweder der unternehmensübliche kalkulatorische Zinssatz oder der Zinssatz für Fremdkapital zugrunde gelegt werden.

Kapitalbindungs-kosten

> Kosten des eingesetzten Kapitals =
> durchschnittlicher Lagerbestand x Zinssatz/100

Bei den *Lagerraumkosten* handelt es sich um Kosten für die Bereitstellung des Lagerraums, der Lagerflächen, der Lagertechnik, Energie und Versicherungen. Damit werden alle Kosten erfasst, die durch die Lagerung der Ware entstehen. Dabei ist die Art des Lagers (siehe Kapitel 6.5) von Bedeutung. Eine Kühllagerhalle verursacht höhere Lagerraumkosten, insbesondere Gebäude- und Energiekosten, als eine Regallagerung in einer Halle. Die Lagerraumkosten sind bis zu 70 % fixe Kosten, obwohl diese Kosten in den meisten Ansätzen zur optimalen Bestellmenge als variabel, im Sinne einer Inanspruchnahme des Lagers durch die Ware, angesetzt werden. Dieses prinzipielle Problem kann durch den Ansatz der Prozesskostenrechnung teilweise berücksichtigt und vermieden

Lagerraumkosten

werden. Die Lagerraumkosten werden entweder in Abhängigkeit der benötigten Fläche oder in Abhängigkeit je Palettenplatz oder in Abhängigkeit des eingelagerten Wertes der Ware berechnet.

Vorratshaltungs-kosten

Die *Vorratserhaltungskosten* entstehen für die Bewegung des Materials. Es handelt sich vorwiegend um Personal- und Sachmittelkosten, Kosten, die bei Registrierung, Prüfung, Transport, Einlagerung und Umlagerung entstehen. Die Sachmittelkosten sind in zunehmendem Maße EDV-Kosten. Die EDV-technische Registrierung, die Lagerverwaltungsrechner, die Bestandsfortschreibung, etc. sind dabei zu nennen. Auch die Vorratserhaltungskosten sind zum größten Teil fixe Kosten, da der Anteil der Personal- und DV-Kosten überwiegt.

Sonstige Kosten

Bei den *sonstigen Kosten* verbleiben die Kosten, die in den oben genannten Kostenarten nicht enthalten sind. Dies sind z. B. Verschrottungskosten, Wertverlust durch Überziehung der Lagerdauer oder Nichteinhalten der Lagerparameter (Temperatur, Luftfeuchtigkeit), Diebstahl sowie Wertänderung der Bestände (durch Wechselkursveränderungen, Veränderung der Nachfragesituation). Ein Beispiel für die Wertänderung aufgrund einer Veränderung der Nachfragesituation ergibt sich durch die Kräfte des Marktes. Wenn in einer Phase mit hohem Dollar-Kurs (1$ = 1,1528 €) Bauteile und Komponenten bestellt werden, aber nach Lieferung und Weiterverarbeitung der Dollar-Kurs gesunken ist (1$ = 1, €), so wird bei Verkauf in den Dollar-Raum (USA, Mittelamerika, Fernost) vom Kunden nur in Dollar bezahlt, unabhängig welchen Wechselkurs der Lieferant erlöst. Das heißt, die Bestände haben während der Lagerung und Bearbeitung einen Wertverlust von 19,5 % erfahren.

Beschaffungskosten

Unter *Beschaffungskosten* werden alle Kosten zusammengefasst, die mit dem Beschaffungsvorgang zu tun haben. Die Beschaffungskosten werden dabei in direkte und indirekte Beschaffungskosten untergliedert.

Die *direkten Beschaffungskosten* sind durch die Einstandspreise der bezogenen Waren bestimmt: der Einkaufspreis minus Mengenrabatt minus weitere Rabatte minus Skonti plus Mindermengenzuschläge plus Transportkosten plus Versicherungskosten plus Zollkosten. Dieser so definierte Einstandspreis ist der Preis der Ware bis Wareneingang im Unternehmen. Wichtig ist zu erkennen, dass diese Einstandspreise ständigen Veränderungen unterworfen sind. Wechselkurse, Preisveränderungen und Mengen sind hier die wichtigsten Einflussgrößen. Die direkten Beschaffungskosten sind variable Kosten, also von der Menge abhängig.

Die *indirekten Beschaffungskosten* entstehen mit dem eigentlichen Beschaffungsvorgang des Materials. Es handelt sich um Personal- und Sachmittelkosten für administrative, planende und ausführende Tätigkeiten. Die Personalkosten entstehen in der Beschaffungsdisposition durch Bedarfsermittlung, Angebotseinholung, Durchführung einer Bestellung, Überprüfung von Liefermenge und Liefertermin, Weiterleitung der Rechnung an die Buchhaltung. Im Unternehmen wird zwischen Einkauf und Beschaffungslogistik unterschieden. Der Einkauf nimmt die Marktbeobachtung, die Angebotseinholung, die Geschäftsanbahnung, die Preisverhandlungen und die erste Bestellung vor. Alle nachfolgenden dispositiven Tätigkeiten werden von der Beschaffungslogistik wahrgenommen. Dies ist für eine korrekte Kostenzuordnung und die Frage, ob die Kosten des Einkaufs in die Beschaffungskosten miteinbezogen werden sollen, von Bedeutung. Die indirekten Beschaffungskosten sind durch den hohen Personalkostenanteil überwiegend fixe Kosten. Ein Schwanken der Bestellhäufigkeit aufgrund einer schwachen Auftragslage oder durch Vergabe größerer Bestellmengen ändert in der Regel nichts an den Personal- und Sachmittelkosten. Bei zurückgehender Bestellhäufigkeit steigen die Kosten je Bestellung, bei steigender Bestellhäufigkeit sinken die Kosten je Bestellung. Dabei ist noch nichts über den Bestellumfang ausgesagt. Die Bestellung kleiner Mengen und damit eine hohe Bestellfrequenz, kann die Beschäftigungssituation in der Beschaffungsabteilung stark ansteigen lassen. Im Planungsstadium ist hier zunächst nur mit einer Durchschnittsgröße zu rechnen, die erst im Nachhinein ermittelt werden kann. Aufgrund einer Untersuchung auf Basis einer Prozesskostenrechnung belaufen sich die Beschaffungskosten je Bestellvorgang zwischen 30 bis 200 €, wobei der Schwerpunkt bei 45 € liegt.

Fehlmengenkosten sind Kosten, die anfallen, wenn nicht ausreichend Material zur Verfügung steht. Dadurch können Maschinenstillstände verursacht werden, die Fertigstellung von Aufträgen kann sich verzögern. Es entsteht zusätzlicher Planungs- und Beschaffungsaufwand, der Kunde wird verärgert, es drohen Konventionalstrafen und Imageverlust. Fehlmengenkosten sind sehr schwer zu ermitteln. Diese Art von Kosten, die nicht geplant, sondern ungeplant auftreten, finden ihren Niederschlag u. a. in aufwändigen und übergroßen Unternehmensstrukturen, die in der Lage sein sollen, diese Krisensituation zu bewältigen, denn der Aufwand, der entsteht, um drohenden Materialmangel oder Fertigungsstillstände abzuwenden, wird in der Buchhaltung nicht erfasst. Die Kosten für einen Maschinenstillstand aufgrund eines Planungsfehlers oder Materialmangels werden somit den Verursachern nicht in Rechnung gestellt. Auch Konventionalstrafen in Form von Einmalzahlungen für Terminüberschreitungen sind zwar in ihrer absoluten Höhe bekannt, nicht aber den verursachenden Abteilungen und Mitarbeiter. Auch wenn es schwierig ist, diese Kosten im Detail zu ermitteln, sollte man bemüht sein, einen Überblick darüber zu gewinnen, wo überall Fehlmengenkosten anfallen, und versuchen, diese wenigstens grob zu quantifizieren.

Fehlmengenkosten

Bei Bestimmung der optimalen Bestellmenge soll im Folgenden auf die Berücksichtigung der Fehlmengenkosten verzichtet werden, obwohl es einige theoretische Ansätze gibt, die Fehlmengen bei der Bestellmengenplanung mit zu berücksichtigen, um Lagerhaltungskosten zu reduzieren. Auf diesen Sachverhalt soll später eingegangen werden.

Damit stellt sich die Optimierungsfrage nach dem Kostenminimum aus den Lagerhaltungskosten und den Beschaffungskosten, d. h. konkret nach:

D

$$K_{gesamt} = K_{Lagerhaltung} + K_{Beschaffung} \rightarrow \text{Minimum}$$

oder bei einer Stückkostenbetrachtung:

$$K_{Stück\ gesamt} = K_{Stück\ Lagerhaltung} + K_{Stück\ Beschaffung} \rightarrow \text{Minimum}$$

In Abbildung 5.1 ist dieser Zusammenhang grafisch dargestellt.

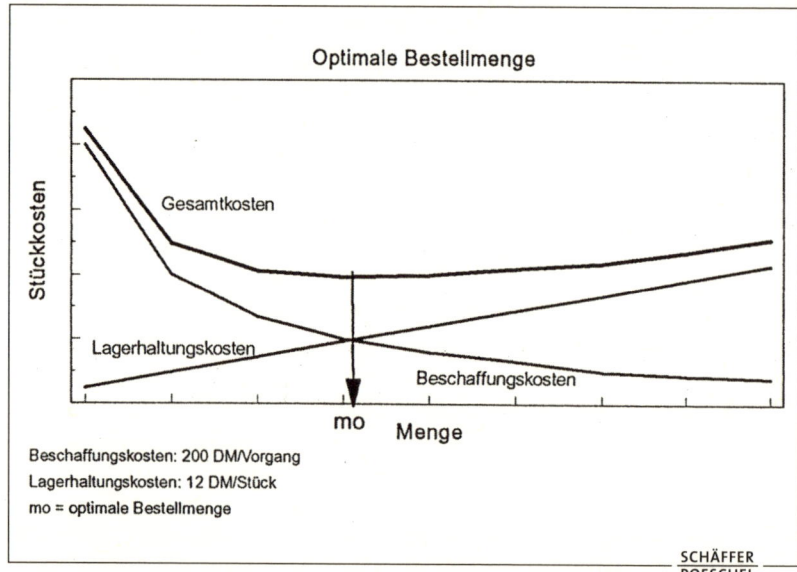

Abb. 5.1: Zusammenhang zwischen den Lagerhaltungskosten, Beschaffungskosten, Gesamtkosten und der optimalen Bestellmenge

Aus Abbildung 5.1 lässt sich das *Kostenoptimum* ganz pragmatisch ableiten: dort, wo sich die Lagerhaltungsstückkosten und die Beschaffungsstückkosten schneiden, ist das theoretische Kostenminimum. In diesem Schnittpunkt liegt die optimale Bestellmenge. Dieser Punkt lässt sich in der Praxis nicht immer exakt ermitteln, da die Beschaffungskosten je Stück veränderbar sind, die

Lagerhaltungskosten keinen exakt linearen Verlauf haben und weil bestimmte Mengenabnahmen einzuhalten sind.

Die Lagerhaltungskosten nehmen proportional mit der bestellten Menge zu, weil sich bei konstantem Verbrauch die mittlere Verweildauer der ins Lager gelegten Waren erhöht. Gleichzeitig fallen aber die Beschaffungskosten, da sie sich bei größerer Bestellmenge auf größere Stückmengen verteilen. Wenn Rabatte zunächst vernachlässigt werden, so erfolgt der Bestellvorgang für unterschiedliche Mengen. In erster Näherung sind die Bestellkosten unabhängig von der bestellten Menge (nicht aber von dem bestellten Produkt) und erfahren damit eine Mengendegression. Die Stückkosten, bestehend aus Lagerhaltungskosten und Beschaffungskosten je Stück, haben damit einen gegenläufigen Effekt. Wichtig ist hier zu erkennen, dass hier die Beschaffungskosten als fixe Kosten, die Lagerhaltungskosten als variable Kosten angenommen werden. Dies ist insbesondere bei den Lagerhaltungskosten nicht korrekt, da ein Lager ohne Lagerinhalt, wenn z. B. jeder Bedarf einzeln beschafft und gleich verbraucht werden würde, in diesem Ansatz keine Kosten verursachen würde. Realität ist aber, dass die Lagerhaltung durch vorhandene Gebäude, Lagertechnik und Mitarbeiter weiterhin Kosten verursacht. Die statischen Ansätze der Bestellmengenrechnung, die in Kapitel 5.2 vorgestellt werden, haben demnach die methodische Schwäche der Proportionalisierung der gesamten, also auch der fixen Lagerhaltungskosten. Deshalb soll anschließend (Kapitel 5.2.2) ein Ansatz der Prozesskostenrechnung dargestellt werden, um diese Schwäche zum Teil zu kompensieren.

Lagerhaltungskosten

Beschaffungskosten

Als Ansätze zur Ermittlung der optimalen Bestellmenge lassen sich nennen:

Optimale Bestellmenge

- statische Bestellmengenrechnung (Andler-Gleichung),
- statische Bestellmengenrechnung mit Prozesskosten,
- dynamische Bestellmengenrechnung: gleitende wirtschaftliche Bestellmengenrechnung,
- dynamische Bestellmengenrechnung: Kostenausgleichsverfahren,
- optimale Bestellmenge nach dynamischer Optimierung.

5.1.2 Modellbildung zur optimalen Bestellmengenrechnung

Der Versuch, Zusammenhänge in der Wirklichkeit abzubilden, kann in einem Modell erfolgen. Dabei sind Vereinfachungen und Randbedingungen oder Prämissen zu definieren. Aussagen durch ein Modell sind nur aufgrund der Randbedingungen zulässig, so-

Prämissen

dass der Lösungsraum, die Vielfalt möglicher Lösungen, eingeschränkt ist.

Die Prämissen für die Modellbildung sind für die oben genannten Ansätze gleichermaßen gültig.

Sie lauten:

- die Bedarfsmengen sind bekannt.
- bei statischen Verfahren als Jahresbedarfsmenge Stück/a.
- bei dynamischen Verfahren als Bedarfsmenge pro Periode, wobei
  die Periode ein Quartal, einen Monat, eine Woche oder einen
  Tag umfassen kann. In der Praxis wird für eine Periode ein Zeitraum von einem Monat angenommen.
- die direkten Beschaffungskosten (Einstandspreise) sind bekannt
  und konstant, Rabatte werden zunächst nicht berücksichtigt.
- die indirekten Beschaffungskosten (Administration) sind bekannt und konstant (als Durchschnittswert für die zu beschaffende Materialgruppe).
- die Lagerhaltungskosten sind bekannt und konstant (Ermittlung schwierig wegen Zurechnungsproblem und Vollständigkeit
  der Erfassung; meistens ein Durchschnittswert aller Materialarten oder aller Materialgruppen).
- der Lagerabgang erfolgt kontinuierlich über der Zeit. Der kontinuierliche Lagerabgang ist in Abbildung 5.2 aufgezeigt.

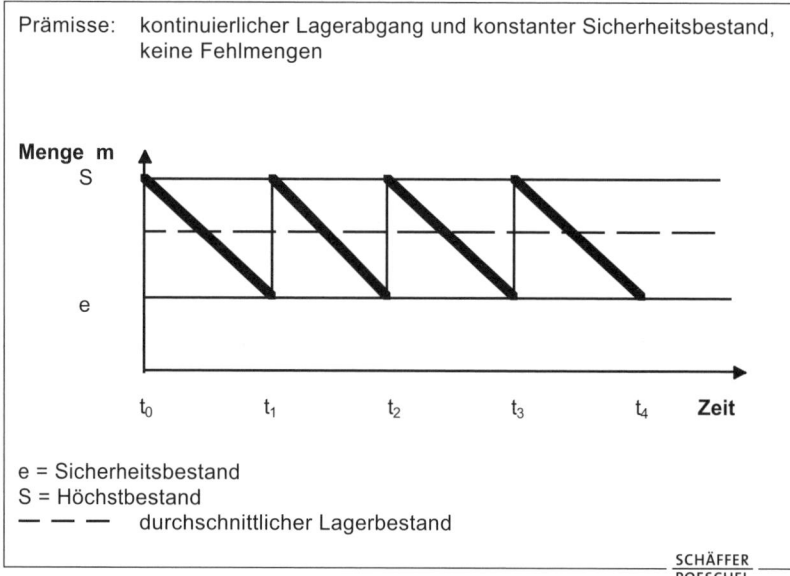

Abb. 5.2: Modell kontinuierlicher Lagerabgang und Bestimmung
durchschnittlicher Lagerbestand

Fallbeispiel

Das Unternehmen Speedy GmbH betreibt ein Lager für Zukaufteile und Zukauf-produkte. Für die Ermittlung eines Lagerhaltungskonzeptes stehen folgende Daten zur Verfügung.

Anzahl der Mitarbeiter:	1200 Personen
Umsatz in Mio. €:	420 Mio. €
Materialanteil (Zukauf):	240 Mio. €
Zuschlagssatz MGK:	8,5 %
Umschlagshäufigkeit Lager:	8 mal jährlich

Kosten Lagerbereich € p.a.:		
	40 Mitarbeiter	2.800.000,00
	Abschreibungen Gebäude	400.000,00
	Abschreibungen Lagertechnik	800.000,00
	Datenverarbeitung	840.000,00
	Energie	320.000,00
	Umlagen	640.000,00
	Sonstiges	600.000,00
	Summe	*6.400.000,00*

Ermittlung des Lagerhaltungskostensatzes:

der durchschnittliche Lagerbestand ergibt sich (bei 8-maligem Umschlag pro Jahr) zu

$$240 \text{ Mio.}/8 = 30 \text{ Mio. € max. Lagerbestand}$$

kontinuierlicher Lagerabgang: max. 30 Mio. €, min. 0 Mio. € (vgl. Abbildung 5.2)
durchschnittlicher Lagerbestand: 15 Mio. € (30 Mio. € + 0 Mio. €/2 = 15 Mio. €)
Lagerhaltungskosten: 6,4 Mio. € p.a. (siehe Daten)
Kapitalbindungskosten ca. 10 % (Zins für Fremdkapital oder Eigenkapital).
Daraus ergibt sich der gesuchte Lagerhaltungskostensatz (LHS) zu:
Lagerhaltungskostensatz LHS = (6,4/15) x 100 + 10 % = **52,7 %**

Gegenvergleich:

Das Unternehmen berechnet 8.5 % Materialgemeinkosten auf ein Bezugsvolumen von 240 Mio. € Materialeinzelkosten. D.h. MGK von 20,4 Mio. € p. a. Mit den MGK müssen die Materialbewirtschaftungsfunktionen (z. B. Lager, Disposition, Trans-port, Planung) bezahlt werden. In diesen MGK sind auch die Kosten für das Lager enthalten. Das Lager verzehrt davon 6,4 Mio. und die anfallenden Kapitalbindungs-kosten 1,5 Mio. € p.a. oder zusammen 38,7 % der Materialgemeinkosten.

5.2 Statische Verfahren der Bestellmengenrechnung

Auf der Basis der vorher genannten Prämissen soll der *Andler-Ansatz* hergeleitet werden.

Andler-Ansatz

Der *Andler*-Ansatz gehört zu der Kategorie der statischen analytischen Ansätze, der als Ergebnis einen exakten Wert liefert. Statisch deshalb, weil auf der Basis eines Jahresbedarfs, und nicht auf Basis der Bedarfe der einzelnen Perioden, die optimale Bestellmenge berechnet wird. Damit wird der tatsächliche Bedarf über die Perioden (über der Zeit) vernachlässigt. Inwieweit das exakte Ergebnis in der Praxis umgesetzt werden kann und inwieweit die o.g. Prämissen überhaupt erfüllt sind, hängt von den Produkten und der Situation des Unternehmens ab. Die exakte Bestellmenge lässt sich z. B. nicht realisieren, wenn der Lieferant andere Liefermengen vorgibt (z. B. Liefermengen nur in Abständen von 1.000 Stück). Dies trifft bei Losfertigung sehr häufig zu. Des Weiteren sind die Prämissen, wie Jahresbedarfsmenge oder Einstandspreis, nicht immer gegeben oder bekannt. Trotz dieser Schwachstellen ist das *Andler*-Verfahren ein einfaches und operationales Verfahren, das eine Reihe von Gestaltungsmöglichkeiten zulässt. Gestaltungsmöglichkeiten ergeben sich z. B. bei der Definition der Lagerhaltungskosten und der fixen und variablen Beschaffungskosten. Zudem kann die optimale Bestellmenge für einen Materialtyp genauso wie für eine Materialgruppe ermittelt werden.

Andler-Gleichung

Herleitung der *Andler*-Gleichung:

$$\text{Kosten}_{\text{gesamt}} = \text{Kosten}_{\text{Lagerhaltung}} + \text{Kosten}_{\text{Beschaffung}}$$

$$K_{\text{gesamt}} = K_L + K_B$$

$$K_{\text{gesamt}} = K_{fB} + k_{vB} \times m + \frac{K_{fB} + k_{vB} \times m}{2} \times \frac{LHS}{100} \times \frac{m}{JB}$$

K_{fB} = beschaffungsfixe Kosten
k_{vB} = variable Beschaffungskosten (Einstandspreis des Materials)
LHS = Lagerhaltungskostensatz (in Prozent)
JB = Jahresbedarfsmenge (Stück/a)
m = Menge

Die Kosten je Stück ergeben sich, indem durch die gesamte Stückzahl m dividiert wird:

$$K_{\text{Stück}} = \frac{K_{fB}}{m} + K_{vB} + \frac{(K_{fB} + k_{vB} \times m)}{2} \times \frac{LHS}{100 \times JB}$$

Die Lagerhaltungskosten je Stück steigen, je mehr Material bestellt wird. Grund ist die ansteigende durchschnittliche Verweilzeit des Materials im Lager (die Bestände steigen). Dagegen fallen
die fixen Beschaffungskosten asymptotisch. Je mehr Stück bestellt
werden, desto weniger Kosten entfallen auf ein Stück. Die variablen Beschaffungskosten (Einstandspreis je Stück) können unberücksichtigt bleiben, da sie nur die Kostenkurve parallel verschie-
ben. Die Summenkurve (Parabel) hat ihren Waagepunkt (= Minimum) beim Schnittpunkt der beiden Geraden. Dieser Waagepunkt,
das Kostenminimum, wird gesucht.

Die mathematische Herleitung erfolgt über:

    1. Ableitung nach m = Null setzen;
    2. Ableitung nach m > = Null.

Daraus lässt sich folgendes Ergebnis herleiten:

$$\frac{dK_{Stück}}{dm} = \frac{-K_{fB}}{m \times m} + \frac{k_{vB}}{2 \times 100 \times JB} = 0$$

daraus ergibt sich die *optimale Bestellmenge*:

$$m_o = \sqrt{\frac{200 \times K_{fB} \times JB}{k_{vB} \times LHS}}$$

Damit erhält man, übers Jahr betrachtet, auch die *optimale Bestellfrequenz*:

$$n_o = \frac{J_B}{m_o} = \sqrt{\frac{k_{vB} \times LHS \times JB}{200 \times K_{fB}}}$$

und die *optimale Lagerzeit* mit:

$$t_o = \frac{m_o}{JB} \quad [a] \quad \frac{Stück}{\frac{Stück}{a}}$$

Fallbeispiel

Ermittlung Fehlmengenkosten

Die Fehlmengenkosten sollen am Beispiel Maschinenstillstandskosten bei Fließfertigung dargestellt werden, wenn fehlendes Material das gesamte Fließband zum Stillstand bringt. Es gelten folgende Daten:

- Fließbandfertigung von Autoradios,
- Durchlaufzeit Montage und Prüfung ca. 3 Arbeitstage,
- Stoffkosten Autoradio 100 €,
- Herstellkosten Autoradio 135 €,
- kalk. Abschreibungen je Stück 12 €,
- Personalkosten (Lohn und Gehalt) je Stück 15 €,
- Tagesproduktion 2.000 Stück
- 2-Schicht-Betrieb mit 7 h je Schicht.

Bei Maschinenstillstand durch fehlendes Material von 2 Stunden entstehen Leerkosten (Beschäftigungsverluste) von:

Fertigungsausfall von 286 Autoradios,
Mitarbeiter können kurzfristig nicht anderweitig beschäftigt werden,
Fehlmengenkosten = 286 x (12+15) = 7.722 €

Ermittlung optimale Bestellmenge

Die Firma Speedy bezieht bestückte Leiterplatten von einem Fremdlieferanten mit einem Jahresbedarf von 10.000 Stück mit der Typteilenummer LP1234. Die bestellfixen Kosten K_{fB} betragen 120 €/Bestellung, der Einstandspreis je Leiterplatte kvB = 16,50 €/Stück. Der Lagerhaltungskostensatz beträgt LHS = 45 %. Damit ergibt sich:

$$m_0 = \sqrt{2 \times 100 \times 120 \times 10.000 / 16,50 \times 45} \quad = 568 \text{ Stück/Bestellung.}$$

$$n_0 = \sqrt{16,50 \times 45 \times 10.000 / 2 \times 100 \times 120} \quad = 17,6 \text{ mal pro Jahr}$$

Dabei stellt sich die Frage, was zu tun ist, wenn der Lieferant keine 568 Stück, sondern nur 500 oder 600 Stück als Lieferlos angibt? Beim *Andler*-Ansatz kann gezeigt werden, dass die Stückkosten (bestehend aus Beschaffungskosten und Lagerhaltungskosten) bei größeren Stückzahlen langsamer ansteigen als bei sinkenden Stückzahlen. Das heißt, die Summenkurve (siehe Abbildung 28) steigt nach dem Minimum langsamer an. Eine Abweichung zu niedrigen Stückzahlen lässt die Kosten wesentlich schneller steigen, als eine Abweichung zu großen Stückzahlen. Dies kann einfach nachgewiesen werden, wenn in die Stückkostengleichung die Variable m um gleiche Beträge nach oben oder unten verändert wird. Im vorliegenden Beispiel würde man 600 Stück bestellen.

5.2.1 Statisches Verfahren der Bestellmengenrechnung mit Rabatt

Im obigen Ansatz wurden konstante Einstandspreise unterstellt, d. h. Preise, die keine Preiselastizität in Abhängigkeit der Menge aufweisen. In der Praxis ist diese Randbedingung nicht haltbar. Die Gewährung von Mengenrabatten bzw. der Aufschlag von so genannten Mindermengenzuschlägen (bei Unterschreiten einer vom Lieferanten festgelegten Bestellmenge) ist die Regel. Beim Mengenrabatt handelt es sich um eine nichtlineare, treppenförmige Preis/Mengen-Funktion. Hier kann der *Andler*-Ansatz nicht analytisch angewendet werden. Die Lösung dieser Fragestellung liegt in der Betrachtung der Stückkosten. Dabei empfiehlt sich folgendes Vorgehen:

Betrachtung der Stückkosten

1. Bestimmung der optimalen Bestellmenge ohne Rabatt (mo_{oR}).
2. Bestimmung der optimalen Bestellmenge mit Rabatt (mo_{mR}).
3. liegt die optimale Bestellmenge mit Rabatt unterhalb der vom Lieferanten genannten Rabattgrenze, so liegt eine ungültige Lösung vor; weiteres Vorgehen Punkt 4. Bewegt sich die optimale Bestellmenge mit Rabatt oberhalb der Rabattgrenze, so liegt ein kostenoptimales Ergebnis vor; Abbruch der Lösungssuche.
4. Stückkostenbetrachtung:
   - Stückkosten bei m_o ohne Rabatt,
   - Stückkosten bei m an Rabattgrenze mit Rabatt (die Stückkosten fallen),
   - Stückkosten bei m oberhalb Rabattgrenze mit Rabatt (die Stückkosten steigen wieder).
   → die kostenoptimale Bestellmenge liegt an der Rabattgrenze.

Fallbeispiel
Es gilt in Erweiterung des obigen Beispiels folgende Ergänzung: die *Speedy* GmbH erhält für unterschiedliche Bezugsmengen unterschiedlichen Rabatt:

a) der Lieferant gewährt bei Abnahme von 600 Stück einen Rabatt von 4 Prozent.
b) der Lieferant gewährt bei Abnahme von 800 Stück einen Rabatt von 10 Prozent.

Lösung:
a) m_o = 568 Stück/Bestellung

$$m_{o\,mit\,Rabatt} = \sqrt{2 \times 100 \times 120 \times 10.000 / 16,50 \times \mathbf{0,96} \times 45} = 568\ \text{Stück/Bestellung.}$$

→ keine zulässige Lösung, da Rabattgrenze nicht überschritten.

Stückkostenbetrachtung:

$$K_{Stück} = \frac{K_{fB}}{m} + k_{vB} + \frac{(K_{fB} + k_{vB} \times m)}{2} \times \frac{LHS}{100 \times JB}$$

$K_{stück}$ (m_o ohne Rabatt) = 16,93 €/Stück (m=568, k_{vB} = 16,50 €/Stück)
$K_{stück}$ (m_o mit Rabatt) = 16,25 €/Stück (m=600, k_{vB} = 15,84 €/Stück)
$K_{stück}$ (m_o mit Rabatt) = 16,26 €/Stück (m=650, k_{vB} = 15,84 €/Stück)

b) m_o = 568 Stück/Bestellung
m_o mit Rabatt = $\div$2 x 100 x 120 x 10.000 / 16,50 x **0,9** x 45 = 600 Stück/Bestellung
$\rightarrow$ keine zulässige Lösung, da Rabattgrenze nicht überschritten.

Stückkostenbetrachtung:

$K_{stück}$ (m_o ohne Rabatt) = 16,93 €/Stück (m=568, k_{vB} = 16,50 €/Stück)
$K_{stück}$ (m_o mit Rabatt) = 15,27 €/Stück (m=800, k_{vB} = 14,85 €/Stück)
$K_{stück}$ (m_o mit Rabatt) = 15,31 €/Stück (m=1.000, k_{vB} = 14,85 €/Stück)

Lösung: Im Fall a) werden 600 Stück bestellt, im Fall b) 800 Stück.

Begründung: Durch die detaillierte Betrachtung der Stückkosten konnte gezeigt werden, dass die Stückkosten an der Rabattgrenze geringer sind, als bei optimaler Bestellmenge ohne Berücksichtigung der Rabattgrenze. Ferner konnte gezeigt werden, dass die Stückkosten nach Überschreiten der Rabattgrenze wieder ansteigen, wenn mehr Stück bestellt werden, als durch die Rabattgrenze vorgegeben ist. Daraus ergibt sich der Schluss, dass das Stückkostenminimum an der Rabattgrenze liegt.

5.2.2 Statische Bestellmengenrechnung auf Prozesskostenbasis

Prozesskostensatz

Das Ziel ist hier, ebenso wie bei der oben genannten klassischen Bestellmengenrechnung, die Gesamtkosten zu minimieren. Dazu werden drei verschiedene Kostenarten betrachtet: variable, fixe und sprungfixe Kosten. Für die fixen und sprungfixen Kosten werden Prozesskostensätze gebildet. Die absoluten Kosten werden aufgrund der Prozessmengen ermittelt. Die Berücksichtigung sprungfixer Kosten ermöglicht eine verursachungsgerechte Zuordnung der Kosten, insbesondere bei den bisher als variabel angenommenen Lagerhaltungskosten. Zu den fixen Kostenbestandteilen gehören die fixen Anteile der Beschaffungskosten und die Kontrollkosten. Der variable Kostenbestandteil besteht aus den Zinskosten. Die übrigen Kostenfaktoren haben einen sprungfixen Charakter. Zu ihnen gehören die Kosten des Wareneingangs, des internen Transports, der Einlagerung und der Lagerhaltung (des Lagerplatzes).

Diese verändern sich in der Praxis nicht linear mit steigender und fallender einzulagernder Lagermenge, sondern sie verändern sich sprunghaft. An einem kleinen Beispiel soll dies erläutert werden. Für die bestellte und angelieferte Menge von 49 Stück werden 7 Behälter benötigt. Dabei passen in jeden Behälter 8 Teile. Daraus ergibt sich für die Einlagerung, dass 6 Behälter à 8 Teile und 1 Behälter à 1 Teil, also insgesamt 7 Behälter, eingelagert werden müssen. Konkret heißt das aber, dass 7 Lagerplätze im Paletten-Regallager belegt werden müssen. Hätte man nur 48 Stück bestellt, so müssten nur 6 Behälter/Gitterboxen (6 Behälter à 8 Teile) eingelagert werden und die belegten Lagerplätze könnten um 14 % reduziert werden. Gleiches gilt für den Teile-Transport in Behältern. In diesem Fall verursachen die Lager- und Transportkosten sprungfixe Kosten.

Zur Herleitung der optimalen Bestellmengenformel auf Prozesskostenbasis werden folgende Beziehungen als Formel angesetzt:

$$KG = KB + KK + KE + KW + KL \rightarrow \text{Minimum}$$

$$KG = \left(\frac{JB}{m}\right) \times (PB + PK + PE + PW) + \left(\frac{x}{2 \times b} + 0.5\right) \times PL + \left(\frac{x}{2 \times 100}\right) \times k_{vb} \times z$$

KG = Gesamtkosten (in €)
KL = Lagerhaltungskosten
KB = Beschaffungskosten
KK = Kontrollkosten
KE = Einlagerungskosten
KW = Kosten Wareneingang und Transport zum I-Punkt
PB = Prozesskostensatz Beschaffung (€/Beschaffungsvorgang)
      PK = Prozesskostensatz Kontrolle (€/Kontrolle)
PE = Prozesskostensatz Einlagerung (€/Einlagerung)
PW = Prozesskostensatz Wareneingang und Transport zum I-Punkt
PL = Prozesskostensatz Lagerung (€/Lagerplatz pro Jahr)
JB = Jahresbedarfsmenge
m   = Bestellmenge
k_{vb} = Einstandspreis (€/Stück)
b   = Behältermenge
x   = Simulation Bestellmenge (Einheiten / Bestellung) zur Festlegung der benötigten Anzahl Behälter und damit der Anzahl Lagerplätzen
z   = kalkulatorischer Zinssatz (%)

Die sprungfixen Einlagerungskosten werden erst nach Berechnung der benötigten Behälterzahl ermittelt und eingesetzt. Der Faktor 0,5 dient dazu, die durchschnittlich eingelagerte Behälterzahl realistisch abzubilden (Integer 1), d.h. es gibt keine halben Behälter oder Lagerplätze, sondern nur mehr oder weniger gefüllte Behälter und damit entweder einen Behälter oder keinen Behälter. Bei Ableitung nach m entfällt dieses Glied wieder. Daraus ergibt sich die optimale Bestellmenge unter Berücksichtigung der Prozesskosten:

D

$$m_0 = \sqrt{\frac{JB \times (PB + PK + PE + PW) \times 2 \times 100 \times b}{(z \times k_{vB} \times b) + (PL \times 100)}}$$

Voraussetzungen

Voraussetzung für die Anwendung der Bestellmengenrechnung auf Prozesskostenbasis ist:

- die Verbrauchskennlinie verläuft linear,
- der Jahresbedarf ist bekannt und konstant,
- die Prozesskostensätze sind bekannt und im Betrachtungszeitraum konstant,
- die Prozesskosten Einlagerung und Wareneingang/Transport werden individuell, durch Variation der Prozesskosten gebildet,
- für jeden Staffelpreis (Mengenrabatte) erfolgt eine separate Rechnung, um das Kostenminimum zu ermitteln.

Die Prozesskosten, z.B. für die Ein- und Auslagerung in einem Kleinteilelager oder Hochregallager oder den Transport verschiedener Ladehilfsmittel, können wie folgt ermittelt werden (vgl. Abbildung 5.3):

Prozess Einlagern	Einlagern KTL	Einlagern HRL	Summe
Plan-Prozessmenge (Einlagerungen/a)	364.000	170.000	534.000
Personalkosten (€/a)	363.636	467.532	831.168
kalkulatorische Afa (€/a)	5.956	0	5.956
Prozesskostensatz PE (€/Vorgang)	**1,02**	**2,75**	

HRL = Hochregallager; KTL = Kleinteilelager

Abb. 5.3: Prozesskostensatz PE für Prozess Einlagerung

Die Berechnung der optimalen Bestellmenge erfolgt aufgrund der sprungfixen Kosten über eine Simulation. Darüber hinaus ist eine weitere unterlagerte Simulation für die Ermittlung der Anzahl Behälter und der dafür anzusetzenden Lagerkosten notwendig. Dabei darf nicht übersehen werden, dass z. B. die Lagerkosten zwischen den Sprungstellen wiederum linearisiert werden. Auch die Prozesskostenrechnung proportionalisiert damit Kosten ab einer bestimmten Betrachtungsebene.

Prozess Wareneingang, Transport	Gitterbox	Flach-palette	SK1	SK2	SK3	Summe
Plan-Prozessmenge	7.750	1.000	10.000	11.250	5.000	35.000
Kosten Wareneingang	69.017	8.905	89.050	100.186	44.527	311.685
Kosten Transport ab LKW	386.493	49.870	28.122	63.275	95.616	623.376
Kosten Transport ab Paketstelle	0	0	31.247	70.306	106.239	207.792
Prozesskostensatz PW (€/Vorgang)	58,78	58,78	14,84	20,78	49,28	

SCHÄFFER
POESCHEL

SK = Schäferkisten; SK1, SK2, SK3 haben unterschiedliches Fassungsvermögen und damit unterschiedliche Transportintensität.

Abb. 5.4: *Prozesskostensatz PW für Prozess Wareneingang und Transport*

5.3 Dynamische Verfahren der Bestellmengenrechnung

Bei den *dynamischen Verfahren der Bestellmengenrechnung* gelten prinzipiell die gleichen Randbedingungen wie bei den statischen Verfahren. Der Unterschied ist das Abweichen von einer starren Jahresbedarfsmenge hin zu sich ständig ändernden Bedarfen je Periode. Die damit verbundene Dateninformation ist genauer und periodenbezogen, so dass die optimale Bestellmenge durch die Zusammenfassung des unterschiedlichen Periodenbedarfs verschiedene Werte annehmen kann. Dies ist abhängig vom prognostizierten Bedarf der künftigen Perioden, vom Einstandspreis und von der Lagerdauer der zu beschaffenden Materialien. Darüber hinaus liegt mit der dynamischen Bestellmengenrechnung ein rollierendes Verfahren vor: Ist eine Periode vorüber, kommt eine neue Periode am Ende des Betrachtungszeitraums hinzu. Somit gleitet ein Fenster mit konstanter zu betrachtender Periodenanzahl über die Zeitachse. Wenn für ein Jahr geplant wird und der Planungsbeginn am 1. Januar ist, so werden bei der Bestellmengenrechnung der Zeitraum 1.1. bis 31.12. berücksichtigt. In der Zusammenfassung der Periodenbedarfe und der dafür anfallenden Kosten (Lagerhaltung, Beschaffung) wird die erste Periode vom 1.1. bis 31.1. betrachtet und dann sukzessive um weitere Perioden, Periode 2 von 1.2. bis 28.2., Periode 3 von 1.3. bis 31.3., etc. ausgedehnt. Diese Aneinanderreihung unterschiedlicher Bedarfe wird so lange fortge-

Bedarf je Periode

führt, bis ein vorgegebenes Abbruchkriterium wirkt. Damit können Veränderungen in der Planung und während der Planung noch berücksichtigt und die Beschaffungsmengen angepasst werden.

Näherungsverfahren Die dynamischen Verfahren sind Näherungsverfahren, deren Lösung nicht absolute, sondern lokale Optima darstellen. Das Ergebnis kann, je nach Verfahren und periodenbezogenen Materialbedarfen, um das absolute Optimum pendeln. In Abbildung 5.5 wird dieser Zusammenhang dargestellt.

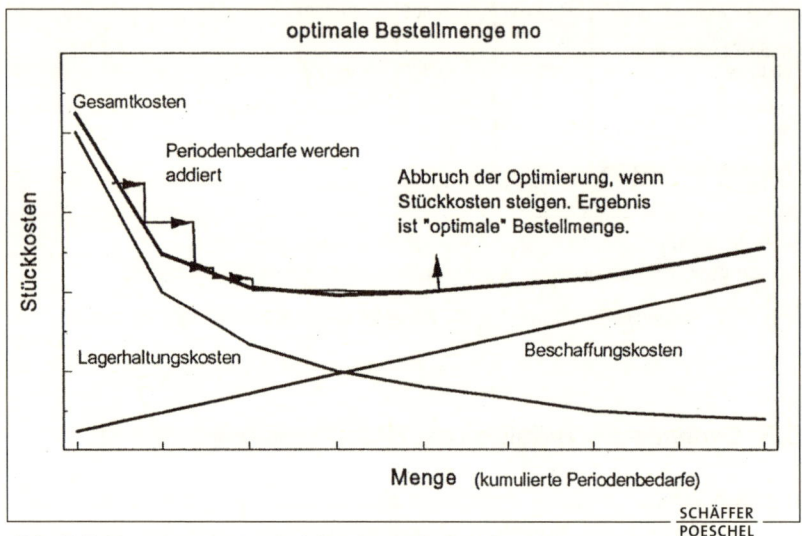

Abb. 5.5: Vorgehensweise bei der dynamischen Bestellmengenrechnung zur Ermittlung der optimalen Bestellmenge

Der Rechenprozess erfolgt schrittweise. Bestellmengen für zukünftige Perioden werden solange mit in die aktuelle Periodenbestellung hereingenommen, solange sich das Entscheidungskriterium/Kennzahl verbessert. Es ist nicht vorgesehen, Teilmengen einer Periode einzuplanen, und dadurch diesen Bedarf auf zwei Bestellvorgänge zu verteilen. Da die Periode, in der der Bestellvorgang endet (Auslaufen des Produkts, Auslaufen des Vertrags) in der Regel nicht bekannt ist, lässt sich ein Optimum über sämtliche Bestellvorgänge, d. h. über den gesamten Bestellzeitraum, nur schwer ermitteln. Es gibt kein klar definiertes Ende der durch ein Produkt ausgelösten Bestellvorgänge. Dies wäre nur dann möglich, wenn über die gesamte Lebensdauer des zu bestellenden Produkts oder **Bedarfsprognose** Materials die Bedarfsprognose vorhanden ist und wenn über den prognostizierten Bedarfshorizont hinaus keine weiteren Bestellungen mehr in Frage kommen.

Im Rahmen der dynamischen Bestellmengenrechnung sollen die Verfahren der gleitenden wirtschaftlichen Bestellmenge, des Kostenausgleichsverfahren und der dynamischen Optimierung erläutert werden.

5.3.1 Gleitende wirtschaftliche Bestellmengenverfahren

Das *Verfahren der gleitenden wirtschaftlichen Bestellmenge* legt die Summe der Beschaffungskosten und der Lagerhaltungskosten pro Einheit (Stück) als Entscheidungskriterium zugrunde. Solange die Kosten je Einheit fallen, wird weiterer Periodenbedarf zum Zeitpunkt der Beschaffung kumuliert. Dieses Vorgehen ist in Tabelle 5.1 dargelegt. Das Optimum ist dort, wo die Summe der beiden Kurven ein Minimum bildet. Bei Andler wird dieser Punkt exakt berechnet, bei den dynamischen Verfahren springt die reale Lösung um das Minimum herum. Dies liegt daran, dass der Periodenbedarf nicht geteilt wird, also keine diskrete Lösung ermittelt wird. Nicht die Frage, welche Perioden-Teilmenge in das Ergebnis einfließt, sondern ob der Periodenbedarf insgesamt nicht berücksichtigt wird, steht im Vordergrund.

Periode	Netto-Bedarf	Netto-Bedarf kumuliert	Lager-dauer	Lager-haltungs-kosten	Bestell-fixe Kosten	Kosten-summe	Kosten je Stück
(1)	(2)	(3)	(4)	(5)	(6)	(7)=(6)+(5)	(8)
Tag, Woche, Monat	Stück	Stück	Tag, Woche, Monat	€	€/Be-stellung	€	€/Stück
1 2 3	200	200	0, 5	135,0	75	210	1,05

Tab. 5.1: Schema zur Ermittlung der optimalen Bestellmenge nach dem Verfahren der gleitenden wirtschaftlichen Bestellmenge

5.3.2 Kostenausgleichsverfahren

Das *Kostenausgleichsverfahren* basiert ebenfalls auf den gleichen theoretischen Annahmen wie in Abbildung 5.5 dargestellt. Der kostenoptimale Punkt ist dort, wo die Summe der Lagerhaltungskosten größer oder gleich den Bestellkosten wird. Bei diesem Verfahren werden gleichfalls solange Bedarfsmengen der einzelnen Perioden kumuliert, bis die Lagerhaltungskosten annähernd den fixen Bestellkosten entsprechen. Dieses Vorgehen führt zu ähnlichen Ergebnissen wie die gleitende wirtschaftliche Bestellmenge.

Die Lösung ist aber nicht eindeutig, d. h. die Frage, ob die Lösung ein wenig unterhalb oder oberhalb des Grenzwertes (sprich fixe Bestellkosten) liegt, muss jedes Mal neu entschieden werden. Als Entscheidungskriterium gilt dabei der Vergleich zwischen den höheren Lagerhaltungskosten durch die Bestellung eines zusätzlichen Periodenbedarfs und den erhöhten Beschaffungskosten (durch einen zusätzlich ausgelösten Beschaffungszyklus), wenn auf die Bestellung eines zusätzlichen Periodenbedarfs verzichtet wird. Das Unterschreiten führt zur einer Bestellmenge, die um einen Periodenbedarf verringert ist. Dies könnte, wie oben bereits angesprochen, am Ende des Jahres oder bei Beendigung des Bestellvorgangs zu einer weiteren zusätzlichen Bestellung führen und damit das Gesamtoptimum verfehlen. Durch diese fehlende Eindeutigkeit wird das Kostenausgleichsverfahren in der Praxis weniger oft eingesetzt als das Verfahren der gleitenden wirtschaftlichen Bestellmenge. Die Darstellung des Verfahrens erfolgt in Tabelle 5.2.

Periode	Netto-bedarf	Netto-bedarf kumuliert	Lager-dauer	Lager-haltungs-kosten kumuliert	Bestell-fixe Kosten	Bestell-kosten = Lager-haltungs-kosten
(1)	(2)	(3)	(4)	(5)	(6)	(5) = (6)
Tag, Woche, Monat	Stück	Stück	Tag, Woche Monat	€	€/Be-stellung	Vergleich
1	50	50	0,5	35,00	75,00	nein, weiteren Bedarf kumulieren
2	40	90	1,5	77,00	75,00	ja, Abbruch
nächste Periode						

Tab. 5.2: Schema zur Ermittlung der optimalen Bestellmenge nach dem Kostenausgleichsverfahren

Die o.g. Verfahren gehören zu den heuristischen Verfahren. Heuristische Verfahren sind keine konvergenten Verfahren, d. h. keine Verfahren, die durch ein- oder mehrmalige Anwendung bestimmter Rechenvorschriften das Auffinden einer optimalen Lösung garantieren. Hier handelt es sich vielmehr um iterative Rechenvorschriften, die suboptimale/optimale Lösungen aufzeigen. Der pragmatische Hintergrund ist der, dass der Aufwand für eine exakte Lösung in der Praxis meist nicht gerechtfertigt ist, sodass rechenzeitsparenden und einfachen Rechenabläufen der Vorzug gegeben wird. Darüber hinaus entsprechen viele Funktionen und Abläufe eher einer Badewannenfunktion, d. h. die Lösungen im nahen Umfeld des optimalen Punktes weichen nur geringfügig vom Optimierungsziel (z. B. Kostenminimum oder Maximum-Deckungsbeitrag) ab. Hier liegen bei der Zielfunktion »Kosten« die Ergebnisse für viele Punkte der Funktion sehr dicht beieinander.

Heuristische Verfahren

Fallbeispiel
Der Bedarf an elektrischen Netzteilen für die nächsten 6 Perioden (ein halbes Jahr) liegt vor. Es wird nach der optimalen Bestellmengenstrategie nach den Verfahren der gleitenden wirtschaftlichen Beschaffungsmenge und dem Kostenausgleichsverfahren gefragt.

Daten:	Zeit (Periode)	1	2	3	4	5	6
	Verbrauch (Stück)	80	120	110	100	120	140

Lagerhaltungskostensatz: LHS = 30 %
Einstandspreis: k_{vb} = 28 €/Stück
beschaffungsfixe Kosten: K_f = 130 €/Bestellung

a) Lösung nach gleitender wirtschaftlicher Bestellmenge

Periode	Netto-Bedarf	Netto-Bedarf kumuliert	Lager-dauer	Lagerhaltungskosten	Bestellfixe Kosten	Kostensumme	Kosten je Stück
(1)	(2)	(3)	(4)	(5)	(6)	(7)=(6)+(5)	(8)
Tag, Woche, Monat	Stück	Stück	Tag, Woche, Monat	€	€/Bestellung	€	€/Stück
1	80	80	0,5	28,00	130	158,00	1,975
2	120	200	1,5	126,00		284,00	1,420
3	110	310	2,5	192,50		476,50	1,537 !
3	110	110	0,5	38,50	130	168,50	1,53
4	100	210	1,5	105,00		273,50	1,302
5	120	330	2,5	210,00		483,50	1,465 !
5	120	120	0,5	42,00	130	172,00	1,433
6	140	260	1,5	147,00		319,00	1,226
folgende Perioden							

Ergebnis: die optimale Beschaffungsstrategie sieht Bestellungen für 2 Monate vor.

Zeit:	1	2	3	4	5	6	Periode
Bestellmenge:	200	0	210	0	260	0	Stück

Anmerkungen: Es wird die Annahme getroffen, dass das Material zu Beginn der Periode bestellt und geliefert wird. In der Periode des Verbrauchs liegt das Material durchschnittlich 0,5 Perioden am Lager. Am Anfang der Periode ist das gesamte Material verfügbar, wird dann im Laufe der Periode verarbeitet, sodass am Ende der Periode kein Material mehr vorhanden ist (kontinuierlicher Lagerabgang). Damit liegt das gesamte Material durchschnittlich 0,5 Perioden am Lager oder das halbe Material die ganze Periode. Bei Berechnung des Lagerhaltungskostensatzes ist darauf zu achten, dass der LHS als Prozentsatz einen Jahreswert beschreibt. Dieser muss auf eine Periode (hier 1 Monat) bezogen werden.

b) Lösung nach Kostenausgleichsverfahren

Periode	Nettobedarf	Nettobedarf kumuliert	Lager-dauer	Lagerhaltungskosten kumuliert	Bestellfixe Kosten	Bestellkosten = Lagerhaltungskosten
(1)	(2)	(3)	(4)	(5)	(6)	(5) = (6)
1	80	80	0,5	28,00	130,00	
2	120	200	1,5	154,00	130,00	opt. Bestellmenge
3	110	110	0,5	38,50	130,00	
4	100	210	1,5	143,50	130,00	opt. Bestellmenge
5	120	120	0,5	42,00	130,00	
6	140	260	1,5	189,00	130,00	opt. Bestellmenge

Ergebnis: die optimale Beschaffungsstrategie sieht Bestellungen für 2 Monate vor.

Zeit:	1	2	3	4	5	6	Periode
Bestellmenge:	200	0	210	0	260	0	Stück

Beim Kostenausgleichsverfahren stellt sich, wenn die kumulierten Lagerhaltungs-kosten die bestellfixen Kosten knapp erreicht oder überschritten haben, die Frage, wann der optimale Punkt erreicht ist. Da wir in der Praxis kein Gesamtoptimum er-mitteln können, weil in der Regel nicht das zeitliche Ende der Materialbestel-lungen, noch die genauen Bedarfszahlen für weit in die Zukunft reichende Planun-gen bekannt sind, ist das lokale Optimum zu ermitteln. Das heißt, es wird die Lö-sung gewählt, bei der sich die kleinere betragsmäßige Kostendifferenz zwischen bestellfixen Kosten und Lagerhaltungskosten einstellt. Im obigen Beispiel ergibt sich in Periode 5 eine betragsmäßige Kostendifferenz von € 88, wenn nur der Netto-bedarf der 5. Periode bestellt werden sollte. Wenn auch der Nettobedarf der 6. Peri-ode mitbestellt wird, beträgt die Differenz nur € 59. Somit ergibt sich eine optimale Bestellmenge von 260 Stück in Periode 5.

Um diese Lücke von heuristischen und quasi exakten Verfahren bei der dynamischen Bestellmengenrechnung zu schließen, soll ein weiteres Verfahren zur Ermittlung der optimalen Bestell-menge, die dynamische Optimierung, vorgestellt werden.

5.3.3 Optimale Bestellmenge mittels dynamischer Optimierung

Zur Beschreibung der *dynamischen Optimierung* ist es sinnvoll über die Darstellung eines einfachen Wegnetzes zu gehen. Die Streckenlänge des Weges von einem Punkt zum anderen sei pro-portional zu den Kosten (vgl. Abbildung 5.6).

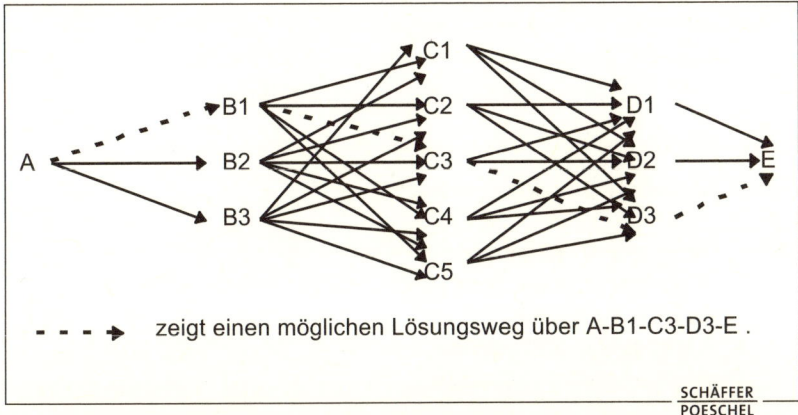

- - - ▶   zeigt einen möglichen Lösungsweg über A-B1-C3-D3-E .

SCHÄFFER
POESCHEL

Abb. 5.6: Darstellung eines möglichen Wegnetzes, um von Punkt A nach Punkt E zu gelangen

Optimaler Pfad

Das Problem lässt sich durch eine vollständige Enumeration lösen, indem sämtliche möglichen Wegstrecken von Anfang A bis Ende E berechnet werden. Der Weg mit der geringsten Entfernung bzw. den geringsten Kosten ist der optimale Pfad. Dabei stellt die vollständige Enumeration bei vielen Anwendungsfällen, aufgrund der vielen möglichen Varianten, ein Rechenzeitproblem dar. Um dies zu umgehen, wird bei der dynamischen Optimierung der Ablauf dahingehend vereinfacht, dass das Problem (hier das Wegnetz) in Teilprobleme (Stufen) zerlegt wird. Konkret wird die Teilbarkeit der Zielfunktion vorausgesetzt, indem je Stufe die teiloptimale Lösung (optimale Teilpfade) errechnet wird. Die optimale Gesamtlösung wird dann durch das Zusammensetzen der optimalen Teilpfade ermittelt. Dieser theoretische Ansatz muss nicht zwingend zu einer optimalen Lösung (daher der Ausdruck »quasi exakt«) führen, da die Summe der Teiloptima nicht unbedingt zum Gesamtoptimum führen muss. Durch die Bildung von optimalen Teillösungen werden eventuelle andere Komibinationsmöglichkeiten unterschlagen, oder wie in Abbildung 5.6, verschiedene Wegkombinationen von der weiteren Betrachtung ausgeschlossen.

Dynamische Optimierung

Im Folgenden soll das Vorgehen der dynamischen Optimierung zur Ermittlung der optimalen Bestellmenge dargestellt werden:

1. Die prognostizierten Bedarfsmengen über mehrere Perioden liegen vor. Diese ist mit den oben genannten Verfahren identisch. Während die oben genannten dynamischen Verfahren sich für eine rollierende Planung eignen, wird bei der dynamischen Optimierung (wie auch beim Andler-Ansatz) der Betrachtungszeitraum als geschlossener Gesamtlösungsraum angesehen, das heißt, man erhält für diesen Betrachtungszeitraum eine optimale Lösung.

2. Es wird eine Tabelle der Kosten für sämtliche Teilpfade ermittelt.

D

$$K_{gesamt} = K_{fB} + LHS \times k_{vB} \times \sum_{t=\tau}^{j} (t - \tau) \times m_t$$

LHS: Lagerhaltungskostensatz

t: Bedarfsperiode

t: Bereitstellungsperiode

(t-τ): Lagerdauer, wenn Bedarf der Periode t bereits in Periode t bereitgestellt wird.

k_{vB}: variable Beschaffungskosten

K_{fB}: fixe Beschaffungskosten

Lagerhaltungskosten fallen für die Periode des Verbrauchs nicht an. Daraus ergibt sich eine Kostenmatrix, bestehend aus den Kosten der einzelnen Teilpfade. Der vorgegebene Planbedarf für eine bestimmte Periode kann befriedigt werden, indem der Bedarf erst in der Periode des Verbrauchs beschafft wird, oder bereits in einer früheren Periode, wenn es kostengünstiger ist, verschiedene Bedarfe zusammenzufassen (Reduzierung der Bestellkosten). Die Kostenmatrix hat demnach folgende allgemeine Form:

Teilpfade

Bereitstellungs- periode	Verbrauchsperiode				
	1	2	3	.....	n
1	K_{11}	K_{12}	K_{13}	.	K_{1n}
2	----	K_{22}	K_{23}	.	K_{2n}
3	----	----	K_{33}	.	K_{3n}
...	----	----	----	.	...
n	----	----	----	.	K_{nn}
				.	

3. Es werden für jede Stufe die optimalen Teilpfade ermittelt. Um einen bestimmten Bedarf in einer bestimmten Periode abdecken zu können, gibt es mehrere Teilpfade. Je nach Beschaffungsstrategie, wie beispielsweise die extreme Strategie, alles in Periode 1 zu beschaffen, oder immer in der Periode des Verbrauchs, entstehen unterschiedliche Kosten. Es wird die Beschaffungsstrategie ausgewählt, die die geringsten Kosten verursacht.

4. Es wird die Kombination der optimalen Teilpfade zum Gesamtoptimum gebildet. Das heißt, es wird keine vollständige Enumeration durchgeführt, sondern es wird für jede Verbrauchsperiode der optimale Teilpfad ermittelt, wobei dieser unter (3) ermittelte optimale Teilpfad Startpunkt für den nächsten Teilpfad ist.

5. Rückwärtsrechnen, um den optimalen Pfad zu ermitteln. Das heißt, die optimale Lösung wird durch Rückwärtsrechnen ermittelt. Ausgangspunkt ist der letzte optimale Teilpfad. Dieser Teilpfad wird in die vorgelagerten Teilpfade zerlegt, die diesen ergeben haben. Das wird so lange gemacht, bis der erste Startpunkt (Periode 1) erreicht ist. Dieser Vorgang ist deshalb notwendig, weil bei Ermittlung der optimalen Teilpfade (siehe Schritt (2) und (3)) zunächst die Information, aus welchen Teilschritten sich der optimale Pfad zusammensetzt, verloren geht.

Fallbeispiel

Für eine Materialart (Gußgehäuse), die zu beschaffen ist, liegt der Bedarfsplan für die nächsten 5 Monate vor. Die Ermittlung der optimalen Bestellmenge erfolgt entsprechend den in Kapitel 5.3.3 aufgeführten Schritten.

(1) Es liegen folgende Daten für die Beschaffung von Gußgehäusen vor:

Bedarfsmengen:t (Periode)	1	2	3	4	5
Bedarfsmengen (Stück)	40	60	50	50	20

bestellfixe Kosten: 150 €/Bestellvorgang
Lagerhaltungskosten: 3 €/Stück und Periode

(2) Tabelle der Kosten sämtlicher Teilpfade
(variable Kosten nicht berücksichtigt)

letzte Verbrauchsperiode

Bereit-stellungs-periode	1	2	3	4	5
1	150	330	630	1.080	1.320
2	-	150	300	600	840
3		-	150	300	420
4			-	150	210
5				-	150

(3) Ermittlung der optimalen Teilpfade

Teilpfade	Kosten (€)
Teilpfad 1	
P_{11}	$K_{11} = 150$ ◄——— Minimum
——► optimaler Teilpfad P_{1opt}	
Teilpfad 2	
P_{12}	$K_{12} = 330$
$P_{1opt} + P_{22}$	$K_{12} = 150 + 150 = 300$ ◄———
——► optimaler Teilpfad P_{2opt}	
Teilpfad 3	
P_{13}	$K_{13} = 630$
$P_{1opt} + P_{23}$	$K_{13} = 150 + 300 = 450$
$P_{2opt} + P_{33}$	$K_{13} = 300 + 150 = 450$ ◄———
——► optimaler Teilpfad P_{3opt}	
Teilpfad 4	
P_{14}	$K_{14} = 1080$

$P_{1opt} + P_{24}$	$K_{14} = 150 + 600 = 750$
$P_{2opt} + P_{34}$	$K_{14} = 300 + 300 = 600$
$P_{3opt} + P_{44}$	$K_{14} = 450 + 150 = 600$ ←
——→ optimaler Teilpfad P_{4opt}	
Teilpfad 5	
P_{15}	$K_{15} = 1320$
$P_{1opt} + P_{25}$	$K_{15} = 150 + 840 = 990$
$P_{2opt} + P_{35}$	$K_{15} = 300 + 420 = 720$
$P_{3opt} + P_{45}$	$K_{15} = 450 + 210 = 660$ ←
$P_{4opt} + P_{55}$	$K_{15} = 600 + 150 = 750$
——→ optimaler Teilpfad P_{5opt}	

(5) Rückwärtsrechnung

optimaler Pfad ist $P_{5opt} = P_{3opt} + P_{45}$

∟→ optimaler Teilpfad P_{3opt} eingesetzt

$P_{5opt} = P_{2opt} + P_{33} + P_{45}$

∟→ optimaler Teilpfad P_{2opt} eingesetzt

$P_{5opt} = P_{1opt} + P_{22} + P_{33} + P_{45}$

∟→ optimaler Teilpfad P_{1opt} eingesetzt

$P_{5opt} = P_{11} + P_{22} + P_{33} + P_{45}$

Damit ergibt sich die optimale Bestellmenge nach Perioden:

Periode	1	2	3	4	5
optimale Bestellmenge	40	60	50	70	-

Kontrollfragen

1. Welches sind die beiden wichtigsten Komponenten zur Ermittlung der optimalen Bestellmenge?
2. Wie lautet das Modell zur optimalen Bestellmengenrechnung?
3. Erläutern Sie den Unterschied zwischen direkten und indirekten Kosten der Beschaffung!
4. Welche Kosten gehören zu den Lagerhaltungskosten?
5. Machen Sie ein Beispiel (Beispielunternehmen) zur Ermittlung der Lagerhaltungskosten und des Lagerhaltungskostensatzes!
6. Bestimmen Sie die optimale Bestellmenge grafisch!
7. Zeigen Sie den Einfluss auf die Bestellmenge, wenn die optimale Bestellmenge nicht bestellt werden kann, sondern nur eine geringere oder größere Menge bezogen werden kann!
8. Ermitteln Sie die Gleichung für die Stückkosten!

9. Erläutern Sie stichwortartig den Ablauf bei der dynamischen Bestellmengenrechnung!

10. Worin unterscheiden sich die Ergebnisse der optimalen Bestellmenge nach einem statischen Verfahren (Andler) und einem dynamischen Verfahren?

6 Logistik

Nach der Lektüre dieses Kapitels soll der Leser **Lernziele**

- die Aufgaben der Logistik kennen,
- die Unterteilung der Logistik in die verschiedenen Funktionsbereiche darstellen können,
- Zusammenhänge der einzelnen Funktionen der Logistik abgrenzen können,
- Verfahren der Produktionsplanung und -steuerung erläutern können,
- Ansätze des Logistik-Controllings darstellen können.

Wie in der Einführung dargestellt, ist der Bereich Logistik eine Untermenge der Integrierten Materialwirtschaft mit dem Schwerpunkt in den Aufgabenbereichen Transport-, Lager- und Informationswesen. Abbildung 6.1 zeigt die Aufgabenverflechtung von Materialwirtschaft und Logistik.

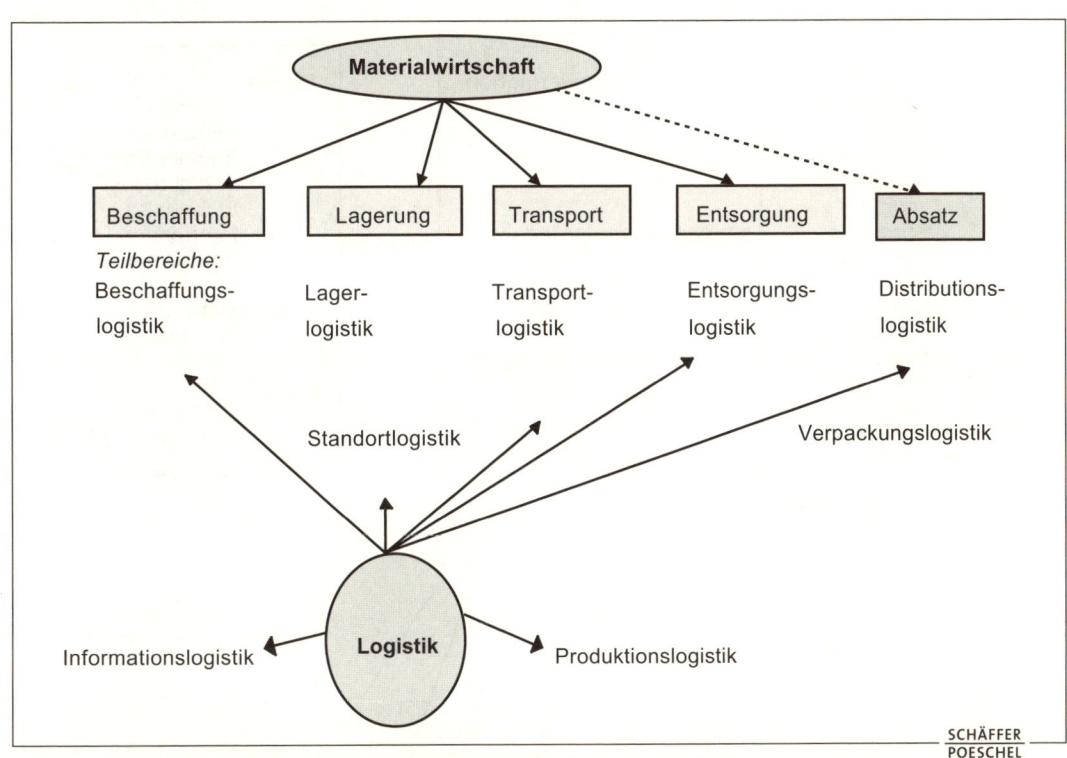

Abb. 6.1: Abgrenzung der Aufgabengebiete Integrierte Materialwirtschaft und der logistischen Teilgebiete

Unter dem Begriff Logistik werden sämtliche Prozesse verstanden, die der Raum- und Zeitüberbrückung sowie der Steuerung und Regelung dienen. Dadurch stehen alle Bereiche, die diese Aufgabenstellung umfassen, im Vordergrund logistischer Aktivitäten. In Anlehnung an die wissenschaftliche Definition von Unternehmenslogistik (*Jünemann* 1989, S. 11), gilt folgender Zusammenhang:

D

Unternehmenslogistik ist demnach die Lehre der Planung, Steuerung und Überwachung der Material- Personen-, Energie- und Informationsflüsse in Unternehmen.

Für das weitere Verständnis wird die Logistik hier schwerpunktmäßig als Transformationsprozess behandelt, in dem Beschaffungsobjekte, z. B. Güter, Dienstleistungen, Energie und Informationen, von einem definierten Zustand *x* durch den Einfluss von Operatoren (Transportmittel, Produktionsanlagen, Lagereinrichtungen) in einen neuen Zustand *y*, des Verkaufsobjekts, überführt werden.

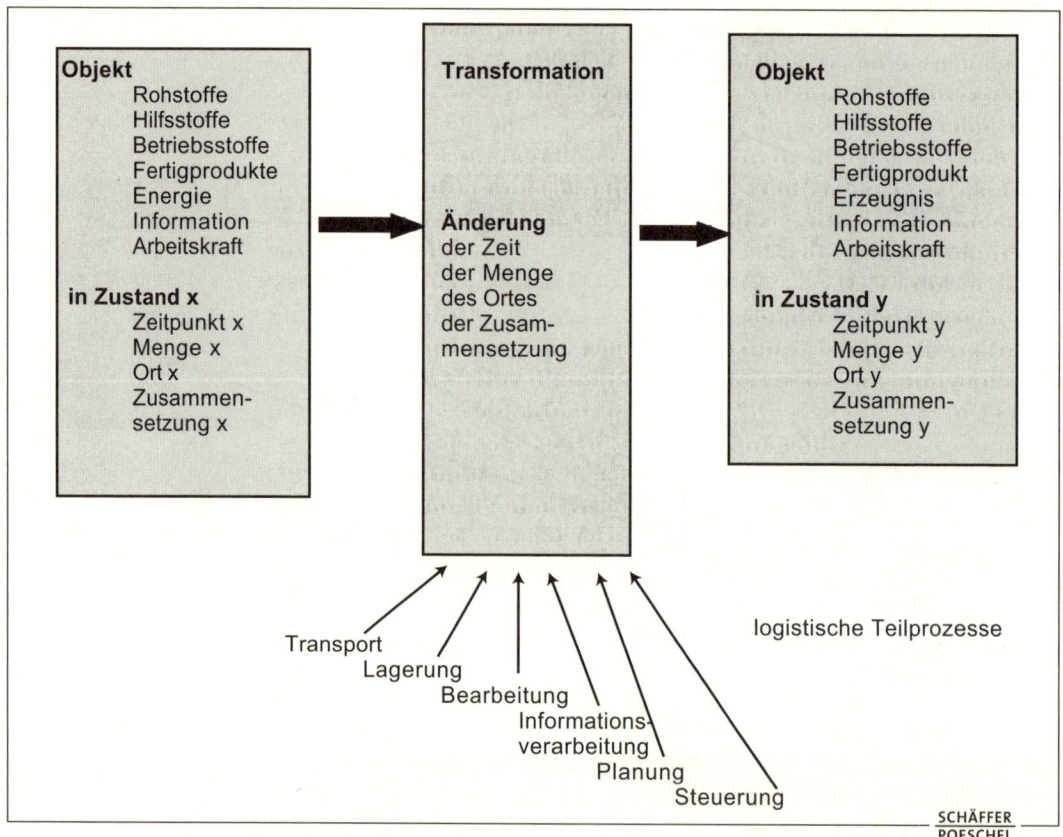

Abb. 6.2: Der Transformationsprozess in der Logistik

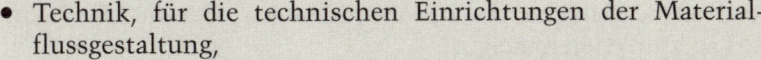

Somit umfasst die **Logistik**, wie sie hier erläutert und dargestellt werden soll, verschiedene Funktionen:

- Technik, für die technischen Einrichtungen der Materialflussgestaltung,
- Informatik, für die Gestaltung des immer wichtiger werdenden Informationsflusses, insbesondere der Planung und Steuerung von Prozessabläufen,
- Betriebswirtschaftslehre, für die wirtschaftliche Bewertung in Form von Kosten, Leistungen und Aus- und Einzahlungen.

Die Technik und die Informatik stellen sich dabei als die treibenden Kräfte heraus, die die Logistik in ihren Anforderungen und Möglichkeiten gestalten. Die Technik, die die vielfältigen Möglichkeiten des Materialtransports vom Lieferanten/Hersteller über die Transportmedien im Unternehmen bis hin zum Kunden/Verbraucher bereitstellt, unterliegt einem ständigen Wandel durch die Messgrößen Kosten, Zeit und gesetzliche Auflagen. Dazu gesellt sich die ständig wachsende Bedeutung der Informationsverarbeitung. Zu jedem Materialfluss gehören Informationen, die ihn für Steuerungszwecke begleiten, ihm vorauseilen oder nachfolgen. Die Informationstechnik verbindet bereits sämtliche Teilbereiche eines Unternehmens und schafft damit Transparenz, Flexibilität und Aktualität. Gleichzeitig werden dadurch aber auch neue Möglichkeiten bezüglich der Logistikfunktionen außerhalb wie innerhalb des Unternehmens ausgeschöpft. Die planerische Zusammenfassung verschiedener Transportaufträge über mehrere Kunden und Transportunternehmen hinweg, um Kosten und Zeit zu reduzieren, oder die Möglichkeiten der Lieferanten, in die Produktionspläne des Kunden Einblick zu nehmen, um die Liefersequenzen selbstständig darauf abzustellen, oder die DV-technische Verfolgung der Warensendungen, zeigen die neuen Dimensionen, in die die Logistik mit ihren Hilfsfunktionen Technik und Informatik hineinwächst. Nicht umsonst sind in den meisten Unternehmen derzeit neue Logistikkonzepte in Arbeit oder werden überprüft. Schlagworte wie Outsourcing oder Leasing von Logistikfunktionen werden immer aktueller, weil der Logistikspezialist die Aufgaben der Logistik besser abarbeiten kann, als ein Unternehmen, dessen Kernkompetenzen nicht in der Logistik, sondern in der Fertigung von bestimmten Gütern liegt. Das Gleiche gilt für die Umsetzung von Lagerkonzepten, um schnell und kostengünstig auf Kundenwünsche zu reagieren, indem ein Netz bestehend aus Zentral- und Regionallagern aufgebaut wird. Auch wird der Wandel im Bereich der Logistik durch das veränderte Erscheinungsbild von Speditionen sichtbar. Früher als reines Transportunternehmen mit bestimmten Fahrtrouten ausgestattet, entwickeln sich etliche Spedi-

Technik und Information

tionsunternehmen zu Logistik-Dienstleistern. Neben dem Transport gehören jetzt auch Verbundunternehmen dazu, die Routen im Ausland oder im Sammelverkehr übernehmen und die Koordination von Leerfahrten, die Zollabwicklungen oder die Übernahme der Lagerfunktion managen.

Anwendung

Die Anwendungsschwerpunkte für die Logistik ergeben sich aus:

- dem Transport vom Lieferanten/Hersteller zum Unternehmen (eigene Transportkapazität, Spediteur, kombinierter Verkehr),
- dem Vereinzeln der gelieferten Ware,
- dem Prüfen der Ware (Vollständigkeit, Spezifikation; wird zunehmend durch den Lieferanten erledigt),
- der Lagerung (Lagerdauer, Lagerart),
- der Kommissionierung (Zusammenstellen der benötigten Mengen),
- dem Fördern, Handhaben und dem innerbetrieblichen Transport,
- der Zwischenlagerung in der Fertigung,
- der Planung und Steuerung der Fertigungsabläufe,
- der Lagerung des Fertigprodukts (eigene Lager, Speditionslager, Kundenlager),
- dem Transportieren zum Kunden/Verbraucher (durch eigene Transporteinrichtungen, durch Spediteur, durch Kunden selbst),
- dem Aufbau der Entsorgungskette, um gebrauchte Produkte in den Materialkreislauf zurückzuführen.

Daraus wird deutlich, dass sich die Logistik als Prozesskette abbilden lässt (vgl. Abbildung 6.3). Man folgt dem Weg des Produkts und leitet daraus die einzelnen Logistikanforderungen ab.

Logistikbereiche

Daraus ergeben sich die Aufgaben der Logistikbereiche:

- die Beschaffungslogistik, als Teilgebiet der Beschaffung (Einkauf und Beschaffungslogistik),
- die Transportlogistik, die die Auswahl der Transportmittel und die Materialflussgestaltung umfasst,
- die Lagerlogistik, die das Ein- und Auslagern, die Lagergebäude, Lagerverwaltung und Fördertechnik umfasst,
- die Produktionslogistik, die die durchgängige Planung und Steuerung der Material- und Produktströme vorbereitet,
- die Distributionslogistik, die die Bedarfsermittlung und die physische Verbringung der Fertigerzeugnisse umfasst,
- die Entsorgungslogistik, die die Organisation und den Materialfluss von Stoffen umfasst.

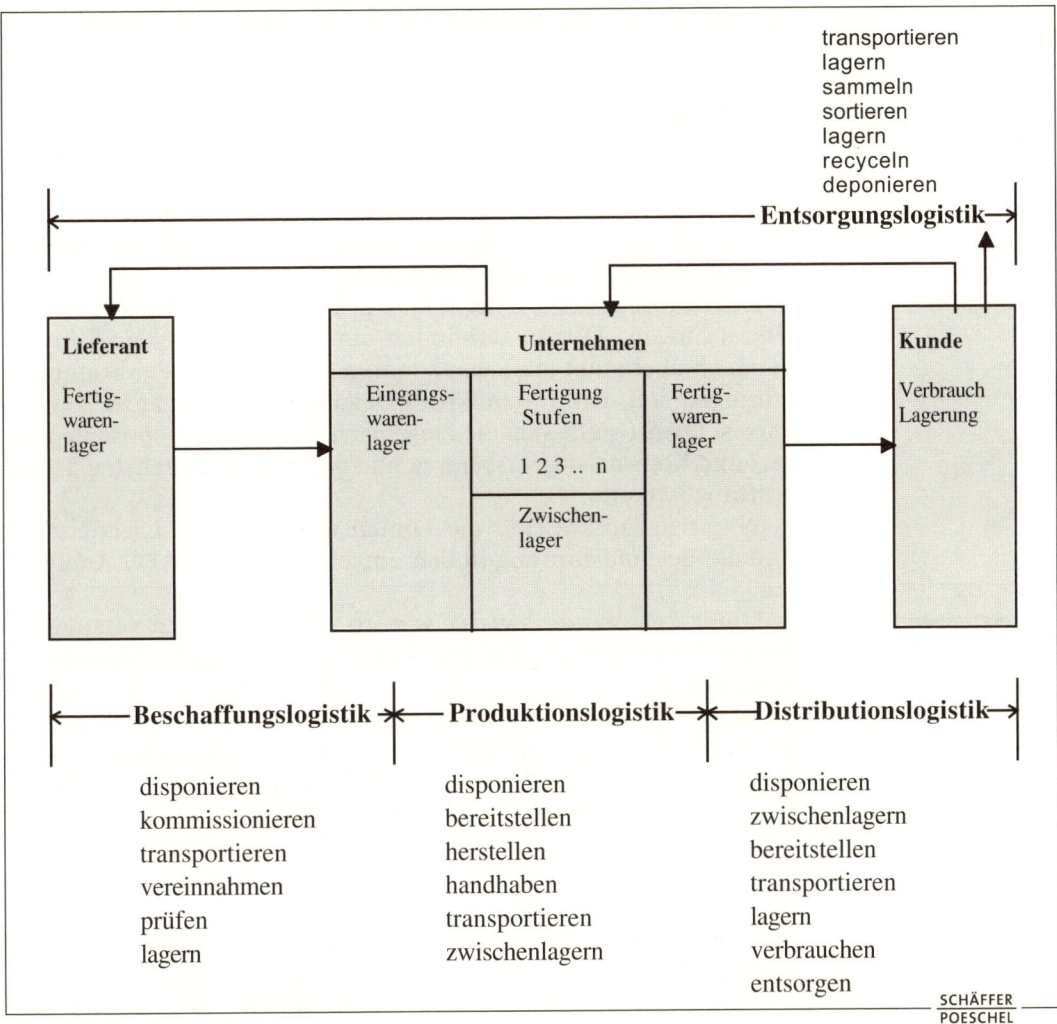

Abb. 6.3: Die Prozesskette Logistik

Die *Beschaffungslogistik* befasst sich mit allen Tätigkeiten im Zusammenhang mit dem Material- und Informationsfluss vom Beschaffungsmarkt zum Eingangslager oder direkt in die Produktion, und zwar sowohl bezüglich Roh-, Hilfs- und Betriebsstoffen als auch von Zukaufteilen (Halbzeuge, Handelsware). Die kaufmännischen Funktionen des Einkaufs (Marktabklärung, Konditionen) bleiben davon unberührt.

Beschaffungslogistik

Die *Produktionslogistik* befasst sich im Sinne der allgemeinen Logistikdefinition mit allen Tätigkeiten im Zusammenhang mit dem Material- und Informationsfluss von Roh-, Hilfs- und Betriebsstoffen vom Rohmateriallager zur Fertigung sowie von Halb-

Produktionslogistik

fabrikaten und Zukaufteilen durch die Stufen des Produktionsprozesses, einschließlich aller Zwischenlagerungen bis zum End-
produktelager.

Distributionslogistik

Die *Distributionslogistik* befasst sich im Sinne der allgemeinen
Logistik-Definition mit allen Tätigkeiten im Zusammenhang mit
dem Warenfluss vom Fertigwarenlager zum Absatzmarkt (Produkte vom Hersteller zum Kunden, z. B. über ein Netz von Auslieferungslagern, oder Direktlieferung) einschließlich der Betrachtung der dazugehörigen Informationen.

Lagerlogistik

Der Begriff *Lagerlogistik* stellt das Lager in den Mittelpunkt der
Überlegungen. Damit verbunden sind Fragestellungen dahingehend, ob überhaupt ein Lager benötigt wird, welche Funktionen es
erbringen soll, dann Standortüberlegungen und Organisation des
Lagers. Damit stellt sich die Frage nach Auswahl der optimalen La-
ger- und Kommissioniersysteme und der wirtschaftlichsten Trans-
portmöglichkeit.

Wichtige Punkte sind die Dimensionierung der Lagerleistung
und die Bestandsführung in den einzelnen Lagern (ABC-Analysen
etc.).

Entsorgungslogistik

Unter *Entsorgungslogistik* werden die Tätigkeiten verstanden,
die zur Verwertung von Abfallprodukten, Ausschuss, überschüssigem Material, überalterten Fertigwarenbeständen und Materialien
die recycelt werden, notwendig sind. Hierzu zählen die Sammlung,
die getrennte Lagerung, die Verwaltung, die Disposition und bei
verwertbaren Materialien die Rückführung in den Produktionsprozess. Das Schließen des Rohstoff-Kreislaufes bedarf besonderer
logistischer Planung, Steuerung und Überwachung. Damit verbunden ist die Errichtung einer Kreislaufwirtschaft. Die technische
Realisierung der Deponierung, der thermischen Behandlung oder
mechanischen Bearbeitung gehört nicht zu den Aufgaben der Entsorgungslogistik.

Darüber hinaus gibt es weitere Logistikfunktionen, die auf spe-
zielle Aufgaben und Inhalte zugeschnitten sind. Dies sind z. B. Ver-
kehrslogistik, Informationslogistik, Ersatzteillogistik. Sie ergeben
sich aus Teilen der o.g. Logistikbereiche. Den Zusammenhang
zwischen den einzelnen Logistikfunktionen verdeutlicht die Tabelle 6.1:

	BESCHAFFUNGS-LOGISTIK	PRODUKTIONS-LOGISTIK	DISTRIBUTIONS-LOGISTIK	ENTSORGUNGS-LOGISTIK
Verkehrs-logistik	X		X	X
Transport-logistik	X	X	X	X
Lager-logistik	X	X	X	X
Verpackungs-logistik			X	
Ersatzteil-logistik			X	

Tab. 6.1: Gliederungsschema der Logistikfunktionen

Durch die vielfältigen Aufgaben der Logistik und die Verbindung mit allen wichtigen Funktionen in einem Betrieb ergeben sich sehr umfangreiche Rationalisierungs- und Verbesserungspotenziale. Zur Steigerung der Wettbewerbsfähigkeit von Unternehmen kann die Logistik daher viel beitragen. Dabei ist die Wettbewerbsfähigkeit nicht nur in Kosten zu messen, auch nicht direkt monetär bewertbare Kriterien wie Kundenzufriedenheit und Flexibilität fallen darunter. Diese Logistikpotenziale sind nachfolgend aufgeführt:

Logistikpotenziale

* Senkung der Bestände und Bestandskosten,
* damit verbunden Straffung der Bereiche Lagerung und Verteilung,
* bessere Marktpräsenz,
* Verringerung der Reaktions- und Durchlaufzeiten,
* Senkung der Herstellkosten durch Verringerung der Logistikkosten,
* Erhöhung der Gesamtproduktivität durch Vermeidung von »Blindleistung« (der Kunde möchte nur wertschöpfend erhöhende Leistungen bezahlen),
* Schaffung höherer Transparenz durch Einsatz von Informationsinstrumenten,
* Verbesserung der Kundenzufriedenheit durch höhere Flexibilität (Reaktion auf Kundenwünsche bezüglich Zeit, Menge, Kosten) und verbesserten Servicegrad.

Der Logistikbereich eines Unternehmens ist an den Kosten der Wertschöpfung mit 10 bis 15 % beteiligt. Diese Kosten ergeben sich aus der Vielzahl der Tätigkeiten und Aufgaben der Logistik im Unternehmen. Durch erhöhte Kundenforderungen bzgl. kürzerer Produktlebenszyklen, kurzer Lieferzeiten, hohem Servicegrad und schnellem Informationsaustausch werden sich die Logistikkosten künftig weiter erhöhen.

Kontrollfragen

1. Nennen Sie die Aufgaben der Logistik!
2. Grenzen Sie die Logistik von der Materialwirtschaft ab!
3. Welche Funktionsbereiche gibt es in der betrieblichen Logistik?
4. Welche Ziele verfolgt die Logistik?

6.1 Beschaffungslogistik

Lernziele

Nach der Lektüre dieses Kapitels soll der Leser

- die Aufgaben der Beschaffungslogistik zum Einkauf abgrenzen können,
- die Informationsgestaltung kennen,
- die Möglichkeiten der Materialflussgestaltung kennen,
- die Vor- und Nachteile verschiedener Lagerungsstrategien kennen,
- den Begriff Logistik-Dienstleister genauer erläutern können.

Die Beschaffungslogistik ist vom Einkauf abzugrenzen. Der Einkauf übernimmt die administrativen Tätigkeiten, wie Anbahnung von Geschäftsbeziehungen, Verhandlungen mit den Lieferanten über Preise, Mengen, Konditionen, zukünftige Entwicklung der Lieferbeziehungen und Abschluss von Verträgen und Rahmenverträgen. Darüber hinaus nimmt er die Aufgabe der Beschaffungsmarktforschung wahr, in Form von Wettbewerbsanalysen, Angebotseinholung, Marktanalysen, Lieferantenbewertungen. Dabei ist der Einkauf angehalten, technische Veränderungen und technische Machbarkeiten (Ersatz mechanischer Komponenten durch elektronische Komponenten, höhere Integration durch Halbleitertechnologie, Ersatz von umweltbedenklichen Rohstoffen) zu erkennen, Bewegungen auf den Beschaffungsmärkten zu registrieren und entsprechend zu reagieren, wie auch Kostensenkungspotenziale zu nutzen und international über Einkaufsbüros zu agieren. Die Beschaffungslogistik hingegen ist zuständig für den Material- und Informationsfluss vom Lieferanten zum Kunden, oder vom Warenausgang des Lieferanten bis hin zum Wareneingang des Unternehmens. Damit ergibt sich für die Beschaffungslogistik die Aufgaben den Informationsfluss und den Materialfluss zu gestalten.

Die Gestaltung des *Informationsflusses* umfasst:

- die Auftragsabwicklung (Bestellwesen, Bestandsmanagement, Auftragszuteilung, Auftragsüberwachung, Direktkontakt mit Lieferanten),
- die Planung und Steuerung des Materialflusses (Mengen, Zeiträume, Zeitpunkte) und dispositive Tätigkeiten.

Die Gestaltung des *Materialflusses* umfasst:

- die Organisation des externen Transports (z. B. Transport vom Zollhafen zum Unternehmen),
- die Warenannahme und Stoffeingangsprüfung (Vollzähligkeit, Termintreue, Spezifikation),
- die Umsetzung Liefereinheit = Lagereinheit = Transporteinheit,
- die Lagerhaltung (siehe Lagerlogistik),
- das innerbetriebliche Transportwesen.

6.1.1 Aufgaben der Beschaffungslogistik

Im Vordergrund stehen die wirtschaftliche und ausreichende Versorgung der Fertigung mit Material, um Fertigungsstillstände zu vermeiden oder Fertigstellungstermine der Endprodukte einzuhalten. Die Einhaltung des Liefertermins wird ein zunehmend wichtiges Kriterium der Wettbewerbsfähigkeit. Damit ergeben sich große Zielkonflikte, die zwischen Versorgungssicherheit, Bestandsminimum, lagerloser Fertigung, Bedarfsschwankungen, kurzen Durchlaufzeiten und kurzen Wiederbeschaffungszeiten ausgeglichen werden müssen. Die grundlegenden Ziele dabei sind die Wirtschaftlichkeit und Kostenoptimierung. Dies erfordert von der Beschaffungslogistik ein ständiges Verändern, Anpassen und Optimieren der betrieblichen Abläufe; aber auch eine Durchgängigkeit der Informationen vom Kundenauftrag bis zum Bestellauftrag und die externe Anbindung der Lieferanten bzw. auch der Kunden. Die Beschaffungslogistik versucht hier Auswege aufzuzeigen und auch verstärkt zu beschreiten. Wesentliche Veränderungen ergeben sich aus Fragestellungen wie produktionssynchrone Beschaffung und Systemlieferantenschaft. Die damit verbundenen Veränderungen werden beeinflusst durch eine sinkende Fertigungstiefe (im Elektronikgerätebereich ca. 20 % Fertigungstiefe) und damit steigender Materialströme sowie der steigenden Komplexität der zugekauften Materialien. Dies zeigt sich in Form von Systemen, die ihrerseits ein größeres Transportvolumen benötigen und technisch komplexer und anspruchsvoller sind, wie auch durch die zunehmende Variantenvielfalt.

6.1.2 Informationsgestaltung

Im Rahmen der Logistik gewinnt die so genannte *Informationslogistik* immer mehr an Bedeutung.

Information wird inzwischen als Produktionsfaktor gesehen, und der Erfolg der Standardsoftware SAP R/3 zeigt den Bedarf an Informationsverknüpfung im Unternehmen und zwischen den Unternehmen.

Die Unterscheidung verschieden gestalteter Informationsströme soll Verbesserungspotenziale aufzeigen. Dabei müssen die unterschiedlich gerichteten Informationsströme getrennt betrachtet werden:

Informationsstrom

- Vorauseilender Informationsstrom: Dient Planungszwecken, indem Stückzahlerwartungen oder Prüfvorgaben mitgeteilt oder bestimmte Lieferungen angekündigt werden. Der Lieferant erhält Zugriff auf Produktionsprogramme, um damit den Liefertermin und die Liefermengen selbst zu ermitteln. Hierunter fällt auch die Erstellung von Pflichtenheften, damit der Lieferant die Vorgaben der zu liefernden Produkte beurteilen kann.
- Zeitlich und richtungsgleicher Informationsstrom: Beeinflussung Güterstrom, Transparenz durch Mitliefern von Warenbegleitpapieren, Aufzeigen des Ist-Zustands wie Menge, Gewicht oder Volumen, Lagerbestandsmitteilungen, Statusbericht Transportvorgang (»der LKW hat mit der JIT-Lieferung das Lieferwerk gerade verlassen und wird in 20 Minuten beim Kunden eintreffen«).
- Nacheilender Informationsstrom: Nachbearbeitung eines logistischen Vorgangs. Rechnungserstellung, Reklamationen bearbeiten, schriftliche Bestätigung der Auftragsausführung, Erstellung eines Protokolls über gelieferte Menge, Gewicht oder Volumen und dazugehöriger Prüfbericht.

Die Informationsverarbeitung und -steuerung erfordert ein Informationsmanagement, das schematisch in Abbildung 6.4 dargestellt ist.

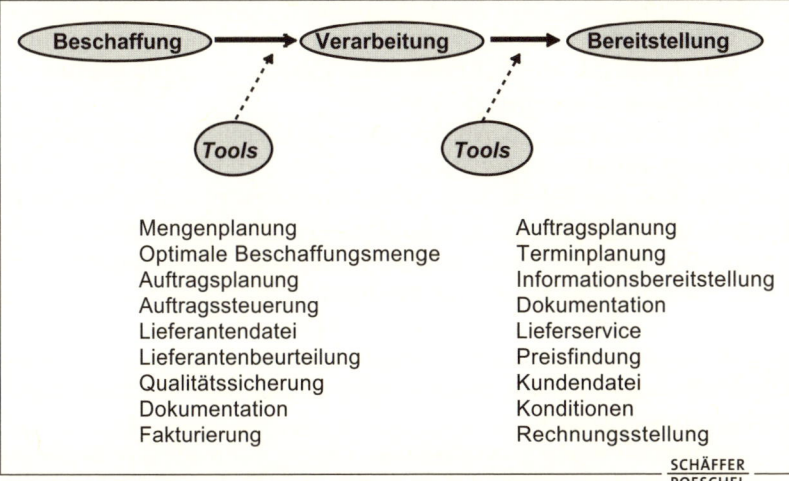

Abb. 6.4: Notwendigkeit eines Informationsmanagements

Ziel muss es sein, die Erfassung unnötiger und redundanter Informationen zu vermeiden. Dies ist insbesondere bei stark gegliederten Dispositionsketten der Fall. Auch sind hier EDV-gestützte Informationssysteme mit Standardschnittstellen vorzuziehen und Medienwechsel zu vermeiden. Hier sei auf den Ablauf des Musterbeispiels im Rahmen der CIM-Diskussion verwiesen. Über eine EDV-gestützte Auftragserteilung (Monitor, Datenleitung Lieferant, Kunde sucht am Bildschirm die gewünschten Materialien und Produkte aus) ist die automatische Auftragserfassung und Ansteuerung sämtlicher Produktionsfunktionen bis hin zur Auslieferung des gewünschten Produktes und der automatischen Rechnungsstellung sichergestellt. Andererseits das KANBAN-Konzept, das mit nur geringer EDV-Ausstattung auskommt, wo der Informationsfluss und Materialfluss durch Karten und Behälter gesteuert wird. Beide Ansätze haben ihre spezifischen Anwendungsmöglichkeiten, aber beide haben eine informatorische Durchgängigkeit und Standardisierung (bei EDV: Datenleitungen, Datenformate, Software; bei KANBAN: die Anzahl Behälter mit definiertem Inhalt).

6.1.3 Materialflussgestaltung

Die *Materialflussgestaltung* ist durch eine Vielzahl von Abläufen bestimmt. Die drei wichtigsten Komponenten der Materialflussgestaltung sind aber die Bevorratung, der Transport und das Handling.

Bevorratung
Transport
Handling

Die Bevorratung kann auf verschiedenen Ebenen, dem Lieferanten, dem Kunden oder in einem gemeinsamen Lager durchgeführt werden. Auch die Möglichkeit, ohne Lagerung auszukommen ist eine zunehmend bedeutende Variante.

Jedes Konzept hat in Abhängigkeit des Volumenaufkommens, der Anzahl Teillieferungen, den Anforderungen bezüglich Produktqualität und der Versorgungssicherheit Stärken und Schwächen. Derzeit ist in der Praxis aber häufig eine redundante Bevorratung anzutreffen, sowohl beim Lieferanten als auch beim Kunden. Dies heißt, zweimal Lagerbestände, zweimal Sicherheitsbestände, zweimal aus- und einlagern, zweimal verwalten, etc. Dabei sind die reinen Bestandskosten für Kapitalbindungskosten noch das geringste Übel. Die Lagertechnik und die Verwaltung des Materials verursachen ebenso Kosten.

Vertragslager

Der Betrieb eines gemeinsamen Lagers kann als Vertragslager oder Konsignationslager ausgelegt sein. Als *Vertragslager* steht das Lager räumlich in der Nähe des Kunden. Mehrere Lieferanten liefern in dieses Lager. Der Lieferant kann dieses Lager beliebig beliefern und damit eine Verbrauchsentkopplung bewirken (durch produktionstechnische Notwendigkeiten Fertigung großer Losgrößen). Die eingelagerte Ware bleibt bis zur Entnahme durch den Kunden Eigentum des Lieferanten, dieser hat die Bestandsverantwortung. Der Lieferant kann seine Mengen beliebig entnehmen, so dass zwei Transportketten entstehen (vom Lieferanten zum Lager, vom Lager zum Kunden). Japanische Automobilhersteller praktizieren diese Art von Lagern auch, weil Zulieferer, die in der Regel ein wesentlich geringeres Kosten- und Lohnniveau haben, in den teuren Ballungsgebieten der großen Automobilhersteller nicht existieren können (woran auch kein wirtschaftliches Interesse des Kunden besteht) und deswegen ein Lager im Umkreis von 100 km zum Kunden betreiben. Sämtliche Zulieferer liefern in dieses Vertragslager; aus diesem wird die Ware Just-in-time (produktionssynchron) an die Montagebänder geliefert. Damit ergeben sich weitere Optimierungsansätze durch die Zusammenlegung der Transport- und Lageraktivitäten in eine Hand. Dies kann z. B. durch einen Spediteur erfolgen, wobei dann ein Dritter in dieser Beschaffungskette die Verantwortung übernimmt.

Konsignationslager

Das *Konsignationslager* untersteht direkt dem Kunden und befindet sich in der Regel auf dem Gelände des Kunden. Die Kosten für Lagerung und Bestände werden gemeinsam getragen oder dem Lieferanten belastet. Der Lieferant hat einen Mindestbestand zu garantieren. Da dieses Lager dem Kunden untersteht, sind auch die dort eingelieferten Waren bereits einer Qualitätskontrolle unterzogen. Damit kann der Kunde bei Qualitätsmängeln oder -abweichungen wesentlich früher als bei einem Vertragslager reagieren.

Beide Ansätze werden derzeit verstärkt in Industrieunternehmen auf Realisierung geprüft. Dabei wird angestrebt, sowohl die Bestandsverantwortung (und damit die Kosten) als auch die Transport- und Lageraufgabe auszulagern (Stichwort Outsourcing).

Das Just-in-time-Konzept sieht in seiner theoretischen Umsetzung keine Lager vor. Das heißt aber, dass die Zulieferkette entweder gleiche Losgrößen hat, oder jeder Zulieferer produktionstechnisch und materialversorgungstechnisch sehr flexibel auf Kundenwünsche reagieren kann, indem das gewünschte Teil nicht aus dem Lager genommen wird, sondern indem es kurzfristig hergestellt werden kann. Dies setzt ein hohes Maß an Standardisierung des Produkts aber auch der Fertigungseinrichtungen voraus. Hier sind insbesondere Fertigungsbetriebe und Fertigungsabläufe geeignet, deren Produkte eine hohe Wiederholhäufigkeit und eine geringe Produktvielfalt haben (indem die Variante erst in der letzten Fertigungsstufe erzeugt wird), wodurch eine gute Prognosegenauigkeit (Programmplanung, geringe Stückzahlschwankungen, also klassische AX-Produkte) der Produkte möglich wird, sowie Lieferanten, die in der Nähe produzieren, und Fertigungsverfahren, die ohne spezifische Werkzeuge (anstatt Gußbauteile besser Blechbiegeteile, anstatt Sondergröße Leiterplatte, Standardgröße Leiterplatte, anstatt kundenspezifisches Gehäuse, besser Einheitsgehäuse) auskommen. Die Gestaltung der Beschaffungsabläufe ist aber nur ein Schritt zur Einführung von JIT. Konsequenterweise sind auch die Abläufe bzgl. Produktentwicklung, Fertigungstechnologie und Lieferantenentwicklung mit einzubeziehen.

Just-in-time

Die Tabelle 6.2 gibt einen zusammenfassenden Überblick der Vor- und Nachteile der verschiedenen Bevorratungskonzepte:

Bevorratungskonzepte

Bevorratung beim Lieferanten	+ reduzierte Lagerkosten
	- geringere Versorgungssicherheit
	- keine Aussagen über Qualität
	- keine Transparenz Bestandsdaten
Bevorratung beim Kunden	- Lagerkosten
	+ Transparenz der Bestandsdaten
	+ eingangsgeprüfte Teile
	+ höhere Versorgungssicherheit
	- Gefahr von doppelter Bevorratung beim Lieferanten und Kunden
gemeinsame Bevorratung	+ Transportkostenoptimierung
	+ Lagerkostenoptimierung
	- Einbindung eines Dritten (Spediteur)
	+ Eingangsprüfung möglich (bei Konsignationslager)
	+ Versorgungssicherheit
Just-in-time	+ im Idealfall keine Bestände, keine Lager
	- steigende Transportkosten, wenn geringes Transportvolumen oder große Anzahl Abladepunkte
	- Ausbau Informationssystem
	- vorzugsweise Lieferanten in Kundennähe
	+ geringer Steuerungs- und Verwaltungsaufwand
	+ kurze Durchlaufzeiten

Tab. 6.2: Vor-/Nachteile verschiedener Bevorratungskonzepte

Die Transportaktivitäten gestalten sich je nach Bevorratungs-
konzept sehr unterschiedlich. Immer dann, wenn eine Komplett-
ladung nicht zustande kommt, aufgrund zu geringen Transport-
volumens oder zu großer Transportkapazitäten, wird die Transportkette anders zu organisieren sein, indem verschiedene
Transportaufträge zusammengefasst werden. Dann wird aus einem
Direktverkehr (eingliedrige Transportkette) eine mehrgliedrige
Transportkette (Wechsel des Verkehrsmittels). Bei der eingliedri-

gen Transportkette wird das Transportgut direkt vom Lieferanten zum Kunden transportiert ohne zwischendurch das Transportmittel zu wechseln. Bei der mehrgliedrigen Variante werden die Transportgüter auf dem Weg zum Kunden auf unterschiedlichen Transportmitteln weiterbefördert (LKWs bringen Transportgüter zum Frachtzentrum der Bundesbahn, dann Transport in das z. B. 600 km entfernt gelegene Frachtzentrum, anschließend Umladen auf LKW zur Verteilung an Kunden). Durch die Zunahme der Schnittstellen baut sich die Transportkette aufwändiger auf. Die mehrgliedrige Transportkette besteht aus einem **Flächenverkehr** (mehrere Quellen = Lieferanten an einem Sammelpunkt zusammenbringen), einem **Streckenverkehr** (zusammengestellte Mengen über große Entfernungen transportieren) und dem nachgelagerten Flächenverkehr (verteilen vom Verteilpunkt auf die Senken = Verbraucher). Ferner ist für den Entscheidungsträger in der Logistik zu entscheiden, wer die Transportvorgänge durchführt und ob das Transportunternehmen informatorisch eingebunden wird. Bei Unterhaltung eigener Transportkapazitäten sind erhebliche Aufwendungen notwendig (z. B. Kosten für einen 7-Tonner LKW: ca. 130 bis 160 T€ jährlich).

Flächenverkehr

Streckenverkehr

Da diese Kosten überwiegend fixen Charakter haben, sind Alternativen, die aus diesen fixen Kosten variable Kosten machen, derzeit Hauptbestandteile neuer **Logistikkonzepte**. Dabei ist das Festhalten an eigener Transportkapazität bei großen Transportvolumen und bei einer Vielzahl an Abladestationen durchaus sinnvoll. Sind diese Kriterien nicht gegeben, so ist ein Vergleich mit einem externen Anbieter (Spediteur) empfehlenswert. In der Zusammenarbeit mit einem externen Transportunternehmen ergeben sich eine Vielzahl von Kombinationsmöglichkeiten, mit dem derzeitigen Trend, viele Funktionen (Lagerung, Kontrolle, Transport, Disposition) nach außen zu geben und damit wieder in einer Hand, in der Hand des Spediteurs (als Dritter, zwischen Lieferant und Kunde), zu vereinen.

Logistikkonzepte

Damit wird ein Transportunternehmen zu einem Logistikunternehmen. So kann beispielsweise ein *Gebietsspediteur* für mehrere Lieferanten im Umkreis die Lagerhaltung übernehmen und gleichzeitig verschiedene Abnehmer mit Material versorgen. Die Transport- und Lagerkostenminimierung erfolgt über die Anzahl und Zusammensetzung der Kunden. Damit entsteht quasi ein Gesamtkostenminimum für die Logistikkosten von Lieferant, Kunde und Transportunternehmen. Des Weiteren können dem Gebietsspediteur zusätzliche Funktionen übertragen werden, wie z. B. die Auftragsabwicklung zum Lieferanten und zum Kunden hin. Die Abrufe des Kunden gehen nicht mehr zum Lieferanten, sondern zum Speditionsunternehmen. Dies kann bis zu einer JIT-ähnlichen Belieferung des Kunden reichen. Auf der anderen Seite übernimmt

Gebietsspediteur

der Spediteur nicht nur den Transport vom Lieferanten zum Lager, sondern kann selbst auch Lieferabrufe generieren, entsprechend den Lagersteuergrößen (Bestand, Reichweite). Diese Art der Einbindung von Spediteuren in die Beschaffungskette ist in der Automobilzulieferindustrie schon sehr verbreitet.

Transshipment-Konzept

Neben dem Gebietsspeditionskonzept, bei welchem ein Spediteur die Warenströme eines Gebietes bündelt, gibt es noch das externe Lagerkonzept, das dem o.g. Vertragslager entspricht sowie das *Transshipment-Konzept*. Das Transshipment-Konzept wird vorwiegend von Handelsunternehmen angewendet. Kleinere Warenmengen werden zum so genannten Transshipment-Terminal gebracht und zu großen Warenströmen gebündelt. Die kleineren Warenmengen rechtfertigen keinen Transport über längere Wegstrecken, daher die Zusammenfassung zu vollständigen Wagenladungen in den Terminals. Ziel ist hier die Transportkostenreduzierung. Damit wandelt sich das Bild des Spediteurs vom Transporteur zum Logistik-Dienstleister (vgl. Tabelle 6.3).

Speditionsfunktionen:	
Transportfunktion	Güterverwendung Flächenverkehr Tourenplanung Frachtabwicklung Zollabwicklung
Lagerfunktion	Lagerung Lagerverwaltung Kommissionierung
Informationsfunktion	zum Kunden zum Lieferanten zu Sub-Spediteuren Einbindung ins Informationsnetz der Kunden und Lieferanten
Sonderfunktion	JIT-Lieferung Qualitätssicherung Verpackung kombinierter Verkehr 24-h-Service Bestandsverantwortung

Tab. 6.3: Der Spediteur wird zum Logistik-Dienstleister

Kontrollfragen

1. Grenzen Sie die Beschaffungslogistik vom Einkauf ab!
2. Welche wichtigen Aufgaben hat die Beschaffungslogistik zu bewältigen?
3. Was kann die Beschaffungslogistik zum Thema Make or Buy beitragen?
4. Nennen Sie die Möglichkeiten der Lagerhaltung im Bereich Beschaffung!
5. Diskutieren Sie die Vorteile und Nachteile eines Konsignationslagers!
6. Was ist ein Gebietsspediteur?
7. Welche Aufgaben übernimmt eine Logistik-Dienstleister?

6.2 Produktionslogistik

Nach der Lektüre dieses Kapitels soll der Leser **Lernziele**

- die Inhalte einer Produktionsprogrammplanung kennen,
- die Aufgaben und Ziele der Produktionsplanung nennen können,
- die Bedeutung der Mengenplanung (Stückliste) und Terminplanung darstellen können,
- die Kapazitätsplanung durchführen können,
- die Aufgaben der Auftragsveranlassung und -überwachung aufzählen können,
- die Gesaltungsmöglichkeiten der Produktionslogistik kennen und anhand von Beispielen erläutern können,
- das Y-Modell von *Scheer* erläutern können.

Nach VDI/AWF (Verein Deutscher Ingenieure/Ausschuss für wirtschaftliche Fertigung) werden unter Produktion alle unmittelbar oder mittelbar der Herstellung von Erzeugnissen dienenden Vorgänge und Tätigkeiten verstanden. In Abgrenzung zur Fertigung, die alle organisatorischen und technischen Maßnahmen zur Herstellung von Material und Erzeugnissen umfasst, ist der Begriff der Produktion der weitergehende Terminus. Die Produktion umfasst damit alle Arten der betrieblichen Leistungserstellung (materielle und immaterielle Güter), also Sach- und Dienstleistungen. Eine dieser Dienstleistungen, die zur Erzeugung von betrieblichen Gütern und anderen Dienstleistungen notwendig ist, ist die Produktionslogistik.

> Die **Produktionslogistik** plant, steuert und überwacht den Material- und Informationsfluss vom Rohmateriallager, der Beschaffung über die unterschiedlichen Stufen des Produktionsprozesses bis hin zum Fertigwarenlager.

6.2.1 Aufgaben der Produktionslogistik

Die Aufgabe der Produktionslogistik ist es, den Prozess zur Herstellung von Gütern bis zur Einstellung in das Fertigwarenlager zu planen und zu begleiten. Daraus ergeben sich folgende Teilaufgaben:

Aufgaben

- Produktionsorganisation,
- Produktionsprogrammplanung, Auftragsplanung,
- Mengenplanung (Mengengerüste),
- Terminplanung,
- Kapazitätsplanung und -steuerung,
- Auftragsveranlassung und -überwachung.

6.2.2 Produktionsprogrammplanung

Absatzprogramm

Die *Produktionsprogrammplanung* entsteht aus dem Absatzprogramm und dieses ergibt sich aufgrund von Prognoserechnungen oder vorliegenden Kundenaufträgen. In der Praxis hat sich in den meisten Fällen ein kombiniertes Verfahren etabliert. In dessen Ablauf werden zunächst sämtliche festen Kundenaufträge eingeplant, ergänzt um Aussagen des Vertriebs bezüglich noch ausstehender und zu erwartender Aufträge sowie über zukünftige Erwartungen bzw. über vergangenheitsbezogenen Produktionszahlen. Dabei sind Aussagen des Vertriebs über die noch zu erwartenden Aufträge zunehmend unsicherer zu bewerten. Während früher von zehn gestellten Angeboten drei als Auftrag zurückkamen, ist es heute noch gerade ein Auftrag.

Programmplanung

Die Informationen die eine Programmplanung enthält sind:

- Mengeneinheit/Periode,
- Primärbedarf an Erzeugnissen (als Differenz aus Absatzmenge und Lagerbestand aus Vorperiode),
- Kapazitätsbedarf für die Produktion des Primärbedarfs, dargestellt in Betriebsmittel-, Mitarbeiter-, und Transportkapazitätsbedarf.

Die Erstellung eines Produktionsprogrammplans, der über einen längeren Zeitraum Gültigkeit hat, birgt die Gefahr der Lagerfertigung und die Trennung von Produktion und Kunde in sich. Das heißt konkret, dass nach Plan gefertigt wird und nicht nach Kundenwunsch und damit nicht nach gewünschter Menge und gewünschtem Zeitpunkt. Insbesondere ein Produktionsprogramm, das sich über einen längeren Zeitraum (z. B. 3 bis 6 Monate) erstreckt, kann die tatsächlichen Kundenwünsche nach Mengen und Zeit nur ungenügend berücksichtigen. In den meisten Fällen wird eine konstant wiederkehrende Produktionsmenge bzw. Losgröße eingestellt. Dadurch ist die geplante Produktionsmenge konstant, während die Kundenabrufe schwanken. Dieser Unterschied zwischen Kundenbedürfnissen und Produktionsrhythmus führt zum Lageraufbau und dem Problem, die gerade gewünschten Produkte nicht oder nicht in ausreichender Menge verfügbar zu haben. Um diesem Mangel zu begegnen, müssen Aufträge priorisiert und z. T. in anderer Reihenfolge durch die Fertigung geschleust werden. Damit werden andere Aufträge wiederum umgeplant oder zeitlich verschoben. Dieser Ablauf ist heute in den meisten Unternehmen etabliert und auch mit den kurz aufgezeigten Problemen behaftet. Ein Produktionsprogramm ist nach seiner Erstellung bereits Makulatur. Ständige Störeinflüsse (kein Material vorhanden, Maschinenstörung, fehlende Mitarbeiter) führen zu ständigen Abweichungsanalysen und Anpassungen des Produktionsprogramms und verursachen damit einen hohen Verwaltungs- und Dispositionsaufwand. Neuere Ansätze, die später aufgezeigt werden sollen, können hier Abhilfe schaffen und aus diesem Teufelskreis herausführen.

Zeitraum

6.2.3 Mengenplanung

Zur *Mengenplanung* wird der vorliegende, zu fertigende Primärbedarf über Stücklisten in seinen Sekundärbedarf aufgelöst. Der Abgleich zwischen dem Lagerbestand an Roh-, Hilfs-, Betriebsstoffen und Halbzeugen ergibt den zu beschaffenden Bedarf (Nettobedarfsrechnung). Die Beschaffungsrechnung ergibt den verfügbaren Bestand, mit dem die Fertigung disponieren kann und die zu bestellende Menge, die die Beschaffungslogistik beschaffen muss. Neben dem Mengengerüst sind auch die Bestellzeitpunkte zu bestimmen, den die verschiedenen Materialmengen werden entsprechend dem Einsatz in verschiedenen Produktionsstufen zu unterschiedlichen Zeitpunkten benötigt. Darüber hinaus werden durch die Bestimmung der optimalen Bestellmenge verschiedene Bedarfe zusammengefasst. Das heißt nicht nur die Mengen, sondern auch die Bestellzeitpunkte unter Beachtung der Vorlaufverschiebung, sind zu

Primärbedarf

Vorlaufverschiebung

planen. Die Vorlaufverschiebung berücksichtigt neben der zeitlichen Verfügbarkeit aufgrund der Produktionsstufen auch die Beschaffungszeit (Fertigungszeit beim Lieferanten, Transportzeit, etc.) und die internen Durchlaufzeiten (Wareneingang, Lagervorgang, innerbetrieblicher Transport).

6.2.4 Terminplanung

Vom Produktionsbeginn zum Lieferbeginn

Für die vorliegenden Fertigungsaufträge wird entsprechend den Terminwünschen der Kunden eine *Terminplanung* durchgeführt. Die Terminplanung ermittelt Zeitpunkte, wie den Produktionsbeginn des Auftrages und den Liefertermin, und benötigt dazu Angaben über Durchlaufzeiten aus den Arbeitsplänen, die für den Ablauf einzelner Prozessschritte veranschlagt werden (Beispiel: Bestückung einer Leiterplatte, für das Bestücken mit 250 SMD-Bauelementen (oberflächenmontierte Bauelemente) wird ein Zeitraum von 75 Sekunden benötigt, mit Handlingsaufwand für die Leiterplatte von 60 Sekunden ergeben sich für diesen Arbeitsgang 145 Sekunden). Die Terminplanung hat als Ergebnis beispielsweise den frühestmöglichen Starttermin für die Fertigung des Auftrages oder/und den spätesten Fertigstellungstermin für den Auftrag. Daraus ergeben sich Pufferzeiten, die als Zeitreserven zwischen Start- und Fertigstellung verbleiben, um beispielsweise Ablaufverzögerungen oder Lieferterminabweichungen abfangen zu können. Daneben können auch so genannte kritische Pfade ermittelt werden, bei denen die Pufferzeiten gleich Null sind, sodass jede Verzögerung im Fertigungsablauf zu einer Überziehung des Kundenterminwunsches führt. Verzögerungen und dadurch die Gefahr des Nichteinhaltens von Fertigstellungsterminen (Vorgabe durch den Kunden) machen es notwendig, Möglichkeiten zu finden, um die verbleibende Durchlaufzeit des Auftrags zu verkürzen. Die verbleibende Restbearbeitungszeit eines Auftrags oder die gesamte Fertigungsdurchlaufzeit eines noch nicht angearbeiteten Auftrages können beispielsweise durch folgende Maßnahmen verkürzt werden:

Verkürzung der Fertigungsdurchlaufzeit

- Losteilung,
- Arbeitsgangsplitting,
- Überlappung,
- Übergangszeitverkürzung (Transportvorgänge),
- Familienfertigung,
- indirekt durch kurzfristige Kapazitätserweiterung.

Bei unzureichender Planung oder bei sich ständig ändernden Kundenvorgaben weichen Planvorgaben und tatsächlicher Ist-Zustand stark voneinander ab. Dann wird der Terminplaner im Rahmen der Produktionslogistik schnell zum Terminjäger. Die Hauptaufgabe besteht dann darin, selbstgemachte Planvorgaben der Realität anzupassen. Damit werden Ressourcen der Produktionslogistik sehr stark gebunden, ohne einen direkten Kundennutzen zu erbringen. Auch hier stellt sich die Frage nach sich selbst stärker steuernden und regelnden Prozessen, die wichtige Terminvorgaben (im Regelfall den Kundenterminwunsch) ohne große Planungsstrukturen zu realisieren helfen.

6.2.5 Kapazitätsplanung und -steuerung

Zu den Kapazitäten des Betriebs gehören neben den Mitarbeitern und den Betriebsmitteln auch Transport- und Entsorgungseinrichtungen sowie Gebäude und Flächen. Unter Kapazität wird die mögliche Produktionsmenge eines Produktionsfaktors oder des ganzen Unternehmens innerhalb eines bestimmten Zeitraums verstanden. Die Kapazität lässt sich ferner nach REFA in eine qualitative und quantitative Kapazität unterteilen (vgl. Abbildung 6.5).

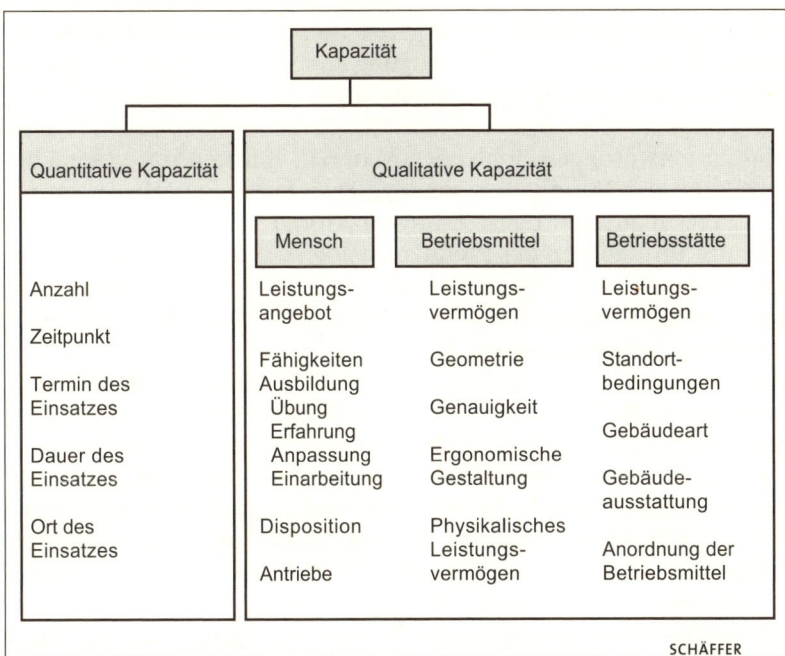

Abb. 6.5: Bestimmung der Kapazität nach quantitativen und qualitativen Merkmalen
(Quelle: nach REFA 1985, S. 181)

**Kapazitätsbedarf
Kapazitätsbestand**

In der Produktionslogistik wird ausschließlich die quantitative Kapazitätsbetrachtung angewendet, da sich die qualitative Kapazität einer exakten zahlenmäßigen Beschreibung entzieht. Die quantitative Kapazität wiederum unterteilt sich dann für Mitarbeiter und Betriebsmittel in einen *Kapazitätsbedarf* und einen *Kapazitätsbestand*. Der Kapazitätsbestand ist die Kapazität, die zur Durchführung von Arbeitsaufgaben qualitativ und quantitativ zur Verfügung steht. Der Kapazitätsbestand drückt sich beispielhaft wie folgt aus:

- Anzahl bestimmter Mitarbeiter, die 7,5 h/Arbeitstag zur Verfügung stehen,
- Anzahl Mitarbeiter in einer Konstruktionsabteilung; jeder Mitarbeiter ist 7 h/Arbeitstag verfügbar,
- Anzahl gewerbliche Mitarbeiter in einer Fertigungsabteilung.

Der Kapazitätsbestand wird dann in einen theoretischen und einen realen Kapazitätsbestand unterschieden. Der *theoretische Kapazitätsbestand* ergibt sich, wenn alle Mitarbeiter beziehungsweise alle Betriebsmittel eines Arbeitssystems während der gesamten Arbeitszeit einer Periode ungestört für die Durchführung der vorgesehenen Arbeitsaufgaben zur Verfügung stehen (REFA). Hingegen ergibt sich der *reale Kapazitätsbestand* aus der Zeit innerhalb einer Periode, in der die Mitarbeiter und Betriebsmittel eines Arbeitssystems unter Berücksichtigung von Störungen für die Durchführung der vorgesehenen Arbeitsaufgaben tatsächlich zur Verfügung stehen. Der theoretische Kapazitätsbestand wird durch Maschinenstörungen, fehlendes Material, Informationsgespräche, Krankheit der Mitarbeiter, sonstige Fehlzeiten, Betriebsversammlung, etc. reduziert. Diese Einflussfaktoren sind zu berücksichtigen, um im Rahmen der Produktionslogistik zu entscheiden, welche Aufträge noch abgearbeitet werden können, oder, wenn keine ausreichenden Kapazitäten vorhanden sind, Vorschläge zur Auftragsabwicklung machen zu können.

Neben dem Kapazitätsbestand sind die Kapazitätsbedarfe zu bestimmen. Kapazitätsbedarfe werden auftragsbezogen und/oder programmbezogen ermittelt. Die *auftragsbezogene Kapazitätsbedarfsermittlung* ermittelt je Auftrag den benötigten Kapazitätsbedarf an Mitarbeitern, Betriebsmitteln und Transporteinrichtungen. Damit kann jedem einzelnen Auftrag der geplante Ressourcenverbrauch zugeordnet werden. Die Information über den Kapazitäts-

Kapazitätsengpass

bedarf eines Auftrags kann bei Kapazitätsengpässen und Terminschwierigkeiten wichtig werden, um zu erkennen, welchen Anteil oder Beitrag die Verschiebung eines Auftrages bringen kann. Darüber hinaus sind neben dem Materialbedarf mit Maschinen- und Mitarbeiterkapazität die wichtigsten Kostenblöcke für einen Auftrag festgelegt. Die Zusammenfassung der einzelnen auftragsbezogenen Kapazitätsbedarfe für eine Periode ergibt die *programmbezogene Kapazitätsbedarfsermittlung*. Damit wird für eine Periode (z. B. Monat, Quartal, Halbjahr) der geplante Kapazitätsbedarf ermittelt und damit die Ressourcen, die bereitzustellen sind. Die Kapazitätsbedarfsermittlung steht in engem Zusammenhang mit der Terminierung.

Der Vergleich von Kapazitätsbedarf und Kapazitätsbestand zeigt den Handlungsbedarf auf. Ziel der Produktionslogistik ist die Kapazitätsanpassung, also das Übereinanderbringen von Kapazitätsbestand und Kapazitätsbedarf. Folgende Ansatzpunkte ergeben sich, um einen Ausgleich zwischen Kapazitätsbestand und -bedarf herbeizuführen:

- Kapazität auf- bzw. abbauen (Betriebsmittel, Mitarbeiter, Transportmittel), **Kapazitätsausgleich**
- verlängerte Werkbank nutzen,
- Aufträge ablehnen oder nach hinten terminieren,
- Ausdehnen der Arbeitszeit (Nachtarbeit, Samstag-Arbeit),
- anderes Produktionsverfahren wählen,
- neue Aufträge akquirieren, Planung zu Grenzkosten,
- Maschinen aus Altmaschinenlager reaktivieren,
- entsprechende Lagerbewirtschaftung.

Für die Praxis sind in der Regel nur Möglichkeiten von Belang, die kurzfristig realisierbar sind. So kommt der Flexibilisierung der Arbeitszeit große Bedeutung zu. Die Arbeitszeit kann dann über längere Zeiträume (z. B. ein halbes Jahr) ausgeglichen werden, d. h. der Tarifarbeitszeit (z. B. 7 h/Tag mal 120 Tage im Halbjahr) im Mittel entsprechen. So kann im Extremfall die individuelle Arbeitszeit je Mitarbeiter von 0 h je Arbeitstag bis maximal 10 h je Arbeitstag (Tarifvertrag) variiert werden. Planung und Steuerung des Mitarbeitereinsatzes wird dadurch nicht unbedingt einfacher, da Zeitkonten geführt werden müssen und längere Urlaubsphasen in Anspruch genommen werden können. Es sind organisatorische Rahmenbedingungen zu schaffen, um die Potenziale einer Arbeitszeitflexibilisierung nutzen zu können. Hier kann an Mini-Factories gedacht werden, die mit den Begriffen Selbstverantwortlichkeit, Selbststeuerung, Selbstoptimierung und eigene Zielorientierung am besten beschrieben werden können. Auch der Aufbau einer verlängerten Werkbank, die im Idealfall die Marktschwankungen/Auftragsschwankungen abfahren muss, ist eine denkbare Alternative. Verlängerte Werkbänke können aber nicht ad hoc aufgebaut werden und sollten auch in konjunkturschwachen Zeiten mit Aufträgen versorgt werden, so dass sie die eigene Auslastung reduzieren. Verlängerte Werkbänke werden in starkem Maße von den Halbleiterproduzenten genutzt, die sich z. B. zur Verpackung der Halbleiterchips Verpackungskapazitäten in Malaysia bedienen, und in der Textilfertigung, wo namhafte Textilhersteller ca. 30 % Eigenkapazität unterhalten und den Überlauf ins In- und Ausland vergeben.

6.2.6 Auftragsveranlassung und -überwachung

Mit der *Auftragsveranlassung und -überwachung* geht die Produktionsplanung und -steuerung in die Steuerungsphase über. Diese findet in den Werkstätten statt und damit an jenen Orten, wo die eigentliche wertschöpfende Leistungserstellung erfolgt.

Bei der Auftragsveranlassung werden Aufträge für die Fertigung bzw. für einzelne Werkstätten freigegeben und dann im Rahmen der Planung eingelastet. Die Auftragsveranlassung endet mit einer Auftragsfreigabe, die aber erst erteilt werden kann, wenn folgende Voraussetzungen erfüllt sind:

Voraussetzungen der Auftragsfreigabe

- der geplante Starttermin liegt vor (nur die Aufträge, die eingeplant sind, werden berücksichtigt),
- die geplanten Kapazitäten sind verfügbar (Mitarbeiter, Betriebsmittel, Transportmittel),
- das benötigte Material ist ausreichend vorhanden und freigegeben,
- die benötigten Werkzeuge stehen zur Verfügung, sämtliche benötigte Daten (Stücklisten, Arbeitspläne, Prüfdaten, Prüfprogramme, Materialentnahmescheine, Werkzeugentnahmescheine, Lohnscheine, Begleitpapiere, Zeichnungen) sind vorhanden und aktuell.

Die Auftragsveranlassung entscheidet auch über die Reihenfolge, in der die Aufträge abgewickelt werden. In der Regel liegen mehrere Aufträge mit gleichem Starttermin vor einem Arbeitsgang (einer Maschine, einer Fertigungslinie). Für die Festlegung der Reihenfolge greift man u. a. auf so genannte Prioritätsregeln zurück. Diese Regeln bedienen sich je nach verfolgtem Ziel (kurze Durchlaufzeit, Termineinhaltung) unterschiedlicher Kriterien. Die wichtigsten Prioritätsregeln sind:

Prioritätsregeln

- FIFO First in First out: die Aufträge, die zuerst eintreffen werden zuerst bearbeitet.
- KOZ Kürzeste Operationszeit: die Aufträge, die die kürzeste Bearbeitungszeit auf dem aktuellen Arbeitsgang benötigen, werden zuerst bearbeitet.

- GRB Größte Restbearbeitungszeit: die Aufträge, die die größte gesamte Bearbeitungszeit bis zur Fertigstellung benötigen, werden bevorzugt,
- SZ Schlupfzeitregel: die Aufträge, die die kleinste Differenz zwischen Liefertermin und gesamter Restbearbeitungszeit haben werden zuerst abgearbeitet.

Neben dieser Auftragsplanung auf Werkstattebene erfolgt eine Auftragsüberwachung. Damit soll sichergestellt werden, dass Informationen über die Auftragsbearbeitung vorliegen und bei Störungen und Abweichungen rasch Gegenmaßnahmen ergriffen werden können. Störungen sind z. B. Maschinendefekte, schlechte Ausbeute, unzureichende Prozessbeherrschung (große Zahl an zusätzlichen Arbeitsgängen, Wiederholung von Arbeitsgängen, unvollständige Auftrags- und Fertigungsunterlagen) fehlendes oder mangelhaftes Material und damit nicht ausreichende Materialmengen zur Abarbeitung des Kundenauftrags. So wird jeder Auftrag nach Verlassen eines Arbeitsganges rückgemeldet. Diese Rückmeldung beinhaltet Informationen über die Auftragsnummer (welcher Auftrag), die Arbeitsgangnummer (welcher Arbeitsgang ist abgeschlossen), die gefertigte Menge, den Bearbeiter und die benötigte Zeit. Die ersten drei Informationen sind MUSS-Daten, während die beiden letzten Informationen zu den KANN-Daten zählen. Dabei ist das Erfassen personenbezogener Daten nicht unproblematisch, da auf das Verhalten einzelner Mitarbeiter geschlossen werden kann. Hier sind Regelungen des Bundesdatenschutzgesetzes (BDSG) und des Betriebsverfassungsgesetzes (BetrVG) zu beachten.

Auftragsüberwachung

6.2.7 Ziele der Produktionslogistik

Aus den bisher dargestellten Aufgabenschwerpunkten, und den damit verbundenen möglichen Schwierigkeiten bei Planung und Umsetzung, können die *Ziele der Produktionslogisitk* abgeleitet werden. Das wichtigste Ziel eines Unternehmes ist es, wirtschaftlich zu arbeiten oder einfach Gewinn zu erzielen. Der Zielraum, den die Produktionslogistik innerhalb dieses übergeordneten Ziels abdecken soll, umfasst:

- kurze Durchlaufzcit,
- hohe und gleichmäßige Auslastung der Kapazitäten,
- geringe Bestände (Lager, Werkstätten),
- hohe Lieferbereitschaft, unverrückbarer Liefertermin,
- hohe Flexibilität bei Änderungen von Menge, Produkt,

Zielraum

- Losgröße-1-Fähigkeit,
- hohe Materialverfügbarkeit,
- hohe Transparenz.

Kurze Durchlaufzeiten

Dabei erscheint das Bemühen um *kurze Durchlaufzeiten (DLZ)* als die Schlüsselforderung. Kurze DLZ heißt, dass die Zeitspanne von Auftragsstart bis Auftragsfertigstellung so klein wie möglich gehalten wird. Wenn man bedenkt, dass bei den meisten Produkten die Zeit wertschöpfungserhöhender Tätigkeiten gemessen an der Zeit, die das Produkt im Betrieb insgesamt verbleibt, sehr gering ist, muss man sich fragen, was in den restlichen Zeiträumen (zwischen 60 bis 95 % der gesamten verfügbaren Zeit) mit den Vorprodukten und Produkten passiert.

B

Dazu ein Beispiel: Ein Mittelklasse Autoradio kostet zu Herstellkosten ca. 180 €/Stück. Davon beträgt der zugekaufte Materialanteil ca. 80 %, d. h., es verbleiben 20 % oder 36 €/Stück für wertschöpfungserhöhende Tätigkeiten. Von diesen 36 €/Stück entfallen auf Lohn und Lohnnebenkosten ca. 9 €/Stück. Bei einem Minutenfaktor von 0,6 €/Minute eines gewerblichen Mitarbeiters ergeben sich 15 Minuten an denen ein Werker an diesem Produkt eine wertschöpfungserhöhende Tätigkeit verrichtet. Die zeitlich gleiche Tätigkeit erbringen Automaten und Prüfeinrichtungen (unter der Annahme manuelle und maschinelle Tätigkeiten lassen sich getrennt darstellen), also insgesamt 30 Minuten je Autoradio. Die Montage-Durchlaufzeit beträgt aber 3 Arbeitstage. Selbst wenn man einen Einschicht-Betrieb unterstellt, ergeben sich eine Verweilzeit von 24 Stunden in der Fertigung und 0,5 Stunden wertschöpfende Tätigkeiten, d. h., die Fertigungszeiten machen einen Anteil von 2 % der gesamten DLZ aus. Die anderen 98 % der Zeit wird die Produktionslogistik im weitesten Sinne beschäftigt, bindet Strukturen und verbraucht Ressourcen (Personal, Maschinen, Transport- und Lagereinrichtungen).

Verminderte Bestände

Hier kann die Produktionslogistik mit neuen Konzepten, optimierten Abläufen und Hinterfragen der Lager- und Pufferfunktionen starken Einfluss nehmen und damit Abläufe vereinfachen und verschlanken, Kosten reduzieren und die Kundenzufriedenheit erhöhen. Ein weiterer wichtiger Aspekt sind die *verminderten Bestände*, die sich bei kurzer DLZ einstellen. Weniger Material ist im Umlauf, damit können die Bestandskosten reduziert werden. Die Freisetzung des gebundenen Kapitals aufgrund verringerter Bestände kann in zusätzliche Kapazitäten investiert werden. Dabei ist das Kapazitätsprofil über alle Produktionsstufen so zu gestalten, dass die Kapazitätsbestände mit zunehmendem Fertigungsfortschritt zunehmen. Dadurch wird ein Aufstauen der Aufträge verhindert. Im hinteren Abschnitt der Fertigung, wo die Produkte eine hohe Wertschöpfung erfahren haben, wird durch die erhöhte Fertigungskapazität ein rasches Abfließen (kurze DLZ) der Aufträge ermöglicht. Insgesamt führt diese trompetenförmige Auslegung der Fertigungskapazitäten zu einer geringeren Auslastung der vorhandenen

Kapazitäten. Dies steht im Widerspruch zu einem anderen Ziel der Produktionslogistik, der *hohen und gleichmäßigen Auslastung der Kapazitäten.* Hier soll nur auf die gleichmäßige Auslastung der Kapazitäten eingegangen werden. Jede Schwankung in der Auslastung, durch Nichtverfügbarkeit von Materialien und schwankende Kundenabrufe, führt zur Unruhe in der Fertigung und Produktion. In der Fertigung müssen Maschinen umgerüstet werden, laufende Aufträge gestoppt werden oder es entstehen Stillstände, da die benötigten Materialmengen nicht rechtzeitig verfügbar sind. Die aufwändige Planung/Umplanung, umfangreiche Maschinenstillstände oder nicht ausgelastetes Personal führen zu hohen zusätzlichen Kosten.

Ein wesentlicher Aspekt der Produktionslogistik ist auch die Lieferbereitschaft. Die Ausrichtung auf den Kunden, die konsequente Kundenorientierung (auch Kunden-/Lieferantenverhältnis im innerbetrieblichen Leistungserstellungsprozess), stellen große Wettbewerbsvorteile dar, die genutzt werden müssen. Bei der Lieferantenbewertung sind gerade die Qualitätsaspekte, wozu auch die Lieferbereitschaft zählt, von zunehmender Bedeutung. Die hohe Lieferbereitschaft bringt dem Kunden aufgrund kürzerer Planungszyklen und höherer Planungssicherheit Kostenvorteile.

Kundenorientierung

6.2.8 Gestaltungsmöglichkeiten der Produktionslogistik

Um die oben genannten Ziele der Produktionslogistik zu verfolgen und auch erreichen zu können, sind seitens der Produktionslogistik verschiedene Instrumente einsetzbar. Dabei ist zu berücksichtigen, dass nicht alle Ziele gleichzeitig und mit der gleichen Intensität verfolgt werden können. Die Fokussierung auf einige wenige wichtige Ziele ist hier angebracht. Die meisten Veränderungen auf dem Weg der Zielerfüllung sind nicht schnell durchzuführen, dazu sind die Abläufe in der Produktion zu komplex und vielfach auch über lange Zeiten gewachsen. Die hier dargestellten Gestaltungsmöglichkeiten zeigen nur einen Teil der zu bearbeitenden Problemfelder und Instrumente auf, die außerdem eher mittelfristig Wirkung zeigen können. Auch die Produktionslogistik muss sich von der Realisierung kurzfristiger Erfolgspotenziale hin zur Umsetzung mittelfristig wirksamer Optimierungsfaktoren durchringen, d. h., neue Konzepte, ganzheitliche Betrachtung (Material muss fließen) und schlanke Strukturen provozieren und realisieren. Ferner muss die Produktionslogistik den Kunden (intern wie extern) verstärkt in den Vordergrund der Aktivitäten stellen und überlegen, was dem Kunden und nicht der Logistik nützt. Aus dieser Überlegung heraus und im Einklang mit den o.g. Zielen sind folgende Aufgabenschwerpunkte zu nennen:

Aufgaben-schwerpunkte

- Produktvielfalt/Variantenvielfalt,
- Fertigungsorganisation und Fertigungsablauf,
- herkömmliche Systeme der Produktionsplanung und -steuerung,
- weiterführende Systeme der Produktionsplanung und -steuerung,
- KANBAN.

6.2.9 Produktvielfalt/Variantenvielfalt

Variante

Varianten sind Produkte ähnlicher Form oder Funktion mit einem in der Regel hohen Anteil identischer Baugruppen und -teile. Auch die Fertigungsverfahren können in großem Maße identisch sein. Varianten können aber auch kundenspezifisch entstehen und haben dann in aller Regel in großem Umfang unterschiedliche konstruktive Merkmale und unterschiedliche Baugruppen und -teile. Diese Varianten entstehen zum einen, wenn in starkem Maße auf Kundenwünsche eingegangen wird, oder werden auch durch den Vertrieb vorgegeben, der nach Umsatz und nicht nach Kosten gemessen wird. Der hohe Sättigungsgrad der Märkte lässt ein Mengenwachstum nicht mehr zu, sondern fördert ein qualitatives Wachstum durch Steigerung des Kundennutzens. Dies geht einher mit einer höheren Variantenvielfalt und damit gleichzeitig einer Erhöhung der Kapitalbindung in Beständen, höheren Entwicklungsleistungen und einem Anwachsen der administrativen Unternehmensstrukturen zur Abwicklung und Verwaltung der steigenden Vielfalt an Produkten und Dienstleistungen. Trotzdem wird die Variantenvielfalt zunehmen. Große Produktvielfalt heißt häufiges Umrüsten der Maschinen, zusätzliche Stücklisten, Arbeitspläne, Prüfprogramme, etc. sind zu verwalten und zu pflegen.

Produktvielfalt

Häufig gehen mit einer großen Produktvielfalt auch kleine Mengen je Auftrag oder je Variante einher. Dies hat elementare Auswirkungen auf die Entscheidungen der Fertigungsorganisation und damit auf die Kosten, Logistik, Flexibilität und Durchlaufzeit. Abbildung 6.6 zeigt eine Gegenüberstellung der Produktvielfalt einer Erzeugnisgruppe und der jeweils verkauften Stückzahl.

Vielfalt kann praktiziert werden, indem man jedem Kunden ein neues Produkt entwirft, d. h., andere Baugruppen und -teile, andere Gehäuse und veränderte Funktionen bei der Herstellung des Produkts verwendet. Vielfalt kann aber auch im Extremfall dadurch dargestellt werden, dass jeder Kunde das gleiche Gerät mit gleicher

Technik und Technikausstattung erhält, softwaremäßig nur die gewünschten (und vom Kunden bezahlten) Funktionen freigeschaltet werden und nur die Software sowie das Etikett kundenspezifisch sind. Im letzten Fall wird Vielfalt in den letzten Arbeitsgängen erzeugt, ein Ablauf der wenig zusätzlichen Planungs- und Steuerungsaufwand erfordert. Die mitgelieferten (technisch realisierten) aber nicht freigeschalteten Funktionen erhöhen die Material- und Fertigungskosten, verringern aber die Komplexität in der Materialbeschaffung und in der Fertigungsplanung und damit einen Teil der Logistikkosten.

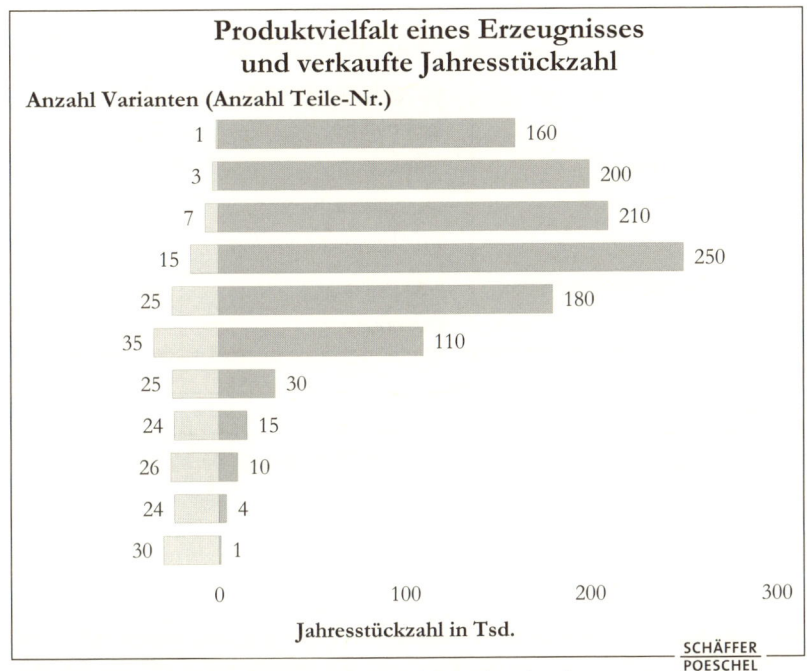

Abb. 6.6: Gegenüberstellung Produktvielfalt und verkaufte Stückzahl

Anhand einer eigenen durchgeführten Analyse in einem Elektronikunternehmen können folgende Richtwerte für Kostensenkungspotenziale bei Reduzierung der Variantenvielfalt von 200 Varianten auf theoretisch 1 Variante gegeben werden (s. Tab. 6.4).

Die Variantenvielzahl und die damit verbundenen komplexen Abläufe und Steuerungen können im ersten Schritt durch Einführung von Baukästen und die Verwendung vieler Gleichteile reduziert werden. Damit ist die Anzahl der Varianten hoch, aber der administrative Aufwand bereits erheblich reduziert. Mit Einführung von Baukästen ist auch der erste Schritt zur Veränderung der Fertigungsorganisation getan.

Kostenarten	Funktionen	Kosten-senkungs-potenzial in %
Materialeinzelkosten	Material	5-10
Materialgemeinkosten	Beschaffung, Einkauf, Eingangsprüfung	60-80
Lohneinzelkosten	direkte Mitarbeiter	20-30
Fertigungsgemeinkosten	Abschreibungen, Fertigungsvorbereitung, technische Verwaltung, Qualitätssicherung, Fertigungssteuerung	30-40
Verwaltungsgemeinkosten	Kalkulation, Buchhaltung	40-50
Summe Kosten		12-21

Tab. 6.4: Kostensenkungspotenziale durch Einschränken der Variantenvielfalt

6.2.10 Produktionsplanung und -steuerung

Die industrielle Produktion hat in den letzten 20 Jahren starke Veränderungen erfahren. So ist die Zahl der Varianten explosionsartig gestiegen, der Markt hat sich vom Anbieter- zum Käufermarkt entwickelt und die Kunden haben neben dem Preis auch die Qualität und den Liefertermin als Entscheidungskriterium in den Vordergrund gestellt. Damit ergibt sich der Zwang, die Komplexität zu handhaben, Wettbewerbsvorteile zu erringen und dies durch den **PPS** Einsatz z. B. eines *PPS-Systems (Produktionsplanungs und -steuerungs System)* zu realisieren. Ein PPS-System umfasst die integrierte Gestaltung und Durchführung der betrieblichen Produktionsplanung und -steuerung und der damit verbundenen Datenverwaltung. Die Produktionsplanung und -steuerung hat damit den gesamten betrieblichen Ablauf unter mengenmäßigen und zeitlichen Gesichtspunkten sowie unter Beachtung der verfügbaren Kapazitäten zu planen, zu veranlassen, zu überwachen und bei Abweichungen entsprechende Maßnahmen zu ergreifen, um die

Zielsetzung (Kosten, Liefertermine) sicherzustellen. Darüber hinaus hat ein PPS-System als betriebswirtschaftlicher Zweig der Unternehmens-Datenverarbeitung auch Schnittstellen zur technischen Datenverarbeitung. Im Y-Modell von *Scheer* kommt diese Verbindung im Sinne einer CIM-Welt (Computer-Integrated-Manufacturing), integrierte Informationsverarbeitung für betriebswirtschaftliche und technische Aufgaben innerhalb einer industriellen Unternehmung) deutlich zum Ausdruck (vgl. Abbildung 6.7).

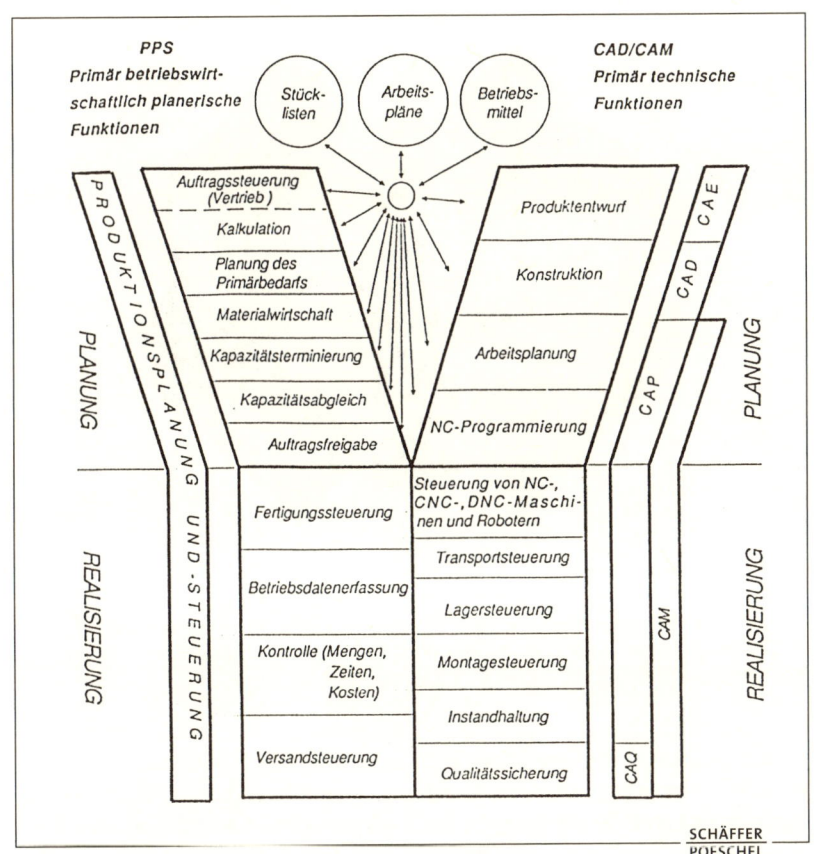

Abb. 6.7: Informationssysteme im Unternehmen
(Quelle: Scheer 1992, S. 45)

Stücklisten oder Arbeitspläne, die im technischen Bereich bei der Konstruktion oder Fertigungsablaufplanung entstehen, werden in kaufmännischen Bereichen zu Kalkulationszwecken, Beschaffung und Terminplanung benötigt. Ebenso bedarf der technische Bereich dieser aufbereiteten Informationen zur Budgetkontrolle oder zur Erstellung von Vorzugsbauteilelisten. PPS-Systeme zeichnen

Standardsoftware

sich durch eine datentechnische Durchgängigkeit von Beschaffung bis Versand aus. Dazu bedienen sie sich einer integrierten Datenhaltung auf Basis von Datenbanksystemen und einer vernetzten dezentralen Rechnerarchitektur. Eine Standardsoftware, die alle betriebswirtschaftlichen Funktionsbereiche abdeckt, wurde z. B. von Unternehmen wie SAP AG, Software AG, Baan, Infor u. a. entwickelt und prägen derzeit die Anforderungen an ein integriertes, umfassendes PPS-System (vgl. Abbildung 6.8).

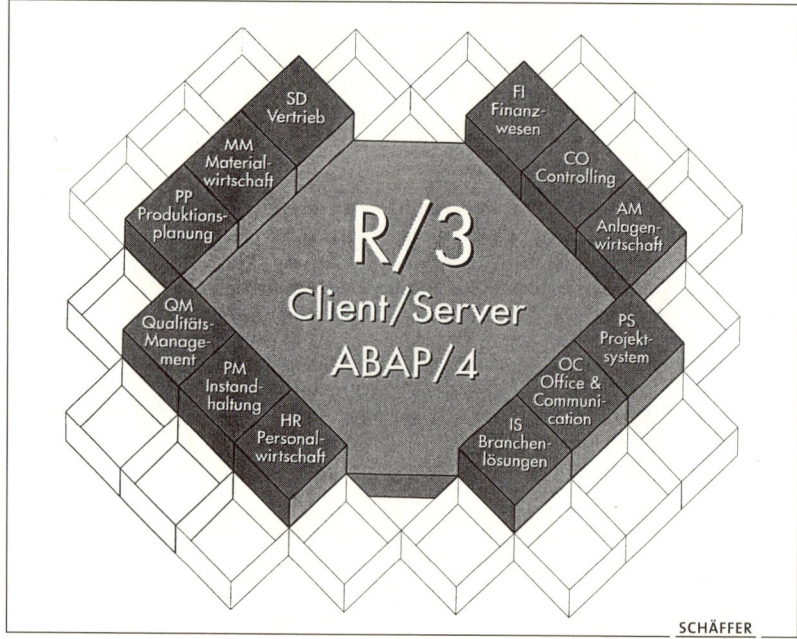

SCHÄFFER
POESCHEL

Abb. 6.8: Schematische Darstellung der Module und Architektur der PPS-Standardsoftware SAP R/3 (Quelle: SAP AG, 1995)

Dabei ist festzustellen, dass PPS-Systeme nur dann anforderungsgerecht eingesetzt werden können, wenn bereits vor der Einführung derartiger Systeme eine logistikgerechte Gestaltung der Prozess- und Produktionsstrukturen erfolgt ist.

Die Veränderung vorhandener Prozessstrukturen kann z. B. auf Steigerung der Marktflexibilität (Make-or-Buy-Strategie) durch Fremdvergabe von Teilen und Baugruppen gerichtet sein, und durch die innerbetriebliche Neuordnung der Arbeits- und Materialflüsse, verbunden mit der angepassten Betriebsmittelausstattung, erreicht werden. Die daraus abgeleitete und meist vorhandene Prozessstruktur ist Ausgangspunkt für die Entwicklung einer fertigungs- und montagegerechten Erzeugnisstruktur. Diese spiegelt sich wieder in der Art der angepassten Fertigungs- und Montagestücklisten und setzt sich fort in der Ableitung exakter logistischer Vorgaben für die Ressourcenbereitstellung im Rahmen der Bedarfsplanung sowie der Abstimmung (Zeit, Umfang) von Kapazitätsgrößen und Terminen.

Zu einer logistikgerechten Prozessstruktur mit dem Schwerpunkt einer flussorientierten Auftragsabwicklung in den Produktionsbereichen gehört beispielsweise der Einsatz flexibler Technologien innerhalb einer rechnerintegrierten Fertigung. Weiterer Bestandteil ist die Automatisierung von Bearbeitungs-, Handhabungs- und Transportfunktionen mit dem Ziel der Komplettbearbeitung. Die Komplettbearbeitung wiederum erfolgt in Fertigungszellen oder auch bedingt in der Fließfertigung. Die Bildung kleiner, produktbezogener autonomer Produktionsbereiche gestaltet die Arbeit auf operativer Ebene noch flexibler. Modular aufgebaute Produktgliederungen (nach fertigungs- und montagegerechten Gesichtspunkten) unterstützen den erzeugten flussorientierten Auftragsdurchlauf. Die konsequente Anwendung der Variantenkonstruktion mit Standardisierung, Normierung und Typisierung ermöglicht weitere Rationalisierungs-Potenziale, um den Nutzen eines PPS-Systems zu erhöhen.

Die PPS-Systeme sind in der Regel durch ein stufenweises Vorgehen charakterisiert. Dabei wird die Planung von Stufe zu Stufe weiter verfeinert. Der Produktionsprozess wird in weiten Teilen als im voraus prognostizierbar und determinierbar betrachtet. Auf der Basis von Datenbanken werden umfassende Modelle des Fertigungsprozesses entworfen. Der gewünschte schnelle und sichere Materialdurchsatz wird durch dialogorientierte Informationssysteme, ständige Rückmeldungen und Eingriffe in den Produktionsablauf sichergestellt. Im Kapitel 6.2.1 »Aufgaben der Produktionslogistik« wurden bereits die verschiedenen Stufen (Produktionsprogrammplanung, Mengenplanung, Termin- und Kapazitätsplanung, Auftragsveranlassung und -überwachung) angesprochen. Dieser Ablauf wird MRP-Logik genannt (MRP = Material **MRP-Logik** Requirement Planning). Die PPS-Systeme laufen aufgrund des Stufenkonzepts sukzessiv ab. D.h. es erfolgen keine Korrekturen der Rahmendaten der vorgelagerten Planungsstufe, wenn sich zeigt, dass diese Daten für die nächste Stufe unrealistisch sind. Durch diese Vorgehensweise werden Interdependenzen der einzelnen Planungsstufen vernachlässigt. Durch die Verwendung von mittleren Durchlaufzeiten in der Planung und durch den Einfluss von Störgrößen (Materialmangel, defekte Maschine, Krankheit der Mitarbeiter), die nicht ausreichend abgebildet werden können, ist die Aktualität der vorliegenden Planung in Frage zu stellen. Dies führt entweder zu aufwändigen Nachplanungen im PPS-System oder zu einer teilweisen Entkopplung von Planung einerseits und den tatsächlichen Abläufen in der Werkstatt andererseits.

Neben dem PPS-Standard gibt es Erweiterungen und Weiterentwicklungen des PPS-Systems. Die bedeutendsten Verfahren werden nachfolgend aufgeführt:

a) Belastungsorientierte Auftragsfreigabe

Trichtermodell

Die *belastungsorientierte Auftragsfreigabe* geht vom Primat der Durchlaufzeit aus. Diese Durchlaufzeit zu reduzieren und zu beeinflussen ist der Hauptgesichtspunkt des Verfahrens. Dabei wird jeder einzelne Arbeitsplatz als Trichter betrachtet. Der Inhalt des Trichters ist der Bestand vor einem Arbeitssystem, der Zulauf sind weitere Aufträge, der Ablauf ergibt sich aus der Kapazität des Arbeitsplatzes (vgl. Abbildung 6.9).

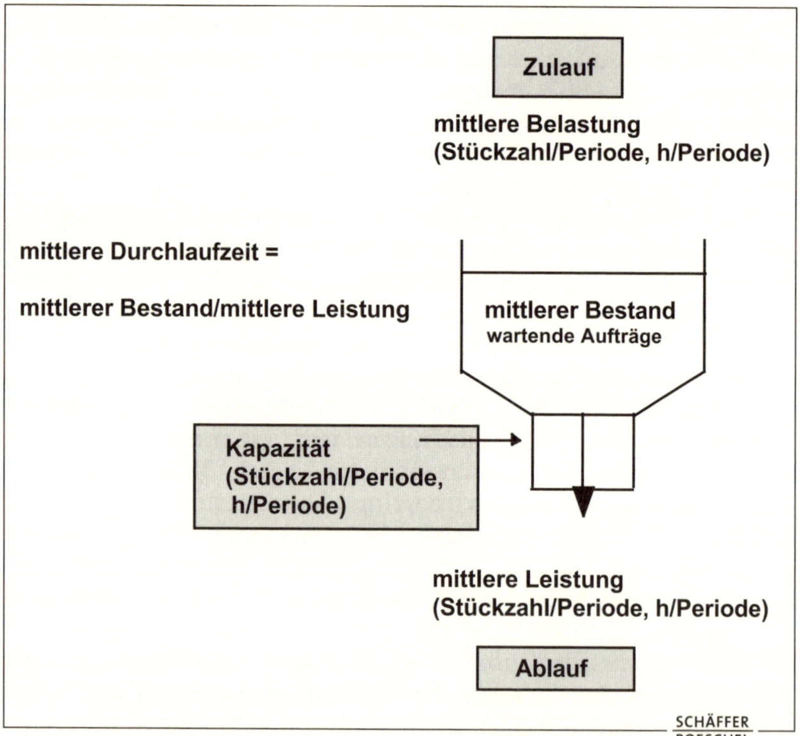

Abb. 6.9: Trichtermodell eines Arbeitssystems als wichtigster Baustein der belastungsorientierten Auftragsfreigabe

Um den Bestand an einem Arbeitsplatz (und damit die Durchlaufzeit der Aufträge an einem Arbeitsplatz) sowie die Abläufe einer ganzen Werkstatt zu steuern, gibt es einen Planungsablauf, der folgende Schritte vorsieht:

- Festlegung Terminschranke, Aufträge werden nach Dringlichkeit sortiert,
- Festlegung der Belastungsschranke je Trichter (Arbeitsplatz),
- Abwertung der Aufträge (um auch Kapazität für spätere Arbeitsgänge zu reservieren, damit eine rasche Abarbeitung einmal gestarteter Aufträge möglich ist),
- Einlasten der Aufträge auf die Arbeitsplätze bis Belastungsschranke,
- nach Ablauf der Periode den Restbestand ermitteln und mit der Planung der nächsten Periode beginnen.

b) Fortschrittszahlenkonzept

Unter einer Fortschrittszahl wird eine auf ein Bauteil oder ein Produkt bezogene kumulierte Mengengröße verstanden. Wird eine Fortschrittszahl auf Planungsgrößen bezogen (z. B. Anzahl zu montierender Autoradios in KW 24) spricht man von Soll-Fortschrittszahl. Entspricht das Datum dem realisierten Ist-Wert, so spricht

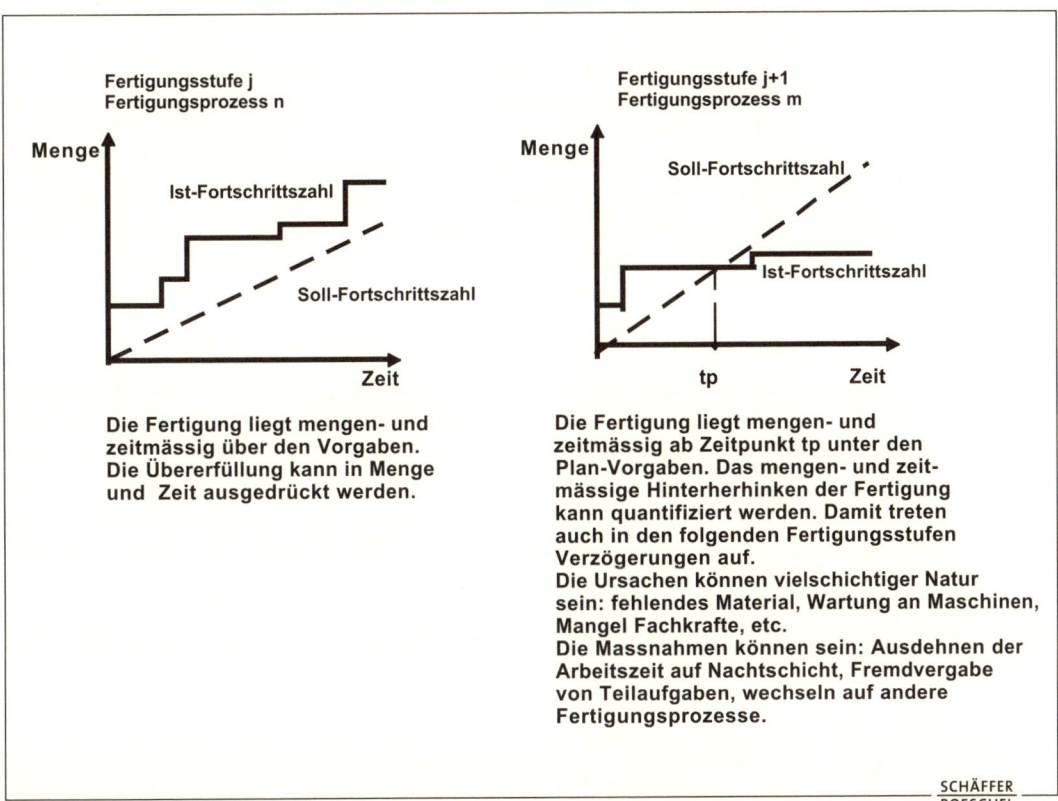

Abb. 6.10: Darstellung des Fortschrittszahlenkonzeptes

man von Ist-Fortschrittszahlen (z. B. tatsächlich montierte Autoradios in KW 24). Aus der Gegenüberstellung von Soll- und Ist-Fortschrittszahlen kann abgelesen werden, welche Abweichung in Mengengrößen oder Zeitgrößen vorliegen. Eine Auswertung kann z. B. ergeben, dass der Ist-Wert mit 30 Stück über dem Soll-Wert liegt, und dies einem zeitlichen Produktionsvorlauf von zwei Arbeitstagen entspricht. Entsprechend der Produktionshierarchie kann der gesamte Produktionsprozess mittels Fortschrittszahlen in Kontrollblöcke gegliedert werden. Auch die Beschränkung auf nur kritische Prozessabschnitte ist möglich, sodass das Fortschrittszahlenkonzept dezentral als Steuerungssystem verwendet wird. So werden durch die Informationen aus dem Fortschrittszahlenkonzept Abweichungen mengenmäßig und zeitmäßig sichtbar, und es können gezielte Aktivitäten gestartet werden, um diese Abweichungen auszugleichen. Das Fortschrittszahlenkonzept hat große Verbreitung in der Automobilindustrie und deren Zulieferern gefunden.

c) Engpasssteuerung (OPT)

Das *OPT-Konzept (Optimized Production Technology)* sieht die Betrachtung der Engpässe in der Herstellungskette als den zentralen Ansatzpunkt zur Steuerung des Produktionsablaufs. Die Höhe des Materialdurchsatzes innerhalb des Produktionsablaufes wird durch den Engpass von Fertigungs- und Transportanlagen bestimmt. Der kleinste Engpass bestimmt den gesamten Materialfluss im gesamten System. Auf Basis einer retrograden Durchlaufterminierung und einer darauf aufbauenden Kapazitätsplanung werden die Kapazitätsengpässe bestimmt. Dabei wird der Produktionsablauf in zwei Bereiche unterteilt. Die Engpassarbeitsgänge und die darauffolgenden Arbeitsgänge gehören zum kritischen Teil, die davor liegenden Arbeitsgänge zum unkritischen Teil des Produktionsnetzes. Damit ergeben sich die größten Warteschlangen (=Bestände) vor den Engpassanlagen. Die Konzentration der Planungsaktivitäten sollte demnach auf die Engpässe gerichtet sein. Das OPT-Konzept setzt hier an. Es geht von folgenden 9 Regeln aus:

Regeln

- Der Fertigungsfluss ist abzugleichen, nicht die Kapazitäten (Das Ziel einer möglichst hohen Kapazitätsauslastung kann aufgrund der Schwierigkeiten der Kapazitätsharmonisierung nicht erreicht werden.).
- Der Nutzungsgrad einer Nicht-Engpasskapazität wird nicht durch diese Kapazität bestimmt, sondern durch eine andere Begrenzung im Gesamtablauf. (Die Bearbeitungsmengen und -ter-

mine an den Engpässen sind die Grundlage für eine mengen- und zeitmäßige Koordination der Auftragsfreigabe).

- Bereitstellung und Nutzung einer Kapazität sind nicht gleichbedeutend (unterschiedliche Möglichkeiten der Kapazitätsnutzung und deren Beurteilung).
- Eine in einem Engpass verlorene Stunde ist eine für das gesamte System verlorenen Stunde (Einsparungen an Nicht-Engpässen sind ohne Bedeutung, da diese nicht voll ausgelastet sind und folglich Leerzeiten aufweisen. Leerkapazitäten für kleinere Losgrößen sollen innerhalb der Produktion genutzt und damit die Bestände abgesenkt werden).
- Engpässe bestimmen sowohl den Durchlauf als auch die Bestände in einem System.
- Das Transport-Los soll nicht gleich dem Produktionslos sein (damit Reduzierung der Durchlaufzeit).
- Das in Bearbeitung befindliche Los muss variabel und nicht fest bestimmt sein (Übergang zu dynamischen Losgrößen in Abhängigkeit des Bedarfs und nicht der vorhandenen Behältergröße und Rüstzeit).
- Wenn Pläne aufgestellt werden, sind alle Voraussetzungen gleichzeitig zu überprüfen. Durchlaufzeiten sind das Ergebnis eines Planes und können nicht im voraus festgelegt werden (simultane Planung sämtlicher Restriktionen).

d) KANBAN

Das *KANBAN-Prinzip* ist eine Produktion auf Abruf (Teil eines Just-in-time-Konzepts). Hierdurch sollen Lagerbestände gering gehalten, Kundenwünsche durch kurze Reaktionszeiten erfüllt und der Steuerungsaufwand in die operative Ebene verlegt werden. Beim KANBAN-Prinzip werden erst dann Teile oder Produkte gefertigt, wenn der Bestand durch Verbrauch auf ein bestimmtes Niveau abgesunken ist. Ferner geht das KANBAN-Prinzip von einem Produktionsablauf als Fließprinzip aus. Bei hintereinander folgenden Produktionsstellen wird immer dann ein Produktionsauftrag ausgelöst, wenn die nachgelagerte Stelle einen Bedarf (untere Niveaugrenze erreicht) signalisiert. Kanban ist keine bestandslose Fertigung. Entscheidend und wegweisend ist aber der Umstand, dass der Informationsfluss und der Materialfluss gegenläufig sind.

Abbildung 6.11 gibt einen Überblick über die herkömmliche Produktionssteuerung und Steuerung nach KANBAN.

Produktion auf Abruf

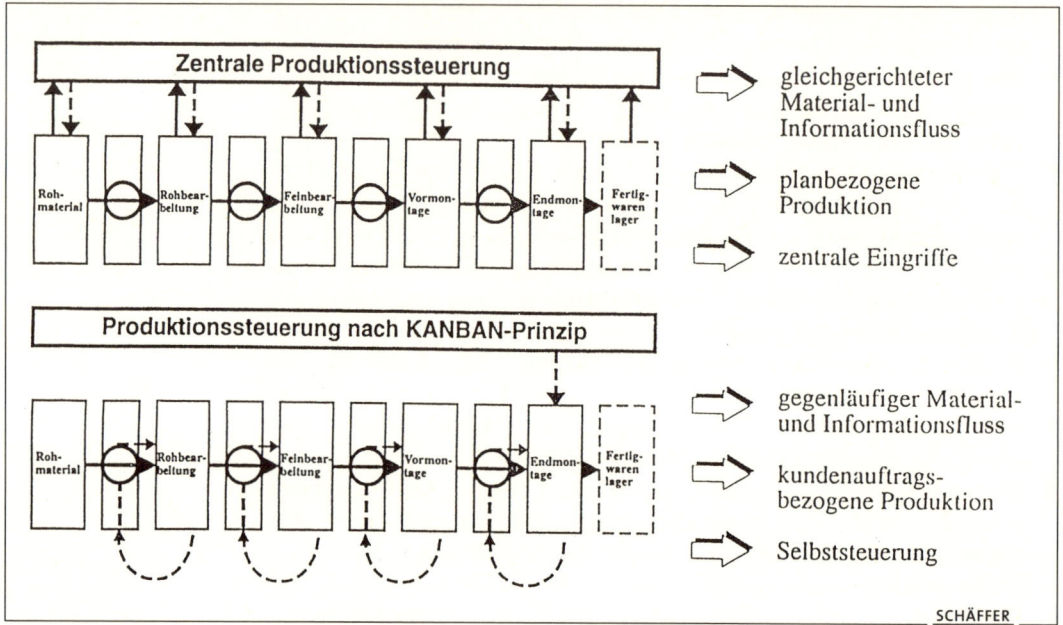

Abb. 6.11: Steuerungsprinzip im Vergleich: herkömmliche Produktionssteuerung und
Steuerung nach KANBAN
(Quelle: Wildemann 1987, S. 32)

KANBAN ist eine Methode der Produktionssteuerung nach dem
Holprinzip, während das MRP-Prinzip nach dem Bringprinzip erfolgt. Dadurch werden permanente Eingriffe einer zentralen Steuerung in den Produktionsablauf überflüssig. KANBAN orientiert
sich ausschließlich am Kundenbedarf, wobei der Kunde nicht der
externe Kunde sein muss, der ein fertiges Erzeugnis bestellt, sondern auch ein interner Kunde sein kann, der vorgefertigte Komponenten erhält.

Die Steuerung erfolgt bei KANBAN über Behälter oder Karten
oder beides. Prinzipiell entnimmt der Kunde (Arbeitsgang n) die
Vorprodukte aus dem Behälter. Ist ein bestimmtes Behälterniveau
erreicht, gibt er den Kanban (Zettel) an eine Steuertafel. Hier wird
für den Lieferanten (Arbeitsgang n-1) sichtbar, dass der nachgelagerte Arbeitsgang mit einem vollen Behälter beliefert werden soll.
Der Lieferant beginnt, Teile zu fertigen, um einen Behälter zu fül-
len. Dazu entnimmt er Vorprodukte aus dem Behälter seines Lieferanten (Arbeitsgang n-2). Auf diese Weise setzt sich die Fertigungssteuerung entgegen dem Material- und Produktionsfluss fort.
Entscheidend ist dabei die KANBAN-Regeln einzuhalten:

KANBAN-Regeln
- Jede KANBAN-Karte auf einer Steuertafel gilt als Auftrag, d. h.
  ohne Karte keine Fertigung,

- zu jedem gefüllten Behälter gehört eine KANBAN-Karte,
- jeder Behälter enthält die vorgegebene Menge in 100 % Qualität,
- KANBAN-Behälter dürfen nur an bezeichneten Plätzen stehen,
- die Anzahl KANBAN-Behälter und -Karten dürfen nicht geändert werden.

Ein wesentlicher Schritt ist die Dimensionierung d. h. die Festlegung der Anzahl Regelkreise und die Behältergröße. Regelkreise beinhalten mehrere Arbeitsgänge, sodass für die Fertigstellung eines Produktes mehrere Regelkreise zu durchlaufen sind. Zwischen einzelnen Arbeitsgängen und Regelkreisen sind die Puffer mit den Behältern einzurichten. Diese Behälter beinhalten die Standardmenge (= Wiederbeschaffungszeit x Tagesverbrauch plus Sicherheitszuschlag). Der Umfang eines Regelkreises und damit die Anzahl der benötigten Regelkreise richtet sich nach verschiedenen Kriterien wie Übersichtlichkeit der Fertigungsstrecke oder räumliche Nähe zueinander.

Die Fertigungssteuerung nach KANBAN setzt einige Notwendigkeiten voraus, die in aller Regel erst geschaffen werden müssen:

- *Vorhersagegenauigkeit*: grundsätzlich AX-Produkte, hohe Nachfrage, geringe Mengenschwankungen. In der Praxis ist dies nicht zwingend geboten, wenn die Standardisierung der Bauteile und Vorprodukte weit genug vorangetrieben worden ist und wenn die Investitionen in die einzelnen Arbeitsplätze (Kapazität) nicht zu gering ausfällt. **Voraussetzungen**
- *Produktstruktur*: kleine Varianten- und Teilevielfalt, eher Massenfertigung und Serienfertigung, Produkte mit hoher Wiederholhäufigkeit. In der Praxis ist dies nicht zwingend. Viele Unternehmen mit Kleinserienfertigung (1 bis 1.000 Stück je Serie) wenden KANBAN erfolgreich an. Wichtig ist, wie oben angesprochen, dass die Produktvielfalt weit hinten im Produktionsablauf definiert wird, die Standardisierung von Teilen durchzuführen und eine werkzeugungebundene Fertigung zu bevorzugen ist.
- *Fertigungsstruktur*: kurze Durchlaufzeiten, hohe Verfügbarkeit der Betriebsmittel, keine Mehrfachverwendung von Maschinen, niedriger Rüstaufwand, Losgröße 1 soll möglich sein.
- *Materialfluss*: Fertigungslayout flussgerecht und produktorientiert anordnen, sichere Teileversorgung gewährleisten.
- *Beschaffung*: hohe Liefertreue, höchste Qualität (Nacharbeit ist nicht vorgesehen),
- flexible Lieferanten bezüglich Zeitpunkt und Menge.

Die Erfolge von KANBAN zeigen sich in dem zunehmenden Verbreitungsgrad dieser Philosophie in der Industrie und der Anwendung auch bei Einzelfertigern und Kleinserienfertigern. Die genannten Vorteile des KANBAN-Prinzips können laut Anwendern wie folgt zusammengefasst werden:

- niedrige Werkstatt- und Lagerbestände und somit weniger gebundenes Kapital,
- weniger Investitionen im Lagerbereich, zusätzliche Pufferflächen in der Produktion,
- kürzere Durchlaufzeiten und schnellere Anpassung bei Auftragsschwankungen,
- Verbesserung der Lieferbereitschaft,
- geringerer Dispositions- und Steuerungsaufwand,
- Anzahl Auftragspapiere werden reduziert,
- weniger Rüstkosten,
- der Materialfluss kann durch Beobachtung besser kontrolliert werden.

Die Wirkung von KANBAN auf wichtige Kostenfaktoren schwankt je nach vorgefundenem Ist-Zustand. *Wildemann* nennt dazu einige Daten aus Unternehmensumfragen, die Bestandssenkungen zwischen 12 und 95 %, Durchlaufzeitreduzierung zwischen 16 und 90 %, Reduzierung Steuerungsaufwand zwischen 10 und 26 % und Liefertreueerhöhung zwischen 2 und 21 % realisieren konnten. In der Praxis wird, in Abhängigkeit der vorliegenden Ausgangssituation, in der sich das Unternehmen befindet, und der bereits erbrachten Vorarbeiten bei der Durchlaufzeitreduzierung, beim Steuerungsaufwand und der Liefertreue, eher der obere Bereich als realistisch anzusehen sein.

Fallbeispiel Bestandssenkung
In einer Autoradiofertigung im Zweischichtbetrieb können pro Arbeitstag (16 Stunden Fertigungszeit) ca. 2800 Geräte gefertigt werden. Die Durchlaufzeit konnte von 10 Arbeitstagen auf 3 Arbeitstage gesenkt werden. Entsprechend der Produktionskostenaufbaukurve (Abbildung 6.12) des Produktes liegt die durchschnittliche Kapitalbindung (Material, Lohn, etc.) über sämtliche Fertigungsstufen bei ca. 70 % der Herstellkosten. Die Herstellkosten betragen 180 €/Stück.

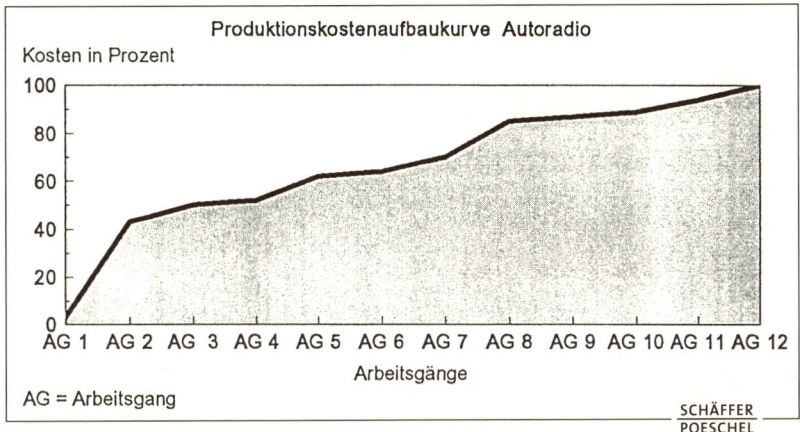

Abb. 6.12: Produktionskostenaufbaukurve eines elektro-
technischen Erzeugnisses

Bei einer Durchlaufzeit von 10 Arbeitstagen sind 28.000 Geräte mit einem durchschnittlichen Wert von 28000 x 180 x 0,7 = 3,53 Mio. € gebunden. Dieser Bestand
verursacht bei 10 % Fremdkapitalzins 0,353 Mio. €/a Kapitalbindungskosten. Bei einer Reduzierung der DLZ auf 3 Arbeitstage fällt der Bestand auf einen Wert von 1,06
Mio. € und die Kapitalbindungskosten auf 0,106 Mio. €/a. Die theoretische Kosten-
einsparung liegt damit bei 247 T€ p.a. Als Nebeneffekt erhöht die DLZ-Reduzierung
durch die Bestandsauflösung die Liquidität des Unternehmens. Durch die Bestandsauflösung werden dem Unternehmen einmalig 2,47 Mio. € an flüssigen Mitteln zu-
geführt. Diese sind aber bei der Umsetzung einer kürzeren DLZ z.T. in Kapazitätser-
weiterungen zu investieren.

Fallbeispiel Produktvielfalt und Logistikkosten
Die Produktvielfalt, die in Zukunft weiter steigen wird, verursacht zusätzliche Kosten. Diese Kosten entstehen durch die Bereitstellung anderer Materialarten, die Verwendung zusätzlicher unterschiedlicher Materialien, umfangreicherer Stoffein-
gangsprüfungen, veränderter Prüfprogramme, kompliziertere Verfahren der Mate-
rial- und Fertigungssteuerung, etc. Diese zusätzlichen Kosten können auch als
Komplexitätskosten bezeichnet werden. Je größer die Produktvielfalt ist und je unterschiedlicher sich diese Vielfalt zeigt (anderes Gehäuse, andere Funktionen des
Geräts, Einsatz unterschiedlichster Fertigungstechnik), desto aufwändiger werden
die administrativen Abläufe. Dies wird an der zunehmenden Komplexität der Steuerung der Entwicklungs-, Konstruktions-, Materialfluss-, Produktions- und Distribu-
tionsabläufe sichtbar. An einem konkreten Beispiel wird dieser Sachverhalt auf Kosten heruntergebrochen. Dabei ist dies zunächst nur ein einfacher Ansatz, der zu aller erst die Grundproblematik herausarbeiten soll.
    Als Darstellungsobjekt soll eine Modellfabrik dienen, die verschiedenste Varian-
ten von Videorecordern herstellt. Die Modellfabrik stellt jährlich ca. 1,2 Mio. Video-
recorder her. Dabei sind ca. 200 Varianten im Angebot. Einige Varianten ergeben
sich nur durch unterschiedliche Gehäuse, andere durch einen unterschiedlichen
Funktionsumfang, nochmals andere durch die Anforderungen der Märkte, auf denen
sie vertrieben werden. Die Fabrik macht einen Umsatz zu Kosten von ca. 350 Mil-
lionen € jährlich.

Kostenverursachender Bereich	Mio. €/a	Anteil logistischer Funktionen in Mio. €
Material	200	0
Eingangswarenlager, Stoffeingang	13	13
Lohneinzelkosten	32	0
Einkauf	5	0
Disposition	5	5
Kostenrechnung/Buchführung	4	0
kaufmännische Datenverarbeitung	6	3 anteilig
Fertigungsvorbereitung	12	0
Fertigungsausführung	30	0
Fertigungssteuerung	5	5
Qualitätssicherung	10	0
Zwischenlager Fertigung	8	8
Sonstiges (Personal, Vertrieb)	20	4 anteilig Vertrieb
Gesamtkosten	350	davon Logistik 38

Von den Gesamtkosten von 350 Mio. € beträgt der Materialkostenanteil 57 % und der Anteil der Logistikkosten 10,8 %. Bezieht man die Logistikkosten nur auf die Kosten der Wertschöpfung (Gesamtkosten minus Materialkosten), so ergibt sich ein Anteil der Logistikkosten an der Wertschöpfung von 25,3 %, d. h. jede vierte Mark wird in der Logistik verausgabt. Der Anteil der Logistikkosten am Umsatz, wie häufig angegeben, wird sich dann je nachdem wie hoch der kalkulierte Gewinn ist, knapp unter 10 % bewegen.

Zur Darstellung der Abhängigkeit der Kosten von der Produktvielfalt werden die Kosten dahingehend untersucht, ob diese abhängig sind von der Menge (Volumen) oder Anzahl der Typen (Teilenummern). So sind z. B. die Kosten der Beschaffung (Einkauf und Beschaffungslogistik) stärker typabhängig als mengenabhängig. Es ist zunächst unbedeutend, ob 1.000 oder 1.200 Teile bestellt werden müssen, es ist aber ein großer Unterschied, ob 10 verschiedene oder 100 verschiedene Bauteile bestellt werden müssen. Für jedes neue oder weitere Teil müssen Lieferanten ermittelt und betreut werden. Für jedes neue Teil muss eine Teilenummer angelegt und müssen die Daten gepflegt werden (die internen Kosten für eine Teilenummer liegen bei ca. 1.300 € jährlich). Jedes Teil erfordert die Festlegung einer Spezifikation, die Erstellung eigener spezifischer Prüfvorschriften und bei Bestellung kleinerer Mengen kann nicht von Rabatten profitiert werden, sondern im Extremfall sind noch Mindermengenzuschläge zu bezahlen. Auch die Kosten der Fertigungsvorbereitung sind eher typ- als mengenabhängig. Zu den Aufgaben der Fertigungsvorbereitung gehört u. a. die Auslegung und Beschreibung der benötigten Maschinen/Anlagen und Abläufe. Jedes neue Produkt benötigt spezifische Werkzeuge oder Maschinen, die Arbeitsplätze sind ergonomisch zu gestalten, Ablauf- und Prüfdiagramme festzulegen, Zeitaufnahmen zu veranlassen und auf die produktspezifischen Gegebenheiten (schwierige Materialien, komplizierte Klebegeometrie, kritischer Prozessschritt löten, komplizierte Transportvorgänge, etc.) Rücksicht zu nehmen. Daraus ergibt sich für das Beispiel eine theoretische Festlegung der mengen- und typabhängigen Kosten:

Funktion	gesamte Kosten Mio. €	mengen-abhängig	typ-abhängig	logistik-abhängig (mengen-/typabhängig)
Material	200	180	20	
Eingangswarenlager und Stoffeingang	13	10	3	10/3 Mio. €
Lohneinzelkosten	32	24	8	
Fertigungsvorbereitung	12	5	7	
Fertigungsausführung	30	24	6	
Fertigungssteuerung	5	3	2	3/2 Mio. €
Qualitässicherung	10	6	4	
Zwischenlager	8	5	3	5/3 Mio. €
Einkauf	5	2	3	
Disposition	5	2	3	2/3 Mio. €
Kostenrechung und Buchführung	4	2	2	
Datenverarbeitung	6	5	1	3/1 Mio. €
Sonstiges	20	16	4	
Summen	350	284	66	(23/12)
Anteile in Prozent	100	81	19	

Ein Teil der so genannten Komplexitätskosten ergibt sich aus den typabhängigen Kosten. Diese betragen ca. 19 % der Gesamtkoten.

Szenario: Würde statt 200 verschiedener Produkttypen bei gleicher Gesamtstückzahl und gleicher Auslastung der Fertigungseinrichtungen (Leerkosten, Nutzkosten) nur ein einziger Typ gefertigt werden, könnten die Kosten theoretisch um die typabhängigen Kosten, in diesem Fall 19 % der Gesamtkosten, gesenkt werden. Entsprechende Reduzierung der Anzahl Typen von 200 Varianten auf Y Varianten würde die Kosten zwischen 0 und 19 % senken. Da die Logistikkosten zu 34,3 % typabhängig sind, wirkt eine Reduzierung der Typenvielfalt bei den Logistikkosten stärker kostenreduzierend, als bei den Gesamtkosten. Daraus resultiert, dass die Logistikkosten durch die Berücksichtigung typabhängiger Kosten und einer Vereinfachung der Logistikabläufe (Prozessgedanke) positiv beeinflusst werden können.

Kontrollfragen

1. Nennen Sie die Ziele der Produktionslogistik!
2. Welche Aufgaben hat ein Produktionsprogrammplan zu erfüllen?
3. Welche Gestaltungsmöglichkeiten hat die Produktionslogistik?
4. Erläutern Sie eine dieser Möglichkeiten konkret an einem Beispiel!
5. Welches Instrument hat die Produktionslogistik zur Verfügung?
6. Erläutern Sie dieses Instrument am Y-Modell von *Scheer*!
7. Welche Prioritätsregeln kennen Sie, um die Auftragsveranlassung durchzuführen?

6.3 Distributionslogistik

Nach der Lektüre dieses Kapitels soll der Leser

- den Begriff der Distributionslogistik erklären können,
- die Aufgaben und die Schnittstellen zur Beschaffungslogistik erläutern können,
- die Ziele der Distributionslogistik aufzeigen können,
- die verschiedenen Gestaltungsmöglichkeiten innerhalb der Distributionslogistik aufzeigen können.

Vertriebslogistik

Die *Distributionslogistik* verbindet die Absatzseite des Unternehmens mit den nachfragenden Kunden. Sie umfasst nach *Jünemann* damit alle Aktivitäten, die den Abnehmern die physische Verfügbarkeit der Produkte einschließlich der dazugehörigen Informationen ermöglichen. Die Distributionslogistik wird auch als »physical distribution« oder Vertriebslogistik beschrieben. Zunehmend wird auch der Begriff »Marketinglogistik« genannt. Die Marketinglogistik ist der vom Kunden sichtbare bzw. erkennbare Teil der Logistik, der gewährleistet, dass er die richtige Ware, zur richtigen Zeit, in der richtigen Menge und richtigen Qualität erhält (*Ehrmann* 1997, S.426). Damit beinhaltet die Marketinglogistik zwar die physische Distributionstätigkeit, berücksichtigt darüber hinaus jedoch die grundsätzlichen Überlegungen und Entscheidungen, die Grundlage für die physischen Tätigkeiten sind. Dies sind z. B. Prognose-, Durchführungs- und Kontrolltätigkeiten.

6.3.1 Aufgaben und Ziele der Distributionslogistik

Ihr Aufgabengebiet umfasst die Planung, Steuerung und Überwachung des physischen Warenflusses sowie des damit verbunden Informationsflusses zwischen Produktions- und Handelsunternehmen und den jeweiligen Abnehmern (Händler, weiterverarbeitende Industrie, Endverbraucher). Im Rahmen der Distributionslogistik sind verschiedene Zielsysteme zu verfolgen.

Daraus resultieren folgende Aufgaben:

Aufgaben

- Auftragsabwicklung,
- Planung, Steuerung und Überwachung der Transport- und Informationsprozesse zum Kunden,
- Warentransport und Tourenplanung,
- Bestimmen der Distributionskanäle,
- Festlegung Anzahl und Umfang der Lager,

- Festlegung Funktion und Standort der Lager,
- Festlegung des Servicegrades,
- Reduzierung der Kosten für distributive Leistungen.

Die Ziele können logistische Ziele und/oder Kundenziele sein.

Bei *logistischen Zielen* beinhaltet das Zielsystem die Fragestellung, bei gegebenen Kosten den maximalen Output oder einen gegebenen Output mit minimalen Kosten zu realisieren. Im Einzelnen können dies sein:

Logistische Ziele

- Reduzierung der Bestände,
- Rationeller Einsatz von Lager- und Kommissioniertechnik,
- Einsatz leistungsfähiger IV-Systeme zwischen Händler, Vertriebsorganisation und Lager,
- Auswahl der richtigen Lagerstandorte mit kostenoptimalem Umschlagsvolumen (dynamischer Prozess durch Kundenverschiebungen, Änderung des Produktsortiments),
- Auswahl von angepassten, kostenoptimalen Transportmedien und Umschlagseinrichtungen.

Die *Kundenziele* umfassen neben der Bewältigung des Mengenstroms bei minimalen Kosten auch weitere Kundenwünsche wie Servicegrad, Betreuung und Präsenz. Folgende Zielsetzungen erscheinen dabei wichtig:

Kundenziele

- ausreichend hoher Servicegrad (abhängig von Produkt, Kunde und Distributionsebene),
- Abdeckung auch künftiger Nachfragestrukturen oder Serviceleistungen,
- Auskunftsbereitschaft, Transparenz.

6.3.2 Gestaltungselemente der Distributionslogistik

Für die *Gestaltung einer Distributionslogistik* ist die Art der Produktion und die Kundenseite entscheidend, also die Frage, ob es sich um eine Auftrags- oder Lagerfertigung, eine Einzel- oder Serien-/Massenfertigung handelt. Die Vielzahl der Gestaltungsmöglichkeiten ist in Abbildung 6.13 zusammenfassend dargestellt.

Gestaltungsmöglichkeiten

Hier steht der Möglichkeit einer Direktbelieferung des Kunden einerseits eine vielstufige Distributionskette mit Regionallager, Auslieferungslager und Verkäufer gegenüber. In der Praxis werden sich Mischformen herausbilden, die u. a. bestimmt sind von der Menge, vom Wert (ABC-Analyse), vom Nachfrageverlauf (X,Y,Z) und von der Dringlichkeit der Nachlieferung. Der 24-Stunden-

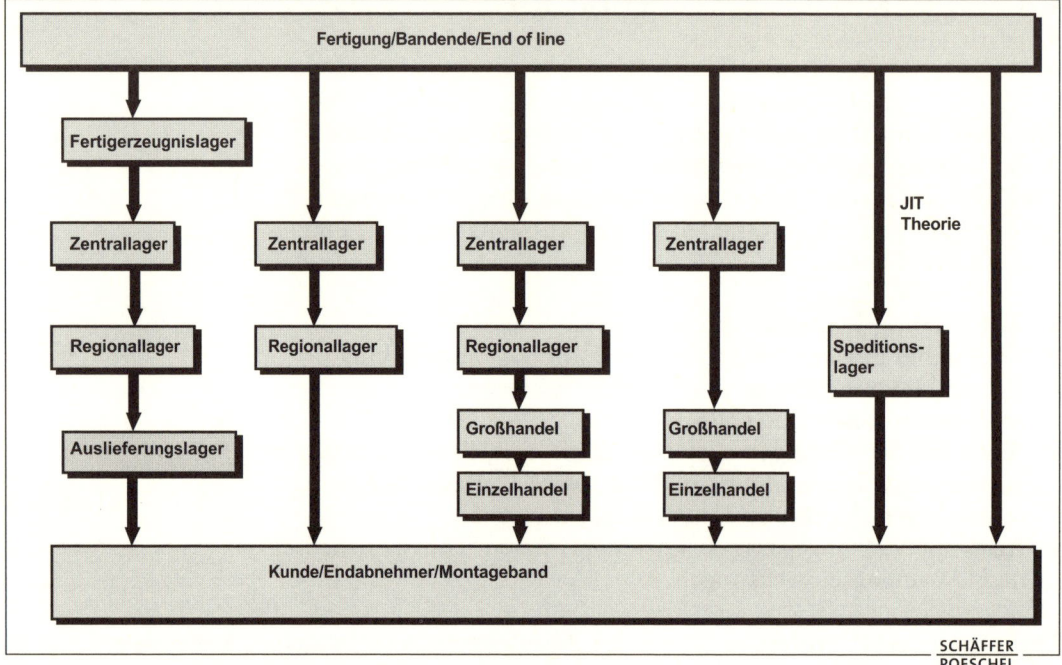

Abb. 6.13: Gestaltungsmöglichkeiten eines Distributionssystems

Lieferservice mancher Unternehmen erfordert für die Einhaltung dieses Services in der Regel eine Direktbelieferung des Kunden aus dem Zentrallager oder aus dem Produktionswerk. Dabei wird der übliche Distributionsweg über Zentrallager, Regionallager, Auslieferungslager umgangen.

Transportmittel

Neben der Ausgestaltung der Anzahl der Ebenen, die die Distribution umfasst, steht die Auswahl der *Transportmittel* im Vordergrund. Dabei geht es u. a. um die Frage, ob man die Kunden über die Bahn kostengünstiger und schneller erreichen kann als mit dem LKW, oder der Handlingaufwand bei Nutzung des Bahnsystems zu aufwändig und zeitintensiv ist. Diese Frage wird insbesondere durch die Aufhebung der einheitlichen Tarife im Güterverkehr sehr viel komplexer zu beantworten sein. Bei der Ausgestaltung des Transportsystems sind Fragen der Zuverlässigkeit, der Kosten, des Faktors Zeit, des Handlingaufwands (bei mehrgliedrigen Transportketten), der Tourenplanung (Zahl der Abladestellen, Möglichkeit, den LKW voll zu beladen) und zunehmend auch umweltpolitische Fragen zu berücksichtigen. Daneben ist die *Standortwahl* für ein Auslieferungslager oder Zentrallager von besonderer Bedeutung. Insbesondere deshalb, weil hier ein dynamischer Prozess vorliegt, der auch künftige Märkte und Kundengewohnheiten ausreichend berücksichtigen muss. Darüber hinaus verfügt

Standortwahl

jedes Unternehmen über eine gewachsene Distributionslogistik, die mit Standorten und Transportmitteln ausgestattet ist. Die Frage nach dem Standort ist nach den Kriterien Kundenstandorte, vorhandene Verkehrs-Infrastruktur (Anbindung Autobahn, Flughafen, Schifffahrt), Bauland und Arbeitskräftepotenzial zu entscheiden. Für die Standortplanung gibt es einfache Verfahren, über die nachfrageinduzierte Entfernungsmessung und das Miehleverfahren bis hin zu graphentheoretischen Ansätzen. Für das Optimieren von Transportvorgängen mit/ohne Umladevorgänge sind einfache Ansätze wie die Nord-West-Ecken-Regel, die Modi-Methode oder Simplex-Verfahren (Lineare Programmierung) denkbar. Aus diesen planerischen Überlegungen ist eine Soll-Struktur zu ermitteln. Diese Soll-Struktur wird mit der Ist-Struktur verglichen, um Handlungsalternativen herauszuarbeiten. Nicht immer wird es betriebswirtschaftlich sinnvoll sein, vorhandene Lagerstandorte aufzugeben und neue zu errichten. Eine solche Entscheidung muss von einer Wirtschaftlichkeitsrechnung und einer Gesamtkostenrechnung unter Berücksichtigung der Lagerhaltungskosten, Transportkosten, Informationskosten, Anlaufkosten, Remanenzkosten und systemabhängiger Kosten abhängig gemacht werden.

Auswahlkriterien

6.3.3 Distributionsplanung

Die *Distributionsplanung* ist ein vorgeschalteter Prozess, um die Umsetzung logistischer Ziele und Kundenorientierung zu ermöglichen. Dabei hat die Distributionsplanung die Ziele nach einer Ist-Analyse zu quantifizieren und Möglichkeiten zu deren Realisierung zu erarbeiten und sie bei der Umsetzung zu begleiten. Die Distributionsplanung umfasst folgende Punkte:

- angestrebter Servicegrad (92 bis 96 %),
- Anzahl Lagerplätze, Lagervolumen (Produkte, Sortiment, Lagertechnik),
- Planung der Informationsverarbeitung (Lagersteuerung, Bestandsführung, Anbindung an Kunden, Anbindung an Produktionswerke),
- Transport- und Verkehrsplanung,
- angestrebter Umsatz,
- angestrebter Lagerumschlag.

Der Forderung nach Erhöhung des *Lieferservicegrades* kann auf vielfältige Art und Weise entsprochen werden. Die Distributionsplanung kann eine veränderte Lagerhaltung anstreben oder den Aufbau zusätzlicher Zentrallager forcieren. Ein anderer Weg ist,

Einfluss auf die Produktion zu nehmen, um theoretisch beliebige Mengen in beliebiger Vielfalt in kürzester Zeit bereitstellen zu können. Des Weiteren ist die Dispositionsplanung für die Frage der *Lagerdimensionierung* verantwortlich. Dabei geht es zum einen darum, zu bestimmen wie viele Stellplätze im Kleinteilelager und im Palettenlager notwendig sind. Darüber hinaus sind Überlegungen anzustellen, wie sich das Lagervolumen über die nächsten Jahre entwickeln wird, unter Beachtung einer zunehmenden Produktvielfalt, JIT-Belieferung oder geplantem Unternehmenswachstum. Neue Fertigungsverfahren oder eine geringere Fertigungstiefe ermöglichen eine Erhöhung des Lagerumschlags. Ein weiterer Bereich sind Überlegungen zur Gestaltung des Transportwesens zum Kunden. Eventuell sind Vorgaben des Kunden zu berücksichtigen, der nur eine Spedition zu Anlieferung zulässt. Oder es ist mit mehreren Gebietsspediteuren zusammenzuarbeiten, da die einzelnen Kunden stark regional verteilt sind.

Fallbeispiele

Ein in der Automobilindustrie verbreitetes Logistikkonzept sieht die Errichtung eines zentralen Versorgungslagers vor. Die Hersteller-Werke beliefern nicht mehr die Händler, sondern die Werke lösen ihre Lagerkapazitäten zugunsten eines Zentrallagers auf. Das Zentrallager wird damit zum Kernelement der Logistik. Vom Zentrallager werden regionale Versorgungslager bedient und diese wiederum versorgen die Vertriebs- und Servicestützpunkte (= Händler). Dieses Konzept umfasst eine nach dem Bedarf ausgerichtete Lagerhaltung und Versandabwicklung über alle drei Ebenen der Teileversorgung. Hochgängige Artikel, überwiegend Verschleißteile wie z. B. Bremsbeläge, werden beim Händler ständig bevorratet. Das weniger gängige, jedoch regelmäßig nachgefragte Sortiment kann über die Ebene der regionalen Versorgungslager beschafft werden. Die Versorgung des einzelnen Kunden wird dadurch verbessert, da 95 % der Primärnachfrage aus dem Bestand beim Händler und regionalen Versorgungslager abgedeckt werden können. Nur die wenig gängigen Artikel werden per Express (24-Stunden-Service) über Nacht aus dem zentralen Versorgungslager bezogen. Ferner übernimmt das zentrale Versorgungslager auch die Nachschubfunktion für die regionalen Versorgungslager in Deutschland, Europa und Übersee und die Generalvertretungen im übrigen Ausland.

Ein weiteres modernes Logistikkonzept sind Versandzentren von Versandunternehmen, in denen die Waren der Lieferanten gesammelt und für den Kunden kommissioniert werden. Modernste Fördertechnik verbindet ein Hochregallager mit dem Kommissionierlager. Die Steuerung des Materialflusses erfolgt vollautomatisch. Ohne jeglichen Handgriff laufen die Waren aus mehreren parallelen Gassen des Hochregallagers in das Kommissionierlager. Lange Fahrzeiten und manuelle Arbeitsgänge entfallen. An mehreren Sortern werden die Warenstücke zu Kundensendungen zusammengebracht. Den Abschluss des Warenflusses bildet die Sortieranlage, in der die Kundenpakete für die jeweiligen Zustellgebiete aussortiert und für den Weitertransport mit Bahn oder LKW versandfertig gemacht werden. Eine vollautomatische Mess-, Wiege- und Durchleuchtungsstraße vergleicht in Sekundenschnelle die Ist-Daten mit im Rechner hinterlegten Stammdaten.

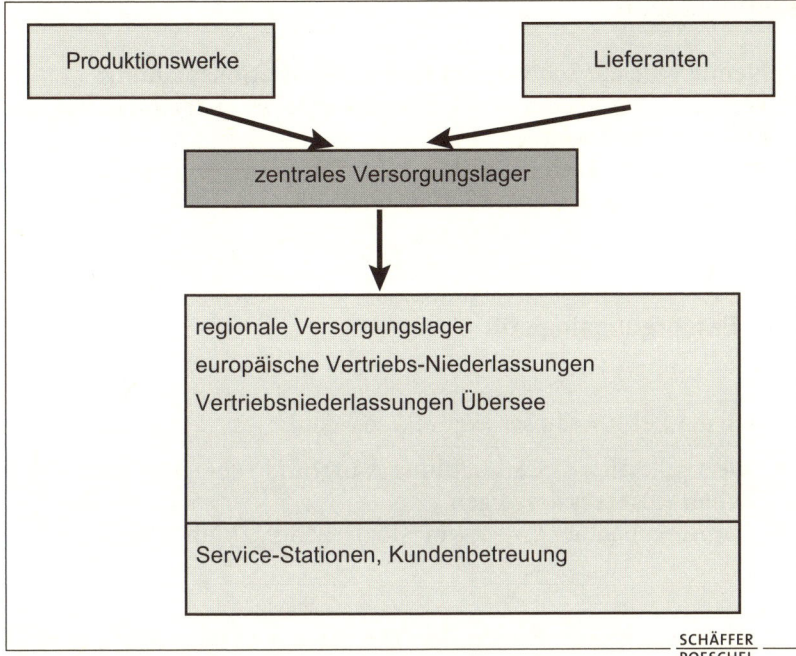

Abb. 6.14: Aufbau des Konzepts eines zentralen Versorgungslagers

Unplausibilitäten (Gewicht, Anzahl Teile) werden so identifiziert, und es erfolgt ein fördertechnisches Ausschleusen und ein manuelles Überprüfen. Zwischen der Eingabe durch die Mitarbeiter in der Kundenbetreuung und der Ausgabe des versandfertigen Päckchens am Warenausgang fließen ohne weiteres menschliches Zutun zahlreiche Waren- und Datenströme. Der Rechner teilt nach Eingabe des Kundenauftrags die Bestellung einem der Versandzentren zu. Gleichzeitig erfolgt der Ausdruck der Rechnung und des Selbstklebeetiketts mit der Kundenaufschrift für das Paket, aber auch für jedes Warenstück einer Bestellung wird ein Klebeetikett mit Strichcode gedruckt. In der Paketumschlaganlage treffen die Kundenpakete über zahlreiche Transportbänder ein. Die Anschrift ist in Klartext und als Strichcode ausgeführt. Dadurch ist auf dem Sorter, einem permanent kreisenden Förderer mit Kippschalen, per Scanner die Identifizierung des anzusteuernden Postleitzahlenbereiches möglich. In einem gemeinsamen Projekt eines Versandhauses und der Post AG wird die Versandabteilung des Versenders in eines der Postfrachtzentren der Post AG integriert. Die Deutsche Post AG übernimmt an einem der 48 Tore, diese sind für die 33 Postfrachtzentren sowie für den Expressdienst (24-Stunden-Service) bestimmt, die fertig sortierten Sendungen eines Postzahlenbereichs in genormten Containern, die bis zum Erreichen des Zielgebiets nicht mehr sortiert und umgeladen werden müssen. Die Zusammenarbeit nutzt einerseits moderne Technik bei der Vorbereitung der Kundenaufträge und andererseits die Postfrachtzentren der Deutschen Post AG mit ihrer Logistikstruktur.

Kontrollfragen

1. Nennen Sie die Schwerpunkte der Distributionsplanung!
2. Welche Gestaltungsmöglichkeiten gibt es prinzipiell bei der Distributionslogistik?
3. Zeigen Sie die Lieferung über Zentrallager beispielhaft auf!
4. Was verstehen Sie unter Servicegrad!

6.4 Entsorgungslogistik

Lernziele

Nach der Lektüre dieses Kapitels soll der Leser

- die zukünftige Entwicklung aufgrund des Kreislaufwirtschaftsgesetzes aufzeigen,
- die Aufgaben der Entsorgungslogistik aufzählen können.

Unter **Entsorgung** werden die Tätigkeiten verstanden, die zur Verwertung von Abfallprodukten, Ausschuss, überschüssigem Material, überalterten Fertigwarenbeständen und zunehmend auch von Materialien, die recycelt werden müssen, notwendig sind. Hierzu zählen die Sammlung, die getrennte Lagerung, die Verwaltung, die Disposition und, bei verwertbaren Materialien, die Rückführung in den Produktionsprozess. Diese Kette von Entsorgungsfunktionen bedarf besonderer logistischer Planung, Steuerung und Überwachung.

Daher muss in vielen Unternehmen ein eigenständiger Bereich Entsorgungslogistik eingerichtet werden. Die *Entsorgungslogistik* kann als die Anwendung der Logistikkonzeptionen auf Rückstände definiert werden (*Pfohl* 1995, S. 227), um mit allen Tätigkeiten der raum-zeitlichen Transformation, einschließlich der Mengen- und Sortenänderung, einen ökonomischen und ökologisch effizienten Rückstandsfluss zu gestalten. Abgrenzungskriterien der Entsorgungslogistik gegenüber der Beschaffungs-, Produktions- und Distributionslogistik sind die zu behandelnden Objekte wie auch deren Flussrichtung.

Die Entsorgungslogistik soll die konsequente Anwendung der Logistik auf den Bereich der Entsorgung im Unternehmen bewirken. Hierbei muss besonders das Ziel gesehen werden, von Anfang an keine Teiloptimierungen bzw. Insellösungen zu schaffen, sondern ganzheitliche Lösungen zu suchen. Ziel ist es, unter der Beachtung des funktionellen Aufgabenbereichs, die Entsorgungslogistik im Bereich der Distributionslogistik einzuordnen, da sich hier vom Aufgabengebiet her viele Parallelen ergeben. Der Aufbau der *Kreislaufwirtschaft* macht es notwendig, die Funktionen nicht getrennt abzuarbeiten, sondern im Sinne einer Systemgestaltung zu optimieren. Die Entsorgungslogistik kann sonst aufgrund nicht genutzter Lager- und Transportkapazitäten dem Gedanken des Umweltschutzes und letztlich auch der Kostensenkung nicht gerecht werden.

6.4.1 Aufgaben der Entsorgungslogistik

Die Aufgaben der Entsorgungslogistik sind zusammengefasst:

* Entsorgung Abfallprodukte oder benutzte zurückgegebene Produkte,
* Recycling von Abfallstoffen und Produkten,
* Beachtung/Kontrolle gesetzgeberischer Auflagen,
* Mengenplanung, Kostenplanung,
* Planung und Steuerung der Material-/Informationsströme,
* Kreislaufwirtschaft installieren,
* Umweltgesichtspunkte und Kostengesichtspunkte (betriebs-, volkswirtschaftliche) berücksichtigen,
* Entsorgungsfunktion lösen (Lagertechnik, Transporttechnik, Aufbereitung),
* Möglichkeiten der Weiterverwendung, Wiederverwendung und Weiterverwertung betreiben,
* Produktgestaltung aktiv beeinflussen (Verpackung, Rohstoffe, Bauteile),
* Produktionsverfahren verändern, damit Vermeidung von Abfallprodukten, keine Emissionen.

Die künftige Entwicklung der Entsorgungswirtschaft wird stark durch Gesetzesvorgaben, wie das *Kreislaufwirtschaftsgesetz*, bestimmt. Dadurch werden die Abfallströme umgelenkt: Die Recyclingmengen zur Verwertung werden zukünftig ansteigen, während die Abfallströme zur Beseitigung, also die Müllverbrennung und Deponierung, zurückgehen werden. So werden derzeit z. B. Kapazitäten zur rohstofflichen Verwertung von Kunststoffen stark aufgebaut, die künftig 440.000 t Jahreskapazität umfassen sollen. Ein wesentliches Aufgabengebiet der Entsorgungslogistik ergibt sich aus der Verantwortung für dic Produktgestaltung. Das heißt, schon bei der Entwicklung und Konstruktion sollte darauf geachtet werden, dass recyclebare Materialien eingesetzt oder die Produkte so konstruiert werden, dass diese einfach demontiert und die eingesetzten Materialien selektiert werden können.

Kreislaufwirtschafts-gesetz

6.4.2 Formen der Abfall-/Produktverwertung

In der *Abfallverwertung* können verschiedene Formen der Rückführung von verbrauchten Produkten unterschieden werden.

● Die Weiterverwendung: Das Produkt wird in der gleichen Form und zum gleichen Gebrauch verwendet. Beispiel sind Mehrwegflaschen, Stoffwindeln, Instandsetzung elektronischer Geräte.
● Die Wiederverwendung: Das Produkt ändert seine Produktform, nicht aber den Gebrauchszweck. Beispiele hierfür sind Metallschrott, Verwendung von Kunststoffen zu anderen Zwecken (Kunststoff in Stoßdämpfern wird als Roh-Substanz für PKW-Stoßfänger benutzt), Herstellung von Papier aus Altpapier.
● Die Weiterverwertung: Die Produktform und der Gebrauchszweck ändern sich. Die verbrauchten Produkte werden in einer anderen Form weiterverwendet. Beispiele sind Textilabfälle, die als Putzwolle Verwendung finden, der Einsatz ölhaltiger Produkte als Brennstoff sowie Verbrennung und Kompostierung.

Am Beispiel der Herstellung und Wiederverwendung (Wiederinstandsetzung) von elektronischen Geräten (Steuergerät Motormanagement, Diagnoseeinheit, Antiblockiersystem, Getriebesteuerung, Sitzpositionsmodul) im Automobil soll in Abbildung 6.15 der zusätzlich notwendige Entsorgungskreislauf aufgezeigt werden.

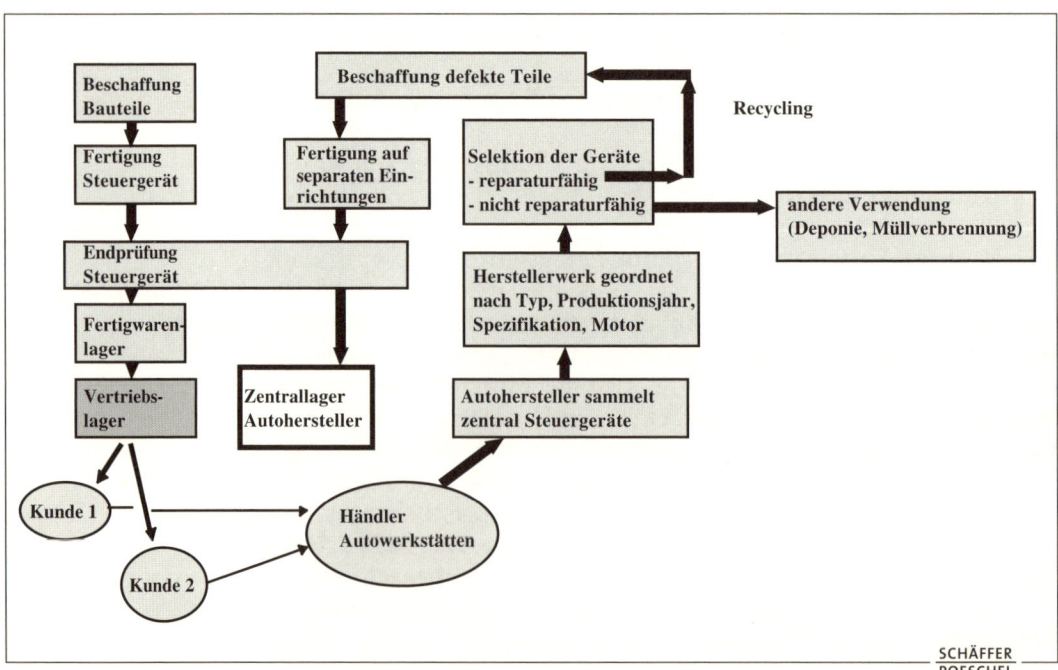

Abb. 6.15: Denkbarer Recycling-Prozess für Automobil-Elektronik

Kontrollfragen

1. Was sind die Aufgaben der Entsorgungslogistik?
2. Warum soll die Entsorgungslogistik mit der Distributionslogistik entwickelt oder aufgebaut werden?
3. Welche Auswirkungen hat das Kreislaufwirtschaftsgesetz?
4. Zeigen Sie den Ablauf der Entsorgungslogistik schematisch auf!

6.5 Lagerlogistik

Nach der Lektüre dieses Kapitels soll der Leser **Lernziele**

- die Aufgaben der Materiallagerung kennen,
- den Unterschied der verschiedenen Lagerarten kennen,
- die Einbindung der Lager in den betrieblichen Materialfluss aufzeigen,
- die verschiedenen Lagerstrategien/Lagerpolitiken kennen,
- die Begriffe Sicherheitsbestand und Meldebestand erläutern und berechnen können,
- die Klassifizierung der Lagertechnik durchführen können,
- Beispiele für Lagertechniken nennen können,
- die Klassifizierung der Fördertechnik durchführen können,
- Beispiele für Fördertechniken nennen können,
- den Begriff EDI kennen.

Unter **Lagerlogistik** werden alle Abläufe der Planung, Steuerung und Überwachung der Lager- und Transportvorgänge verstanden.

Neben den anderen Bereichen der Unternehmenslogistik (Beschaffungs-, Produktions- und Distributionslogistik) werden insbesondere die Lagervorgänge explizit betrachtet. Zwar sind Lagervorgänge bei der Beschaffungs-, Produktions- und Distributionslogistik mit von großer Bedeutung, wegen der Aufgabenvielfalt empfiehlt es sich aber, den Bereich Lagerlogistik getrennt zu betrachten. Dabei muss sich der für Lagerwirtschaft Verantwortliche fragen, ob es überhaupt eines Lagers bedarf und welche Ziele damit zu verfolgen sind. Auch ist die Wirtschaftlichkeit eines Lagers zu hinterfragen und gegebenenfalls zu verbessern. Die Aussage, dass das wirtschaftlichste Lager jenes sei, welches es nicht gebe, muss angezweifelt werden. Die Lager, und mit ihnen verbunden die Lagertechnik und die Transporttechnik, sind wichtige Glieder für die

Erfüllung des betrieblichen Zwecks und die Erreichung der Unternehmensziele. Viel wichtiger ist die Frage nach dem Umfang an Lager/Lagertechnik und Transporttechnik und den wirtschaftlichen Alternativen. Zu den Alternativen wurde schon einiges dargelegt, wie z. B. die absatzgesteuerte Produktion durch das Just-in-time-Konzept oder die Vergabe der Lagerfunktion an externe Dienstleister. Aber auch dies kostet Geld und muss nicht per Definition wirtschaftlicher sein. Eine der vordringlichen Aufgaben der Lagerlogistik muss daher sein, den eigenen Standpunkt zur Lagerung zu überdenken, Alternativen zu erarbeiten und kostenmäßig zu bewerten.

Lagerfunktion

Lagervolumen

Bevor man ein künftiges Lagervolumen festlegt, sind folgende Fragen zu klären:

- Müssen alle Artikelgruppen am Lager liegen? Welche Positionen können vom Lieferanten direkt bezogen werden?
- Können durch ein besseres Informationssystem im Rahmen der Produktionsplanung und -steuerung Lagerstufen und Lagervolumen reduziert werden?
- Kann auf eine absatzgesteuerte Produktion umgestellt und nur das gefertigt werden, was der Kunde gerade abnimmt?
- Kann die Fertigung durch Umstellung auf kleinere Losgrößen (Extrem: Losgröße 1) für einen kontinuierlichen Materialfluss sorgen? (Das bedeutet aber Rüstzeiten zu minimieren und flexible Fertigungseinrichtungen vorzuhalten).
- Kann der Lager- und Transportvorgang insgesamt optimiert werden, indem für die Lagerbedürfnisse auf angepasste Lager- und Transporttechnik umgestellt, EDV-Verknüpfung und Bestandscontrolling eingeführt, von vielen kleinen Lagern auf ein zentrales und einheitliches Lagersystem umgestellt wird?

6.5.1 Aufgaben der Materiallagerung

Die *Materiallagerung* ist in den meisten Industriebetrieben überall gegenwärtig. Dies hat seinen primären Grund darin, dass ohne Lagerung sämtliche Leistungen in den einzelnen Funktionsbereichen (Auftragsbearbeitung, Wareneingang, Fertigung, Verkauf) zeitlich und quantitativ übereinstimmen müssten. Dies würde zu einer Synchronisation sämtlicher Abläufe führen, sowohl im innerbetrieblichen Leistungsprozess wie auch im externen Bereich mit Lieferanten. Gerade die technischen Funktionen können dies in der Regel oft nicht leisten, denn es ist oftmals technisch nicht machbar, ein einzelnes Stück oder eine bestimmte Menge zu erzeugen. Wenn man an die Grundstoffindustrie, die Stahlerzeugung denkt, so ist der Hochofen kontinuierlich zu betreiben, Abschalten würde ihn zerstören: Auf diese Weise werden alle 3 bis 4 Stunden mehrere Tonnen Stahl erzeugt. Ebenso in der Nahrungsmittelindustrie: Die Abfüllung eines einzigen Yoghurt-Bechers wäre unwirtschaftlich, da die Rührwerke und Transportleitungen ein Vielfaches an Material aufnehmen. Um die Aufgaben eines Lagers zu verdeutlichen, empfiehlt sich die Unterscheidung der Lager in Vorratslager, Pufferlager und Verteillager:

- *Vorratslager* dienen dem Ausgleich von Bedarfsschwankungen und stellen zwischen den Zeitpunkten des Zugangs Material für die Produktion zur Verfügung. Merkmal ist ferner die unregelmäßige Ein- und Auslagerung. **Vorratslager**
- *Pufferlager* gleichen Schwankungen zwischen Zu- und Abgängen in kürzeren Zeitintervallen aus. Sie dienen zur Zeitüberbrückung zwischen zwei Arbeitsgängen in der Produktion oder auch bei Ausfall einer Produktionsmaschine. Die Umschlaghäufigkeit ist recht hoch, da die Materialien und Vorprodukte in kurzen Zeitabständen ein- und ausgelagert werden. **Pufferlager**
- *Verteillager* haben neben der Bevorratungsaufgabe auch den Zweck, die unterschiedliche Zusammensetzung der angelieferten Waren und der abgelieferten Waren zu verändern. Dazu wird in den Lagern kommissioniert. Diese Lager findet man vornehmlich in Handelsunternehmen. **Verteillager**

Zusammengefasst können diese drei Lagertypen nach *Schmidt* folgendermaßen voneinander abgegrenzt werden (siehe Tabelle 6.5).

Daraus können die unterschiedlichen Aufgaben der Materiallager abgeleitet und wie folgt zusammengefasst werden: **Aufgaben der Materiallager**

- Ausgleichsfunktion/Pufferfunktion,
- Sicherungsfunktion,
- Sortimentsfunktion und Aussortierungsfunktion,
- Produktivfunktion,
- Spekulativfunktion.

Bei der *Ausgleichsfunktion/Pufferfunktion* übernimmt das Lager die Ausgleichsfunktion zwischen den einzelnen betrieblichen Funktionen Beschaffung, Produktion und Distribution. Diese Ausgleichsfunktion erstreckt sich über die zeitliche und quantitative Komponente. Sie entfällt weitgehend bei einer Just-in-time-Anlieferung und einer Fertigung nach dem KANBAN-Prinzip. Die Ausgleichsfunktion ist dadurch bestimmt, dass die auf dem Markt zu beschaffenden Mengen und Termine nicht mit dem Verbrauch synchron verlaufen. Mindestabnahmemengen führen dazu, dass mehr Material beschafft wird, als derzeit für die Produktion benötigt **Ausgleichsfunktion**

Vorratslager	Pufferlager	Verteillager
Vielzahl von kleinen Abgängen	Vielzahl von Zu- und Abgängen	nach Anwendungsfall unterschiedliche Zu- und Abgänge
Begrenzte Anzahl von Zugängen die deutlich über dem Verbrauch liegen	Konstanz der Zu- und Abgänge innerhalb eines kurzen Zeitraums	Veränderung der Struktur von Zu- und Abgängen
unregelmässige Bedarfe	hohe Umschlagshäufigkeit	nach Anwendungsfall unterschiedliche Umschlagshäufigkeit
geringer Lagerumschlag	Überbrückung eines kurzen Zeitraums z.B. Tages- oder Stundenpuffer	
als Beschaffungs-, Produktions- und Distributionslager	eher als Produktionslager	als Zulieferlager oder Verteillager
Lagerkapazität zur Verfügung stellen	hohe Bewegungsleistung	hohe Bewegungs- und Lagerleistung
Aufnahme von Teilen/Ware für oder nach der Produktion	geringe Lagerkapazität, „Durchlauflager"	hohe Leistung bei Konzentration der Zugänge bzw. bei Auflösung der Abgänge
Rohstoffe, Halb- und Fertigwaren, Handelswaren	Halbfertigwaren	Rohstoffe, Fertigwaren, Handelswaren

Tab. 6.5: Lagerfunktionen (Quelle: Schmidt 1993, S.115)

wird. In der Textilindustrie müssen bestimmte Mengen an Stoff ausgerüstet (z. B. im Gegenstromverfahren gefärbt) und eingekauft werden. Gerade bei Bezug aus dem Ausland werden hier öfter Mindestabnahmemengen gefordert. Die Pufferfunktion tritt bei Verknüpfung zweier Arbeitsgänge in Erscheinung. Je nach Produkt und damit nach Anzahl der zu verrichtenden Tätigkeiten je Arbeitsgang ändert sich die Stundenleistung (Stück/Stunde). Dadurch können sich kurzfristig Bestände vor dem nächsten Arbeitsgang aufbauen. Diese Pufferbestände können durch einen Produktwechsel oder, wenn dies nicht möglich ist, durch längere Arbeitszeiten (Verlängerung der Schicht) abgebaut werden.

Die *Sicherungsfunktion* dient der Absicherung der Produktionsfunktion und der Versorgungsfunktion gegen positive wie negative Störeinflüsse. Diese Störungen können z. B. durch eine günstigere Auftragslage als geplant, hervorgerufen werden. Um keinen Kunden abweisen zu müssen, kann auf ausreichende Bestände im Lager zurückgegriffen werden. Dies wird vornehmlich vom Vertrieb ausgereizt, sofern das Auslieferungslager dem Vertrieb untersteht. Erst gegen Jahresende, wenn sich keine großen Absatzerwartungen mehr einstellen, werden die Bestände im Lager abgebaut, mit der Folge, dass die vorgeschaltete Fertigung zunächst keine Aufträge erhält, bis das Lager auf einen Zielbestand abgebaut ist. Hier zeigen sich die Disharmonien und Zielkonflikte, die Sichtweise des Vertriebs durch selbstbestimmte Sicherungsmaßnahmen einerseits und die stark schwankende Auslastung der Fertigung auf der anderen Seite. Negative Störgrößen ergeben sich z. B. durch den Ausfall eines Lieferanten. Dadurch kann es zu Fertigungsstillständen kommen, begleitet von Gewinneinbußen und fehlender Fixkostendeckung bis hin zum Verlust des Kunden (Fehlmengenkosten). Eine weitere Störgröße ist die Unterschätzung der Fertigungsproblematik bei Neuanlauf von Produkten. Die Ausbeute fällt geringer aus als geplant. Um dem Kunden die gewünschte Stückzahl zu liefern, müssen sehr viel mehr Produkte als im Auftrag festgelegt, hergestellt werden, um genügend »gute Produkte« an den Kunden liefern zu können. Das Paradebeispiel ist die Halbleiterindustrie (Semiconductor). Die Anfangsausbeute bei einem neuen Micro-Controller beträgt ca. 20 %. Nach dem Hochlauf der Fertigung und der Ausmerzung technischer Probleme (ca. viertel bis halbes Jahr) beträgt die Ausbeute dann 80 bis 90 %. Dafür werden in der Anlaufphase für die Herstellung von einem guten Chip der vierfache Materialbedarf und der bis zu vierfache zusätzliche Kapazitätsbedarf benötigt. Die Sicherungsfunktion findet ihren Niederschlag im so genannten *Sicherheitsbestand* (eiserner Bestand). Wichtig ist, diesen Sicherheitsbestand von Zeit zu Zeit zu überprüfen und dynamisch anzupassen. Dies gilt für Sicherheitsbestände auf jeder Lagerstufe. Die Sicherungsfunktion hat einen gravierenden Nachteil, dass sich der Entscheidungsträger sicher wähnt, obgleich er seinen Prozess und die Prozessabläufe nicht beherrscht. Der Sicherheitsbestand verdeckt häufig Probleme und wirkt damit der Aufdeckung von Schwierigkeiten und der Erarbeitung von Lösungen entgegen.

Die *Sortimentsfunktion und Aussortierungsfunktion* ist vorwiegend in Handelslagern von Bedeutung, die sich durch ihre Sortimentsbreite und Sortimentstiefe auszeichnen. Der Kunde erwartet eine Auswahl funktionsgleicher Bauteile und Geräte verschie-

Sicherungsfunktion

Störgrößen

**Sortiments- und
Aussortierungs-
funktion**

dener Hersteller (Breite) und in verschiedenen Leistungsstufen (Tiefe). Beispielsweise muss der Händler (Distributor) bestimmte elektrische Widerstände verschiedener Hersteller und in den Werten 1,0; 1,5; 2,2; 3,3; 4,7; 6,8 kOhm am Lager haben. Im Industriebetrieb ist diese Sortimentsfunktion am ehesten im Anlagenbau und Sondermaschinenbau zu finden. Die Aussortierungsfunktion besteht in den qualitativen und quantitativen Anpassungsprozessen, die zu innerbetrieblichen und außerbetrieblichen Zwecken vorgenommen werden. Nicht mehr nachgefragte Bauteile und Komponenten sind aus dem Lager zu entfernen (Verschrottung), um Platz für die aktuellen Teile zu schaffen. Oder der Lagerbestand bestimmter Bauteile ist zu reduzieren, da deren Verbrauch stark zurückgegangen ist. Hier hilft eine ABC-Analyse mit der Darstellung der Umschlagshäufigkeit über Materialart, um herauszufinden, bei welchen Materialarten der Lagerbestand anzupassen ist.

Produktivfunktion

Die *Produktivfunktion* des Lagers kann auch als Teil des Produktionsprozesses angesehen werden, wenn es neben der reinen Bestandshaltung auch Funktionen eines Arbeitsgangs erfüllt. Dann ist der Lagervorgang auch ein Fertigungsschritt und Bestandteil des Fertigungsprozesses. Diese Kombination findet man beispielsweise bei Wärmebehandlung von Stahlwerkstoffen. Nach dem Härteprozess wird ein Arbeitsgang »Spannungsarmglühen« angeschlossen, um Eigenspannungen im Metallgitter abzubauen. Beim Spannungsarmglühen wird der Stahlwerkstoff bei hohen Temperaturen mehrere Stunden gelagert. Weitere Lagervorgänge, die auch gleichzeitig Produktionsvorgänge sind, findet man bei Gärprozessen (Wein), Reifeprozessen (Käseerzeugung) und Trocknungsprozessen (Tabak).

Spekulativfunktion

Bei der *Spekulativfunktion* wird das Lager für spekulative Zwecke eingesetzt, z. B. zur Nutzbarmachung der Differenz zwischen einem Einkaufspreis, der sich durch ein großes Angebot und einem Verkaufspreis, der sich bei einem verknappten Angebot ergibt. Die Lagerbildung geschieht damit nicht aufgrund betrieblicher oder technischer Randbedingungen. Dies wird beispielsweise praktiziert, um auf der Beschaffungsseite günstige Preis- und Währungssituationen (z. B. Ausnutzung eines günstigen Dollar-Wechselkurses) zu nutzen, aber auch um einer befürchteten Verknappung von Produkten/Teilen und dadurch ausgelösten Preissteigerungen zu entkommen. So gab es Anfang der 90er Jahre eine starke Verknappung von 4 MByte Speicherbausteinen mit der Folge einer Preiserhöhung je Bauelement um teilweise das Vierfache des Ursprungspreises. Andererseits kann auch auf der Vertriebsseite Ware bewusst zurückgehalten werden, bis eine bestimmte Preisschwelle überschritten ist. Die Bemühungen der OPEC-Länder zur Stabilisierung der Ölpreise pro Barrel auf höherem Niveau sind

Beispiele dafür. In der Industrie wird diese Funktion des Lagers weniger häufig anzutreffen sein.

6.5.2 Lager nach Produktionsstufen

Lager können entsprechend dem Materialfluss durch das Unternehmen angeordnet und klassifiziert werden. Jedes Lager hat, je nach Positionierung im Materialfluss, unterschiedliche Aufgaben und Schnittstellen. Man unterscheidet:

- Lager, die sich aufgrund des Materialflusses vor der Produktion befinden,   **Lagerstufen**
- Lager, die aufgrund des Materialflusses in der Produktion angeordnet sind,
- Lager, die aufgrund des Materialflusses der Produktion nachgelagert sind.

Man nennt dies auch die Lagerstufen 1, 2 und 3.

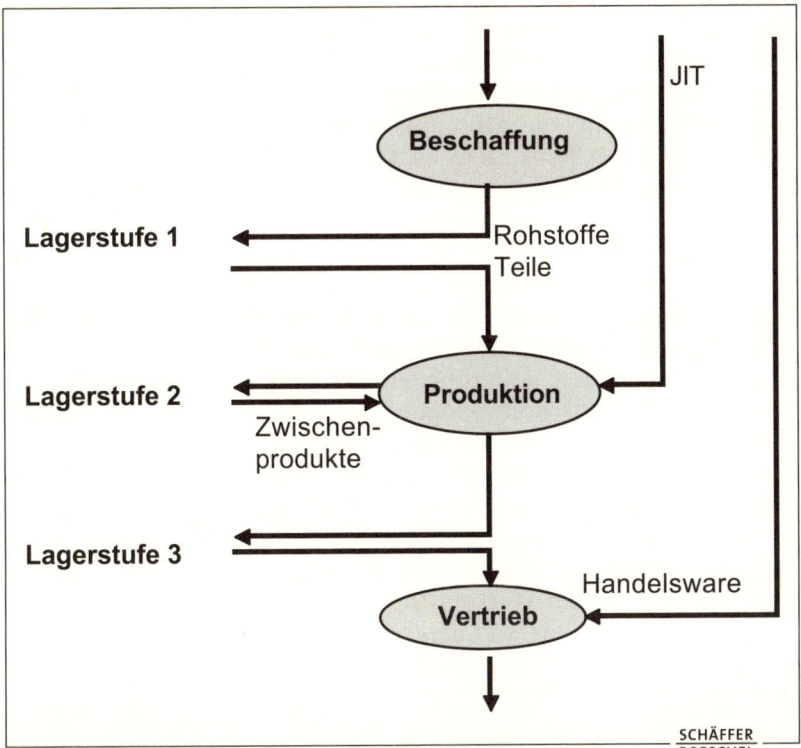

Abb. 6.16: Einbindung der Lagerstufen in den betrieblichen Materialfluss

Eingangslager

Die Lagerstufe 1 ist das *Eingangslager*. Dieses Lager nimmt die Rohstoffe, Hilfs- und Betriebsstoffe und auch Baugruppen und fertigbezogene Teile auf. Die primäre Aufgabe eines Eingangslagers ist die Ausgleichs- und Sicherungsfunktion und damit die reibungslose und kostengünstige Versorgung der Produktion. Die Ware, die im Eingangslager liegt, ist in aller Regel eingangsgeprüft. Entweder wird die Stoffeingangswarenprüfung selbst durchgeführt (meist in räumlicher Nähe des Lagers) oder der Lieferant verpflichtet sich 100 % gute Ware (Zero Defect) anzuliefern. Die Produktion verlässt sich darauf, dass gute Ware am Lager liegt (Lieferung ship to stock). Das Eingangswarenlager kann bei Just-in-Time-Lieferung umgangen werden. Dann wird direkt ans Band oder in die Fertigung geliefert (ship to line).

Auch Handelsware, die zur Diversifikation der selbst erstellten Waren hinzugenommen wird, wird am Eingangswarenlager vorbei direkt ins Fertigwarenlager überstellt.

Zwischenlager

Die Lagerstufe 2 sind die *Zwischenlager* in der Fertigung. Sie werden auch als *Werkstattlager* bezeichnet. Sie laufen parallel zum Fertigungsprozess und sind zwischen den einzelnen Arbeitsgängen angeordnet. Diese Lager können Rohstoffe aufnehmen, wenn diese zu Beginn des Fertigungsprozesses benötigt werden. In der Regel nehmen diese Lager aber Halbfabrikate (Zwischenprodukte unterschiedlicher Fertigungsstufen und damit auf verschiedenen Wertschöpfungsstufen befindlich) auf. Die Kapazitäten der Zwischenlager und die darin gespeicherten Bestände sind aus kostenrechnerischer Sicht nicht zu vernachlässigen. Der Umfang eines Zwischenlagers hängt sehr stark von der Fertigungsorganisation ab. In einer Werkstattfertigung wird das Zwischenlager groß ausfallen, da die einzelnen Arbeitsgänge total entkoppelt sind. Es ist durchaus ein Indiz für eine gewünschte Flexibilität, auf jeder Wertschöpfungsebene ein *Zwischenlager* zu unterhalten und damit sehr schnell auf Kundenwünsche oder Bedarfsschwankungen reagieren zu können. Aufgrund der sehr hohen Kosten und des großen Flächenbedarfs kommt man allerdings zunehmend von diesem Konzept ab. Der Umfang der Zwischenlager in einer Reihen-/Fließfertigung ist gering. Hier werden nur Puffer zwischen kritischen, d. h. störanfälligen Arbeitsgängen benötigt. Die Bestandsgröße in einem Puffer ist gerade so groß, um die Zeitdauer einer Störung zu überbrücken. Die Positionierung der Zwischenlager wird am Beispiel der Werkstattfertigung und einer Reihen-/Fließfertigung in Abbildung 6.17 dargestellt:

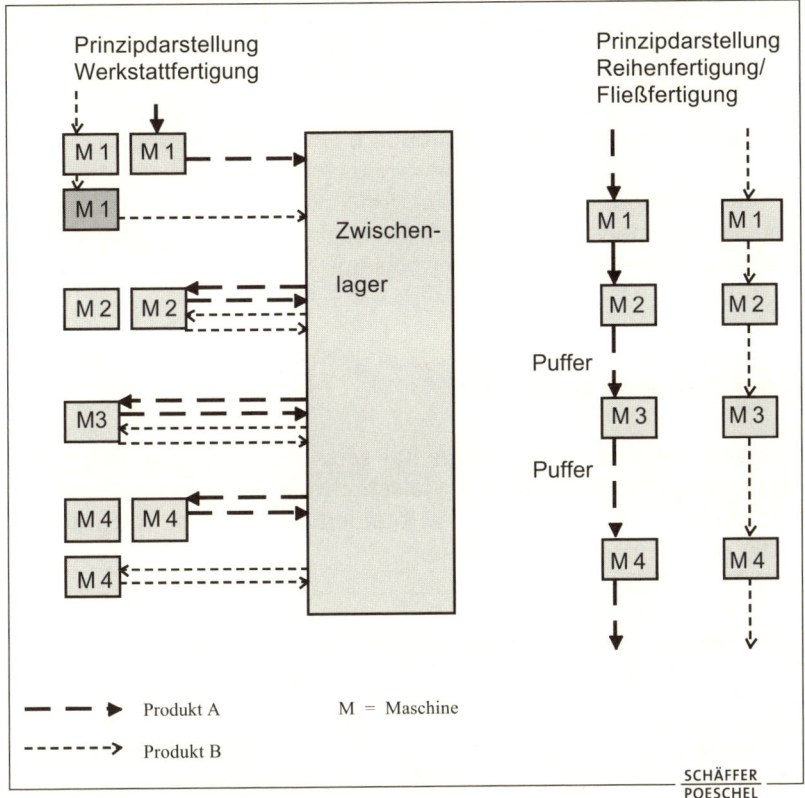

Abb. 6.17: Gegenüberstellung der Zwischenlagerung in der
Werkstattfertigung und der Reihen-/Fließfertigung

Die Aufgaben eines Zwischenlagers sind primär die Ausgleichs-
und Sicherungsfunktion, bedingt auch die Produktivfunktion.

Die Lagerstufe *3* umfasst die *Fertigwarenlager*. Diese Lager neh- **Fertigwarenlager**
men die hergestellten Erzeugnisse auf, aber auch Halbfabrikate (als
Ersatzteile) und Handelswaren. Das Fertigwarenlager muss nicht
auf dem Gelände des Unternehmens stehen, sondern kann von einem Spediteur betrieben werden oder als Vertragslager an einem
Standort in der Nähe des Kunden oder Lieferanten angesiedelt sein.
Es erfüllt eine Ausgleichsfunktion zwischen den Anforderungen
der Produktion (große Losgröße, technische Bedingungen) und dem
Absatzmarkt, der anderen Gesetzmäßigkeiten gehorcht und oftmals keine konstanten Mengen verlangt. Gleichzeitig ist aber auch
der eigene Vertrieb daran interessiert, den Lagerbestand im Fertigwarenlager hoch zu halten, um immer lieferfähig zu sein. Die Bedeutung des Fertigwarenlagers hängt stark von der Art der Produktion ab. Bei einer Auftragsfertigung kommt diesem Lager nur wenig Bedeutung zu, es fungiert mehr als Pufferlager. Die Fertigung

von Farbfernsehern erfolgt beispielsweise als Auftragsfertigung. Das Fertigwarenlager übernimmt die Funktion des Puffers und des Kommissionierens bis der Kunde, z. B. ein Handelsunternehmen, die Fernseher abholt. Bei einer Lagerfertigung wird das Fertigwarenlager einen wesentlich größeren Umfang annehmen.

Die Aufgaben eines Fertigwarenlagers sind primär die Ausgleichsfunktion, Sicherungsfunktion und die Sortimentsfunktion. Von Bedeutung können je nach Branche auch die Produktivfunktion und die Spekulationsfunktion sein.

6.5.3 Standort des Lagers

Einflussgrößen

Die Standortfrage eines Lagers hat sehr viele Einflussgrößen und stellt sich in der Praxis als vielschichtige Aufgabenstellung dar (vgl. Abbildung 6.18). Damit verbunden ist die Frage nach dezentraler oder zentraler Lagerbildung.

Abb. 6.18: Einflussgrößen auf die Standortentscheidung eines Lagers

Zunächst ist zu klären, ob sich die Suche nach einem Lagerstandort auf den innerbetrieblichen Bereich konzentriert, also auf das Betriebsgelände, oder ob der außerbetriebliche Bereich von Bedeutung ist.

Innerbetriebliche Standortsuche

Die *innerbetriebliche Standortsuche* steht bei Lagererweiterungen oder dem Aufbau spezialisierter Lager (z. B. im Rahmen der

Entsorgungslogistik) im Mittelpunkt der Betrachtung. Dabei stehen zunächst Fragen der Verkehrsanbindung, der zur Verfügung stehenden Fläche und des Materialflusses im Vordergrund. Zu oft werden Lagerflächen dort angesiedelt, wo noch Platz auf dem Werksgelände zu finden ist. Damit wird dem Materialfluss selten Rechnung getragen und es werden große Transportkapazitäten und Transportflächen benötigt. Insgesamt sind damit die Möglichkeiten einer optimalen Materialfluss- und Lagergestaltung sehr stark eingeschränkt. Viele Unternehmen sind dazu übergegangen, diese Fehler und Probleme dadurch zu vermeiden, dass heute neue Firmengelände mit zwei- bis dreimal größerer Fläche gekauft werden als benötigt. Damit gewinnt man genug Planungsreserven, um eventuell Einfahrten und Zufahrten zu verlegen, oder mehrere kleine Lagereinheiten zu einem großen Komplex zusammenzulegen. Veränderungen an einem beengten Firmenstandort durchzuführen sind meistens sehr investitionsintensiv und ziehen die Fertigung zeitweise in Mitleidenschaft.

Für die *Verkehrsanbindung* ist für einen geeigneten Zugang durch Straße und Schiene zu sorgen. Insbesondere dann, wenn durch Zunahme der Just-in-time-Lieferungen das Verkehrsaufkommen stark ansteigt, ist eine direkte Anbindung (keine weiten Wege übers Werksgelände) empfehlenswert. Auch das Thema »Leergutverwaltung und -transport« und die Entsorgungslogistik insgesamt benötigen zusätzliche Flächen.

Verkehrsanbindung

Die meist knappen vorhandenen Flächen engen die Entscheidungsmöglichkeiten für ein Lager stark ein. Ist die räumliche Struktur weitgehend vorgegeben, so steht die Frage nach der Minimierung der Transportwege und -kosten im Vordergrund. Ist die räumliche Struktur nicht vorgegeben, so ist die Standortbestimmung des Lagers/der Lager in Verbindung mit der Fertigung, den Fertigungsverfahren zu treffen. Unabhängig von einer vorgegebenen oder nicht festgelegten räumlichen Struktur, sollte die Positionierung der Lager nicht als untergeordnete Investitionsentscheidung behandelt werden. Zu oft werden nur kleine Lösungen umgesetzt, aber eine große ganzheitliche Lösung aufgrund der hohen Investitionen abgelehnt. Grundsätzlich ist zu fordern, dass die Lager dem Materialfluss entsprechend eingeplant werden. Dies dient der Übersichtlichkeit der betrieblichen Abläufe, die Transportkosten werden gesenkt, der Planungsaufwand reduziert und teure Fläche für die Logistik gespart. Ideal wäre es, das Eingangslager vor dem ersten Arbeitsgang der Produktion zu positionieren, die Fertigung U-förmig anzuordnen, sodass der letzte Arbeitsgang, auf glcicher Höhe mit dem ersten Arbeitsgang, direkt ins Fertigwarenlager liefern kann. Dieses Fertigwarenlager sollte im gleichen Gebäudekomplex untergebracht werden wie das Eingangslager, sodass die Transportvorgänge vorzugsweise auf der gleichen Ebene erfolgen können. Dadurch entsteht eine direkte örtliche Verknüpfung von Lagerung, Kommissionierung und Versand. Außerdem bedeutet dies kurze Transportwege und damit auch kurze Durchlaufzeiten der einzelnen Materialien und Güter durch die einzelnen Funktionsbereiche und die Möglichkeit der Erweiterung der Lagerung und Kommissionierung unter Beibehaltung eines zweckgerichteten Materialflusses. Darüber hinaus sind die Zwischenlager und die Betriebsmittel in der Fertigung idealerweise so anzuordnen, dass die Transportwege minimiert werden und die größten Mengenströme auf den kürzesten Verbindungen transportiert werden (Maschinenlayoutplanung).

Außerbetriebliche Standortentscheidung

Bei der *außerbetrieblichen Standortentscheidung* sind weitere Einflussfaktoren zu berücksichtigen. Hier sind neben rein materialwirtschaftlichen Gesichtspunkten, wie lagerwirtschaftliche, transportwirtschaftliche und beschaffungswirtschaftliche Fragestellungen, auch produktions- und absatzwirtschaftliche Aspekte von Belang. Die Bedeutung eines Lagerstandorts eines Unternehmens ergibt sich aus der Aufgabe der Zukunftssicherung und einer durch die Standortentscheidung reduzierten Flexibilität (Standorte können in der Regel bei Änderungen der Kundennachfrage oder Marktverhältnisse nicht kurzfristig verlegt oder aufgegeben werden). Durch die Notwendigkeit einer in die Zukunft gerichteten Standortplanung ergibt sich die Einbeziehung der Standortüberlegungen in die strategische Unternehmensplanung. Der optimale Standort ist damit nicht nur durch das Minimum der Lager-, Transport- und Informationskosten bestimmt, sondern auch durch langfristige Wirtschaftlichkeitsüberlegungen. Um die Entscheidung auf eine breite Basis zu stellen, sind auch die Ergebnisse einer Nutzwertanalyse heranzuziehen, die die Möglichkeit bietet, auch nicht monetär quantifizierbare Einflussgrößen zu betrachten.

Gerade die Absatzseite induziert viele Standortentscheidungen. Dabei geht es u. a. um die Frage, wo ein Unternehmen präsent sein muss, wo die meisten Kunden sind, wie man den Service verbessern kann, wo man mittelfristig expandieren möchte. Sehr deutlich hat man dies bei Öffnung der ehemaligen DDR gesehen. Zuerst waren die Lagerhallen da, um den Markt zu bedienen, und um Nachfrage zu schaffen. Erst sehr viel später wird die industrielle Produktion nachrücken.

Zentrale oder dezentrale Lagerhaltung

Eine weitere Frage, die sich bei der Überlegung für Lagerstandorte stellt, ist die Frage nach *zentraler oder dezentraler Lagerhaltung*. In der Praxis wird man stets Mischformen finden. Die Antwort fällt schwer, denn es gibt doch für bestimmte Aufgabenbereiche und Umweltbedingungen (Produktsortiment, Anzahl Kunden, geographische Lage) sowohl für eine dezentrale wie auch für eine zentrale Lagerhaltung Kostenvorteile. Um eine Entscheidung treffen zu können, müssen sämtliche relevanten Kostenarten betrachtet werden, wie Kapitalkosten, Bestell- und Rüstkosten, Transportkosten, Handlingkosten, administrative Kosten und so genannte Fehlmengenkosten, die zusätzlich dann entstehen, wenn Produkte nicht sofort ab Lager verfügbar sind. Um tatsächlich zu einem Kostenminimum zu kommen, dürfen jedoch die einzelnen Lagerstufen und Lagerorte keineswegs isoliert, sondern müssen in ihrer gegenseitigen Abhängigkeit als Gesamtsystem betrachtet werden. Dabei sind ausgewiesene Kostenvorteile nicht das alleinige Entscheidungskriterium. Auch die Verbesserung des Servicegrades dem Kunden gegenüber kann ein Kriterium für eine dezentrale oder zentrale Lagerung sein. Die Frage nach dem administrativen und informatorischen Aufwand, der bei einer zentralen oder dezentralen Lösung anfällt. Die detaillierte Erarbeitung von Ergebnissen erfolgt über eine Optimierungsrechnung (bei isoliert betrachteten Lagerhaltungsproblemen) oder eine Simulationsrechnung (bei ganzheitlicher Systembetrachtung). Für die Entscheidung einer zentralen oder dezentralen Lagerung kommt es in der Praxis auf die vorliegenden Randbedingungen, die größeren Kostenvorteile und den größeren Kundennutzen an. Im Folgenden werden die Vorteile bei dezentraler und zentraler Lagerung zusammengefasst:

Optimierungs-rechnung

Vorteile der dezentralen Lagerung:
- bei Lagerung unterschiedlicher Materialien (Sperrigkeit, Anforderungen bzgl. Lagertechnik und Lagerbedingungen (Temperatur, Luftfeuchtigkeit, Sicherheit),
- bei relativ geringer Wertsteigerung von Lagerstufe zu Lagerstufe,
- eher sachgemäße Lagerung möglich, da spezifisch qualifiziertes Personal und Einrichtungen,
- geringere Fehlmengenkosten durch genauere Planung vor Ort,
- kürzere Transportzeiten, dadurch niedrigere Transportkosten,
- direkter Informationsfluss,
- bei hoher Streuung des Kundenbedarfs (ähnlich wie C-Artikel),
- bei räumlich getrennten Werken.

Vorteile der zentralen Lagerung:
- geringere Gesamtbestände (keine mehrfachen Sicherheitsbestände),

- bessere Lagernutzung möglich,
- höhere Automatisierung durch großes Volumen und bessere Planung,
- einfache Lagerkontrolle, da nur ein Lagerbereich,
- Transportvorgänge umständlicher, aber klarerer Informationsfluss,
- Kostenvorteile durch geringeren Personaleinsatz, geringere Kapitalbindung,
- bei geringer Streuung des Kundenbedarfs (ähnlich wie A-, B-Artikel),
- wirtschaftliche Bestellmengen.

Tab. 6.6: Vorteile der dezentralen und zentralen Lagerung

6.5.4 Arten der Dispositionsverfahren

Lagerhaltungs-strategien

Die *Lagerhaltungsstrategien* geben Modelle vor, wie die Nutzung eines Lagers wirtschaftlicher zu betreiben ist. Dabei stehen die Fragen, welche Materialmengen zu welchen Zeitpunkten (siehe Andler-Ansatz) ins Lager eingestellt werden sollen und welche Kriterien zu einer Materialbestellung führen, im Vordergrund. Die Festlegung auf eine Lagerhaltungsstrategie hängt von einer Vielzahl von Faktoren ab. Die Faktoren können aufgrund der Materialart, der produktionstechnischen Gegebenheiten, dem administrativen Aufwand, dem Vorhandensein einer leistungsfähigen Datenverarbeitungsanlage, dem Abrufverhalten der internen und externen Kunden oder aber auch durch konzerneigene Vorschriften gegeben sein. Der Zielkonflikt zwischen hoher Lieferbereitschaft und geringen Lagerhaltungskosten (geringe Bestände, wenig Lagertechnik) soll durch die Lagerhaltungsmodelle transparenter gemacht und damit auch umsetzungsrelevant gestaltbar werden. So werden aus dem Verhalten der Lagerartikel (Leittypen) bezüglich der Verbrauchsverläufe, den Lagerkosten und den Beschaffungs-

Lagermodelle

kosten bestimmte Strategien (Lagermodelle) entwickelt. Diese Lagermodelle berücksichtigen die Größen:

- maximaler Lagerbestand (Höchstbestand),
- Beschaffungsintervall (Zeitraum),
- Beschaffungsmenge (Mengengröße),
- Sicherheitsbestände.

Die wichtigsten Lagermodelle unterscheiden sich vor allem im Verhalten der beiden wichtigsten Größen: Beschaffungsintervall t und Beschaffungsmenge q. Bezüglich der Größe t werden zwei Hauptgruppen unterschieden, nämlich konstantes Beschaffungsintervall und variables Beschaffungsintervall. Bei konstantem Beschaffungsintervall spricht man von zyklischer Methode, bei variablem Beschaffungsintervall von Mindestbestandsmethode. Der Zeitraum von Bestellung zu Bestellung ist bei der *zyklischen Methode* konstant. Die Menge, die dann bestellt wird, kann der ermittelten Losgröße q (optimale Bestellmenge) entsprechen oder einer variablen Menge q_i, wenn das Lager bis zu einem vorgegebenen Höchstbestand S maximal aufgefüllt werden soll. Bei der *Mindestbestandsmethode* ist der Zeitraum von Bestellung zu Bestellung unterschiedlich, weil erst bestellt wird, wenn ein Bestellpunkt (Meldebestand, also Mengengröße) erreicht oder unterschritten ist. Auch hier gibt es prinzipiell die Möglichkeit, die Losgröße q zu bestellen oder eine variable Menge q_i, um auf den Höchstbestand S aufzufüllen. Darüber hinaus gibt es kombinierte Verfahren, bei denen die zyklische Methode und die Mindestbestandsmethode kombiniert werden, d. h. nach festen Zeiträumen wird der Bestand überprüft und erst bestellt, wenn der Bestellpunkt (Meldebestand) erreicht oder unterschritten ist. Die Menge, die dann bestellt wird, um auf den Höchstbestand aufzufüllen, ist entweder die Losgröße q oder die Menge q_i.

Zyklische Methode

Mindestbestandsmethode

Die Kombination der Parameter ergibt folgende Lagerhaltungsstrategien:

	Bestellniveau S , q_i	Losgröße q	Bemerkungen
Bestellzyklus **t**	t, S Lagerpolitik	t, q Lagerpolitik	Bestellrhythmus- Verfahren
Bestellpunkt **s**	s, S Lagerpolitik	s, q Lagerpolitik	Bestellpunkt- Verfahren
kombinierte **Methode** **t,s**	t, s, S Lagerpolitik	t, s, q Lagerpolitik	Kontroll- rhythmus- Verfahren

Tab. 6.7: Die Lagerhaltungsmodelle

Durch die Lagerhaltungsmodelle werden die in Tabelle 6.8 dargestellten Kostenvariablen beeinflusst:

Kostenvariablen

	Beschaffungs-kosten	unmittelbare Beschaffungskosten: Menge x Einstandspreis
		mittelbare Beschaffungskosten: Personal- und Sachmittelkosten
Gesamtkosten der Beschaffung	Lagerkosten	Raumkosten Vorratserhaltungskosten Zinskosten sonstige Kosten (Wertminderung, Verschrottung)
	Fehlmengen-kosten	Preisdifferenzen Konventionalstrafen Stillstandskosten sonstige Fehlmengenkosten (Image, Auftragsverlust)

Tab. 6.8: Die Lagerhaltungsmodelle beeinflussen die Kosten

Nachfolgend werden die verschiedenen Lagerhaltungsstrategien/-politiken im Einzelnen dargestellt und die Vor- und Nachteile aufgezeigt:

t-S Lagerpolitik
Bei der t-S Lagerpolitik wird nach konstanten Zeiträumen der Lagerbestand auf den Höchstbestand S aufgefüllt. Die zu bestellende Menge schwankt, da die Differenz zwischen aktuellem Lagerbestand (zum Zeitpunkt t, 2t, 3t, etc.) und dem konstanten Höchstbestand S schwankt (vgl. Abbildung 6.19).

Bewertung der t-S Lagerpolitik:

- Bestellungen werden in gleichen Zeitabständen durchgeführt,
- keine Kontrolle der Lagerabgänge, erst bei Bestellzeitpunkt, um Bestellmenge zu ermitteln,
- geringer Verwaltungsaufwand,

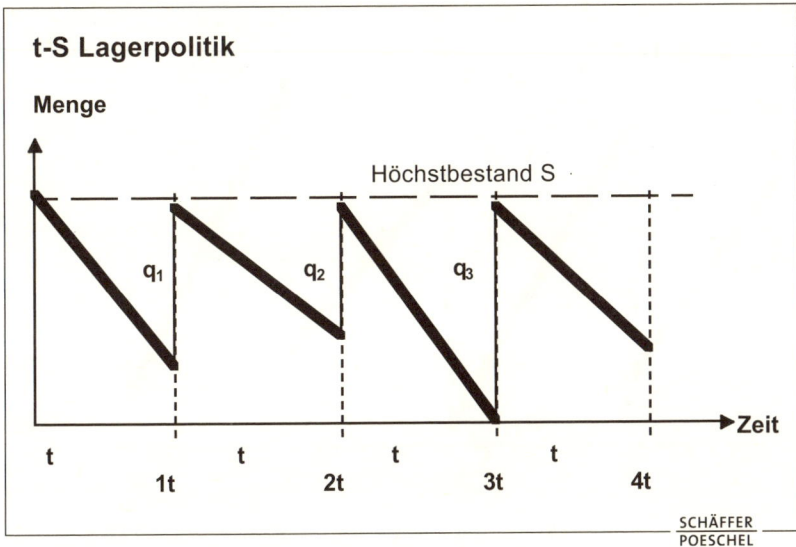

Abb. 6.19: Darstellung Lagerverlauf bei t-S Lagerpolitik

- durch Höchstbestand (z. B. s + q) wird ein übermäßiger Lageraufbau verhindert,
- keine Einhaltung der optimalen Losgröße (statische, dynamische Verfahren),
- evtl. zusätzliche Beschaffungskosten,
- Gefahr von Fehlmengen bei unregelmäßigem Lagerabgang,
- stark schwankender Lagerbestand.

> Die t-S Lagerpolitik ist sinnvoll, wenn keine DV zur Lagerverwaltung vorhanden ist, der Lagerabgang konstant ist, Teile schnell wiederbeschaffbar sind.

t-q Lagerpolitik
Bei der t-q Lagerpolitik wird nach konstanten Zeiträumen der Lagerbestand durch die Bestellung der konstanten Bestellmenge (Losgröße q) aufgefüllt (vgl. Abbildung 6.20).

Bewertung der t-q Lagerpolitik:

- Bestellungen werden in gleichen Zeitabständen durchgeführt,
- keine Kontrolle der Lagerabgänge,
- stark schwankendes Lagerniveau,
- geringer Verwaltungsaufwand,
- Einhaltung der optimalen Losgröße, damit Kostenminimum bezüglich Lagerkosten und Beschaffungskosten,

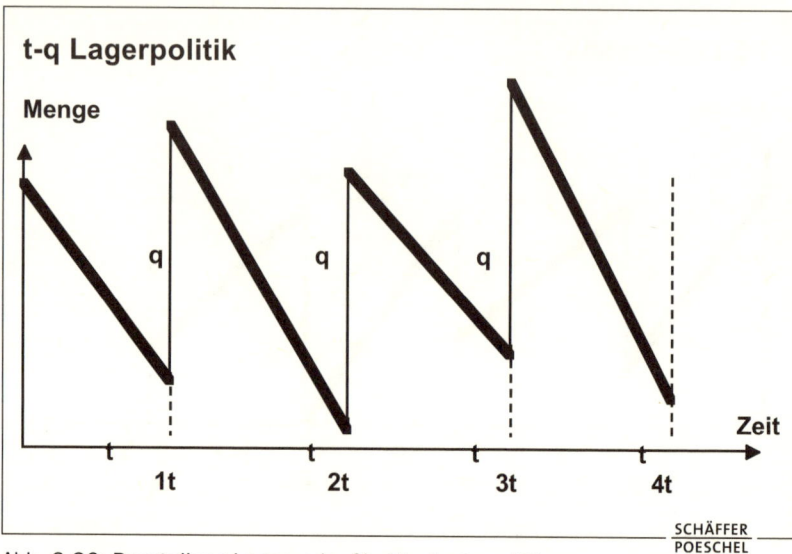

Abb. 6.20: Darstellung Lagerverlauf bei t-q Lagerpolitik

- Gefahr von Fehlmengen bei unregelmäßigem Lagerabgang und
- Gefahr des unbemerkten Lageraufbaus

Die t-q Lagerpolitik ist sinnvoll bei kontinuierlichem Lagerabgang und kurzen Wiederbeschaffungsfristen.

s-S Lagerpolitik

Diese Methode gehört zu den Bestellpunktverfahren. Bei Erreichen oder Unterschreiten des Bestellpunktes (= Meldebestand) wird eine Bestellung ausgelöst. Die Bestellung umfasst eine variable Bestellmenge, die sich aus der Differenz des aktuellen Lagerbestandes und der Lager-Höchstmenge ergibt. Um zu ermitteln, ob der Bestellpunkt erreicht ist, ist es notwendig nach jeder Entnahme den Lagerbestand zu überprüfen (vgl. Abbildung 6.21).

Bewertung der s-S Lagerpolitik:

- Bestellung erfolgt erst bei Erreichen des Bestellpunktes (= Meldebestand),
- Zeitraum zwischen zwei Bestellungen ist veränderlich,
- nach jeder Entnahme ist der Lagerbestand zu überprüfen,
- großer Verwaltungsaufwand, DV-Unterstützung notwendig,
- Bestellmenge gleich Differenz zwischen aktuellem Bestand (= Erreichen oder Unterschreiten des Meldebestands) und Lager-Höchstbestand,

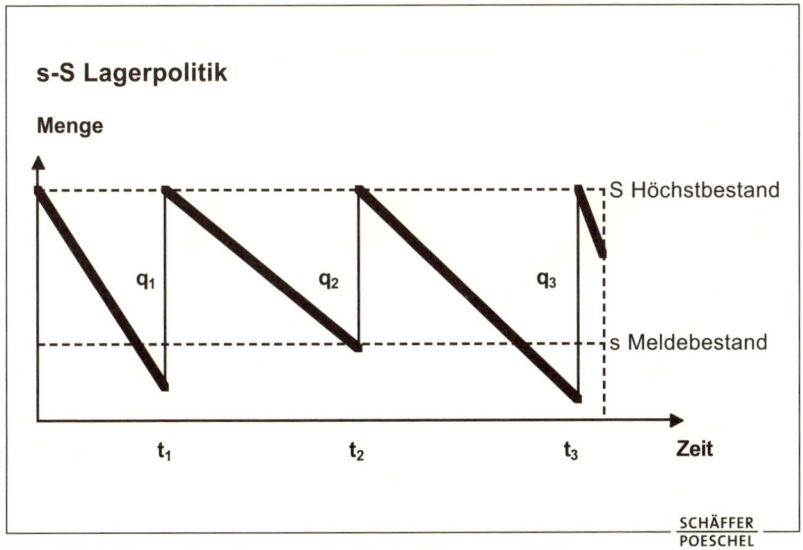

s-S Lagerpolitik

Menge

S Höchstbestand

q_1 q_2 q_3

s Meldebestand

t_1 t_2 t_3 **Zeit**

SCHÄFFER
POESCHEL

Abb. 6.21: Darstellung Lagerverlauf bei s-S Lagerpolitik

- durch Höchstbestand wird übermäßiger Lageraufbau verhindert,
- geringe Gefahr von Fehlmengen, wenn der Meldebestand den Wiederbeschaffungszeitraum ausreichend abbildet,
- Lagerbestandsschwankung gegenüber anderen Verfahren gering, durchschnittlicher Lagerbestand konstant,
- Bestellrhythmus passt sich dem Bedarf an (Automatismus, keine Überprüfung der Bestellzeitintervalle notwendig).

> Die s-S Lagerpolitik ist trotz des hohen Verwaltungsaufwands für A- und B-Material gerechtfertigt, geeignet für Materialien mit Bedarfsschwankungen und langen Lieferzeiten. Sie ist kostengünstiger als das Bestellzyklus-Verfahren.

s-q Lagerpolitik
Auch dieses Verfahren gehört zu den Bestellpunktverfahren. Bei Erreichen oder Unterschreiten des Bestellpunktes (= Meldebestand) wird eine Bestellung ausgelöst. Der Bestellumfang umfasst die optimale Bestellmenge q. Um zu ermitteln, ob der Bestellpunkt erreicht ist, ist es notwendig, nach jeder Entnahme den Lagerbestand zu überprüfen (vgl. Abbildung 6.22).

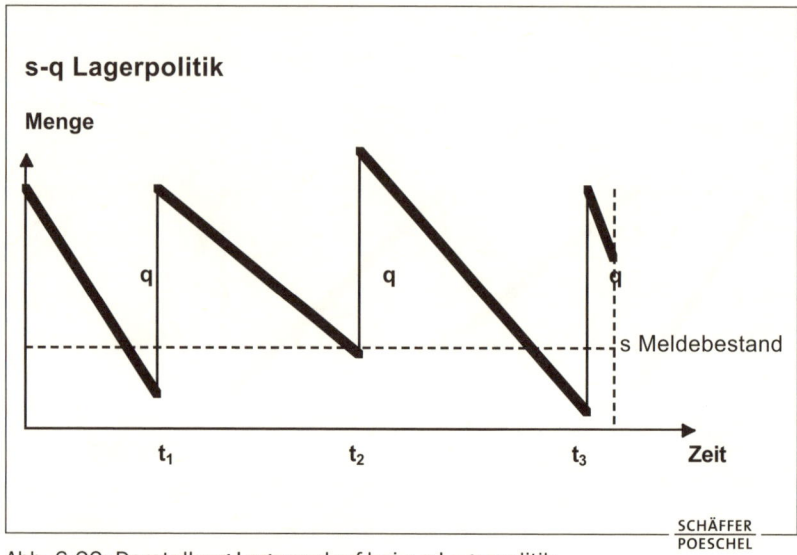

Abb. 6.22: Darstellung Lagerverlauf bei s-q Lagerpolitik

Bewertung der s-q Lagerpolitik:

- Bestellung erfolgt erst bei Erreichen des Bestellpunktes (= Meldebestand)
- Zeitraum zwischen zwei Bestellungen ist veränderlich
- nach jeder Entnahme ist der Lagerbestand zu überprüfen
- großer Verwaltungsaufwand, DV-Unterstützung notwendig
- einfache Ermittlung der Bestellmenge, da Bestellmenge = optimale Bestellmenge
- Berücksichtigung der optimalen Bestellmenge ermöglicht Kostenminimum von Lagerkosten und Beschaffungskosten
- Lagerniveau schwankend, Lagerbestand unruhiger als bei s-S Politik, durchschnittlicher Lagerbestand schwankend
- geringe Gefahr von Fehlmengen, wenn der Meldebestand den Wiederbeschaffungszeitraum ausreichend abbildet
- Bestellrhythmus passt sich dem Bedarf an (Automatismus, keine Überprüfung der Bestellzeitintervalle notwendig)

> Die s-q Lagerpolitik ist für A- und B-Material gerechtfertigt, für Materialien mit Bedarfsschwankungen und langen Lieferzeiten. Das s-q-Verfahren ist kostengünstiger (Lagerhaltungs-/Beschaffungs-/Informationskosten) als die Bestellzyklus-Verfahren.

t-s-S Lagerpolitik

Die t-s-S Lagerpolitik ist ein Kombination aus der t-S und s-S Lagerpolitik und damit eine Verbindung der Bestellzyklusverfahren mit der Mindestbestandsmethode. Hier wird der Lagerbestand nicht nach jeder Entnahme überprüft, sondern nach festen Zeitintervallen. Ist der Meldebestand erreicht oder unterschritten, wird die variable Menge q_i bestellt, um den Lagerbestand auf die Lager-Höchstmenge S aufzufüllen (vgl. Abbildung 6.23).

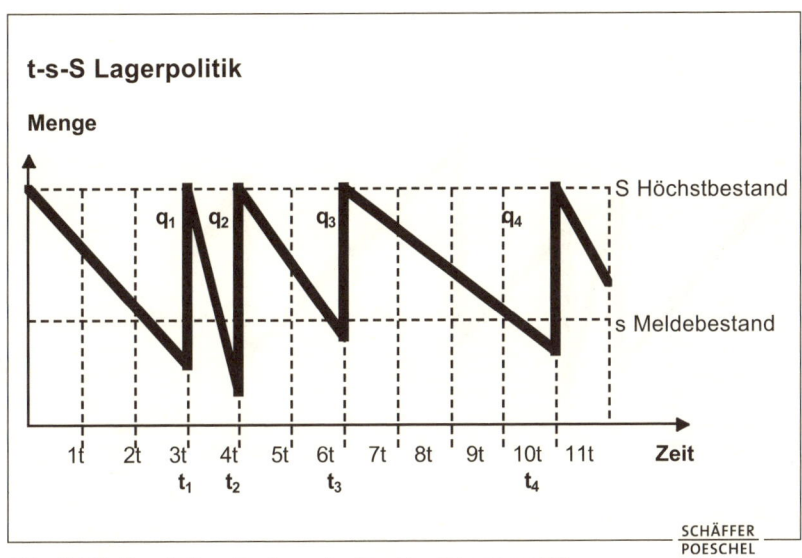

Abb. 6.23: Darstellung Lagerverlauf bei t-s-S Lagerpolitik

Bewertung der t-s-S Lagerpolitik:

- geringerer Verwaltungsaufwand, da nicht bei jeder Entnahme Bestandskontrolle durchgeführt wird,
- Kombination aus zwei Strategien,
- Problem, wenn bei Abfrage nach Zeitintervall Δt Lagerbestand knapp über Meldebestand, erst nach weiterem Zeitintervall Δt Überprüfung,
- Tendenz, höheren Meldebestand zu führen (wegen Zeitintervall Δt),
- Gefahr von Fehlmengen innerhalb Zeitintervall,
- der durchschnittliche Lagerbestand ist gegenüber einer t-S Lagerpolitik durch Einführung des Meldebestands s geringer.

Die t-s-S Lagerpolitik ist sinnvoll bei gleichmäßigem Lagerabgang, vorzugsweise für C-Material, wenn Kosten für Verwaltungsaufwand gering gehalten werden sollen oder DV-Leistung begrenzt ist. Geringere Lagerkosten als bei t-s-q-Politik.

t-s-q Lagerpolitik

Die t-s-q Lagerpolitik ist eine Kombination aus t-q und s-q Lagerpolitik und damit eine Verbindung der Bestellzyklusverfahren mit
der Mindestbestandsmethode. Hier wird der Lagerbestand nicht
nach jeder Entnahme überprüft, sondern nach festen Zeitintervallen. Ist der Meldebestand erreicht oder unterschritten wird die
konstante Menge q (Losgröße q) bestellt, um den Lagerbestand aufzufüllen (vgl. Abbildung 6.24).

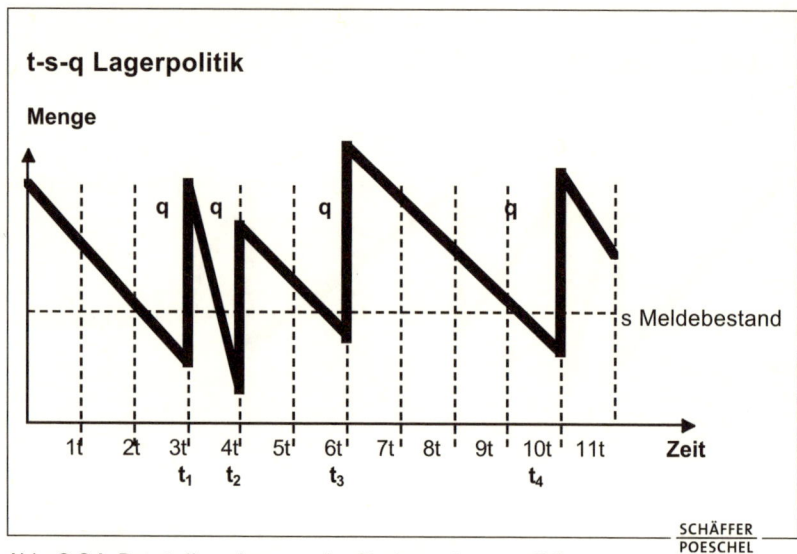

Abb. 6.24: Darstellung Lagerverlauf bei t-s-q Lagerpolitik

Bewertung der t-s-q Lagerpolitik:

- geringerer Verwaltungsaufwand, da nicht bei jeder Entnahme
  Bestandskontrolle durchgeführt wird,
- Kombination aus zwei Strategien,
- Problem, wenn bei Abfrage nach Zeitintervall Δt Lagerbestand
  knapp über Meldebestand, erst nach weiterem Zeitintervall Δt
  Überprüfung,
- Tendenz, höheren Meldebestand zu führen (wegen Zeitintervall
  Δt),
- Gefahr von Fehlmengen innerhalb Zeitintervall,
- Lagerniveau schwankt gegenüber t-s-S Lagerpolitik stärker,
  durchschnittlicher Lagerbestand veränderlich,
- durchschnittlicher Lagerbestand gegenüber t-q Lagerpolitik ge-
  ringer.

Die t-s-q Lagerpolitik ist sinnvoll bei gleichmäßigem Lagerabgang, vorzugsweise bei C-Material, wenn Kosten für Verwaltungsaufwand gering gehalten werden sollen oder DV-Leistung
begrenzt ist.

Grundsätzlich kann festgehalten werden, dass bei t-Strategien der
Überprüfungsaufwand geringer ist, aber die Lagerhaltungskosten,
bedingt durch höhere Sicherheitsbestände, höher sind.

Fallbeispiel Lagerstrategien
Darstellung der verschiedenen Lagerhaltungsstrategien bei folgenden Bedarfsmengen:

Zeit (Monate)	1	2	3	4	...
Bedarf (Stück)	230	220	120	180	...

Lieferzeit sofort
optimale Losgröße m_o = q = 283 Stück

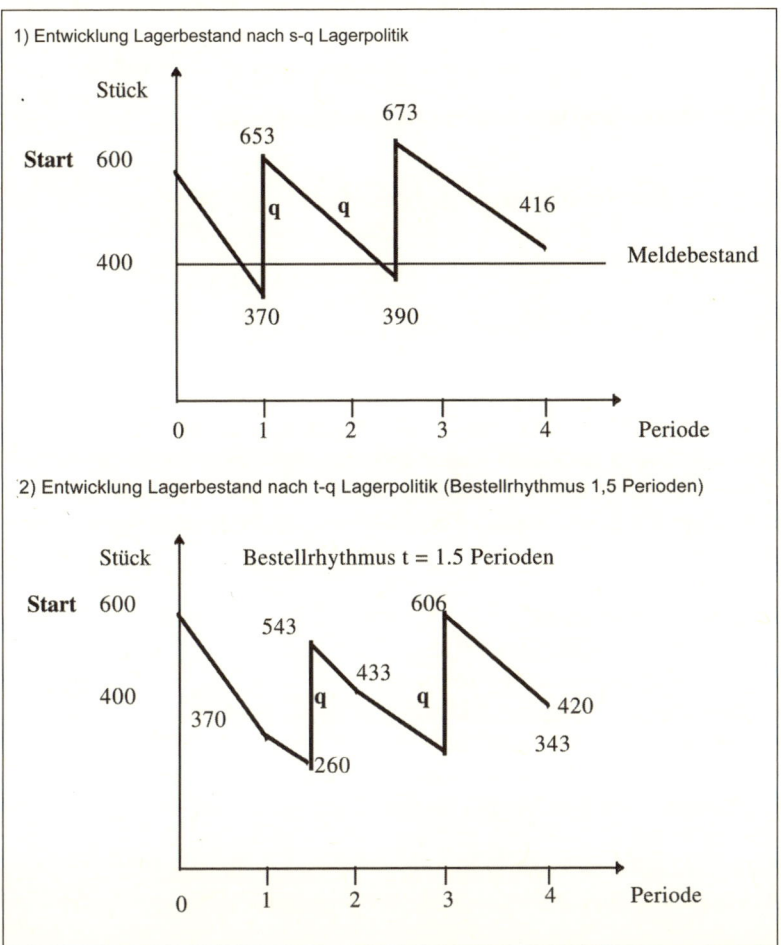

1) Entwicklung Lagerbestand nach s-q Lagerpolitik

2) Entwicklung Lagerbestand nach t-q Lagerpolitik (Bestellrhythmus 1,5 Perioden)

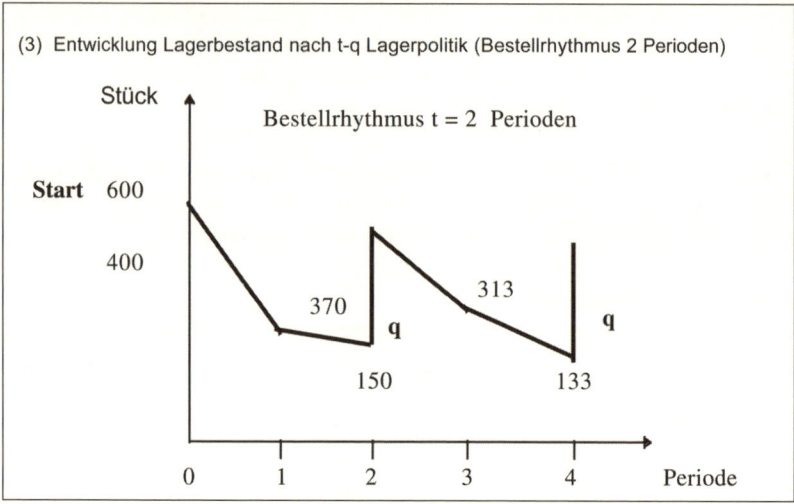

(3) Entwicklung Lagerbestand nach t-q Lagerpolitik (Bestellrhythmus 2 Perioden)

6.5.5 Meldebestand und Sicherheitsbestand

Der **Meldebestand**, der auch Bestellpunkt genannt wird, ist der Lagerbestand, der bei Erreichen oder Unterschreiten einen Bestellvorgang auslöst.

Funktionen des Meldebestands

Dabei hat der Meldebestand zwei Funktionen, er soll:

(1) den Verbrauch während der Beschaffungszeit mengenmäßig gewährleisten. Die während der *Beschaffungszeit* benötigten Materialien müssen aus dem Lager bereitgestellt werden können. Der Meldebestand muss so hoch sein, dass er diesen Zeitraum mengenmäßig überbrücken kann. Die Beschaffungszeit setzt sich zusammen aus:

- Bedarfsermittlung,
- Durchführung der Bestellung,
- Fertigungszeit beim Lieferanten,
- Transportzeit Lieferant-Kunde,
- Wareneingang (Kontrollzeit),
- Einlagerungszeit/Kommissionierzeit,
- Transportzeit innerbetrieblich.

(2) durch den *Sicherheitsbestand* (eiserner Bestand) auch nicht planbare und unvorhergesehene Störeinflüsse (Verbrauchsschwan-

kungen, Lieferzeitüberschreitungen, Qualitätsabweichungen) abfangen.

Der Meldebestand s wird formelmäßig wie folgt ermittelt:

$$s = v \times t + e$$

s = v x t + e
s = der Meldebestand
v = der durchschnittliche Verbrauch je Zeiteinheit
t = die Beschaffungszeit (interne Beschaffungszeit +
    Lieferzeit + Kontrollzeit + interne Lager-/Transportzeit)
$t = t_{best} + t_{fert} + t_{trans} + t_{kontr} + t_{lager/trans}$
e = der Sicherheitsbestand

> Der **Sicherheitsbestand** hat seine Berechtigung in Störgrößen, die auf das System »Beschaffung und Produktion« wirken.

Folgende Unsicherheiten muss der Sicherheitsbestand abdecken:

- *Verbrauchsabweichungen*, wenn der tatsächliche Verbrauch größer als der durchschnittliche Verbrauch ist. Gründe können sein: erhöhte Nachfrage an Produkten, geringe Ausbeute, die bei festgesetzter Liefermenge guter Produkte zu entsprechend hohem Materialeinsatz führt. **Verbrauchs-abweichung**

- *Zunahme der Beschaffungszeit*. Gründe können sein: große Fertigungs- Losgrößen, die beim Lieferanten zu längeren Durchlaufzeiten in der Produktion und damit zu längeren Fertigungszeiten führen; längere Transportzeiten durch Unfall oder Kapazitätsengpass; Bestellung bleibt liegen wegen Urlaub oder Krankheit. **Zunahme der Beschaffungszeit**

- *Lieferunsicherheit*. Gründe können sein: zu wenig gelieferte Teile oder Teile von minderer Qualität. Wenn die Lieferung den Qualitätsanforderungen nicht genügt, wird es sehr schwierig, dieses Risiko über den Sicherheitsbestand abzudecken. Hier ist es sinnvoll, Strukturen zu haben, die in der Lage sind, entweder Teile mit schlechter Qualität verwendungsfähig zu machen oder den Lieferanten in den Zustand zu versetzen, schnell eine Ersatzlieferung durchführen zu können (Lieferantenauswahl, Produktgestaltung, Zweitlieferant). **Lieferunsicherheit**

- *Bestandsunsicherheit*. Die ausgewiesenen Bestände (DV-System, Karteikasten) entsprechen nicht den tatsächlichen Beständen. Der Auftrag wird freigegeben, weil laut Bestand ausreichend Material zur Bearbeitung des Auftrages vorhanden ist. Bei Materialentnahme zeigt sich, dass Material körperlich nicht **Bestandsunsicherheit** ausreichend verfügbar ist. Gründe können sein: falsche Verbuchung, Diebstahl, Schwund.

Die Ermittlung des Sicherheitsbestands stößt auf Schwierigkeiten der Datenermittlung. Dadurch haben sich unterschiedliche Methoden zur Ermittlung des Sicherheitsbestands entwickelt:

- Abschätzung aufgrund Erfahrung, z. B. 10 % des Monatsbedarfs,
- durch Formel, über Ermittlung und Bestimmung der Störgrößen,
- durch Festlegung des gewünschten Servicegrades (über Normalverteilung, die statistisch einen vorgegebenen Servicegrad abbildet) oder über wahrscheinlichkeitstheoretische Überlegungen.

Sicherheitsbestand

Hier soll nur der Ansatz über die analytische Ermittlung der müssen Abweichungen dargestellt werden. Der Sicherheitsbestand sollte eigentlich im normalen Produktionsablauf nicht angegriffen werden. Dieser soll nur bei Abweichungen vom Plan in Anspruch genommen werden. Wichtig ist, dass der Sicherheitsbestand keine fixe Größe ist. Seine Notwendigkeit und Höhe sollte laufend überprüft werden. Hohe Sicherheitsbestände verursachen hohe Kapitalbindungskosten, denn dieser Bestand liegt im Normalfall das ganze Jahr am Lager. Bei Ermittlung des durchschnittlichen Lagerbestands geht der Sicherheitsbestand vollständig ein. Den Zusammenhang zwischen Lagerbestand und Sicherheitsbestand verdeutlicht die Abbildung 6.25.

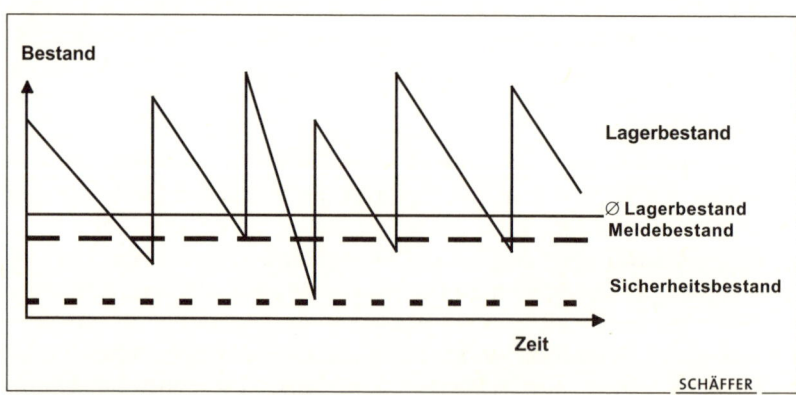

Abb. 6.25: Zusammenhang Lagerbestand, durchschnittlicher Lagerbestand, Meldebestand und Sicherheitsbestand in Abhängigkeit der Zeit

Daraus ergibt sich für die Ermittlung des Sicherheitsbestands:

$$e = (t + \Delta t) \times \Delta v + \Delta t \times v + \Delta b + t \times \Delta m + m \times f$$

D

e	=	Sicherheitsbestand
t	=	durchschnittliche Beschaffungszeit in Zeiteinheiten
Δt	=	Überziehung der durchschnittlichen Beschaffungszeit
v	=	durchschnittlicher Verbrauch je Zeiteinheit
Δv	=	Mehrverbrauch je Zeiteinheit
Δb	=	Abweichung vom durchschnittlichen Bestand in Mengeneinheiten
m	=	Bestellmenge
Δm	=	Minderlieferungen in Mengeneinheiten
f	=	Prozentsatz Fehlteile (aufgrund mangelnder Qualität)

Die Bestandsunsicherheit ist in der Verbrauchsabweichung enthalten. Einzelne Elemente in der Gleichung wie Δb, t x Δm und m * f können entfallen, wenn deren Beitrag nur gering ausfällt. Die Lieferunsicherheit durch mangelnde Qualität (m x f) sollte langfristig nicht durch Vorhalten größerer Sicherheitsbestände ausgeglichen werden, sondern sollte durch Abstellen der Ursachen, bis hin zum Lieferantenwechsel, erfolgen.

Fallbeispiel Meldebestand

B

Für die Lagerposition Elektromotor 0,3 KW Anschlussleistung soll der Meldebestand und der Sicherheitsbestand ermittelt werden. Dazu wurden folgende Daten ermittelt:

durchschnittlicher Verbrauch:	560 Stück/Arbeitstag
durchschnittliche Beschaffungszeit:	10 Arbeitstage
Überziehung bei Verbrauch:	maximal um 20 %
Überziehung be Beschaffungszeit:	maximal um 30 %.

Sicherheitsbestand:
$$e = t \times \Delta v + \Delta t \times \Delta v + \Delta t \times v$$
$$e = 10 \times 112 + 3 \times 112 + 3 \times 560$$
$$\underline{e = 3.136 \text{ Stück}}$$

Meldebestand:
$$s = v \times t + e$$
$$s = 560 \times 10 + 3.136$$
$$\underline{s = 8.736 \text{ Stück}}$$

Vom Meldebestand beträgt der Sicherheitsbestand 36 %.
Damit ist es auch wichtig, den Sicherheitsbestand dynamisch anzupassen und nicht auf unbestimmt festzuschreiben.

6.5.6   Lagertechnik und Lagersysteme

6.5.6.1 Lagertechnik

Bodenlagerung, Regallagerung Lagerung auf Fördermitteln

Die *Lagertechnik für Stückgut* wird aufgeteilt in Bodenlagerung, Regallagerung und Lagerung auf Fördermitteln. Während die Bodenlagerung ein statisches Lager ist, d. h. die Lagereinbauten keine Bewegung durchführen, oder das eingelagerte Material, wenn es in der Lagerposition ist, nicht mehr bewegt wird, können die Regallager statisch oder dynamisch sein. Bei der Lagerung auf Fördermitteln handelt es sich um eine dynamische Lagerung. Das Lagergut wird auch im lagernden Zustand bewegt. Darüber hinaus unterscheidet man Blocklagerung und Zeilenlagerung. Bei Blocklagerung ist der Zugriff auf das Ladegut nur auf die oberen, äußeren Güter möglich, während bei der Zeilenlagerung auf jedes Gut zugegriffen werden kann. Daher eignet sich die Blocklagerung nur bei homogenen Gütern. Die Lagertechnik ist immer in Verbindung mit den Fördermitteln zu sehen. Die Vielzahl an Kombinationsmöglichkeiten ermöglicht eine auf die spezifischen Lageraufgaben zugeschnittene Lösung.

Die Lagertechnik kann in folgende Systematik gebracht werden (vgl. Tabelle 6.9).

Lagertechnik für Stückgut	statisch	dynamisch
Bodenlagerung	Lagerung ungestapelt	
	Lagerung gestapelt	
Regallagerung	Einfahrregal	
	Durchfahrregal	
	Wabenregal	
	Fachbodenregal	
	Palettenregal	
	Hochregal	
		Durchlaufregal
		Einschubregal
		Umlaufregal
		Verschieberegal
Lagerung auf Fördermittel		Paternoster
		Kreisförderer
		Schleppkreisförderer
		Hängebahn

Tab. 6.9: Systematik der Lagertechnik

Diese Aufzählung ist nicht vollständig und möchte sich auf die in der Praxis wesentlichen Lagerungsarten beschränken. Im Folgenden werden diese wichtigsten Lagerarten vorgestellt.

Lagerung gestapelt als Bodenlager
Paletten werden auf dem Boden abgestellt. Es handelt sich dabei um die einfachste Lagerung. Es sind meist schwere, sperrige und unempfindliche Teile. Die Stapelung ist möglich, wenn anstatt Paletten beispielsweise Gitterboxen verwendet werden.

Bodenlager

> Bewertung der Bodenlagerung mit gestapeltem Lagergut:
>
> + keine hohen Investitionen nötig,
> + flexibel in Flächenbedarf, Auf- und Abbau schnell möglich, da keine Installationen,
> + funktionssicher, einfach zu organisieren, kostengünstig,
> − nur für monostrukturierte Lagergüter geeignet,
> − kein direkter Zugriff auf Paletten, die in der Mitte stehen,
> − Begrenzung der Höhe durch Tragfähigkeit der Gitterboxen oder allgemein der Ladeeinheit; die Stabilität der Ladeeinheiten reicht nicht aus, um beliebig hoch gestapelt zu werden.

Fachbodenregallager
Die Teile werden auf geschlossenen Fachböden aus Metall in mehreren Ebenen gelagert. Dies ist eine Möglichkeit der Lagerung für Produkte, die nicht stapelbar sind oder für die Aufnahme von Lagerkästen (Schäferkasten) für Kleinteile. Die Regalhöhe beträgt 1.800 mm bei Handbeschickung, bis 3.000 mm bei Bedienung mit Leiter. Auch der Einsatz von Schubladeneinsätzen ist möglich.

Fachbodenregallager

> Bewertung des Fachbodenregallager:
>
> + geringe Investitionen für Lagertechnik erforderlich,
> + hoher Grad an Ordnung möglich,
> + hohe Zugriffsleistung, da mehrere Personen gleichzeitig arbeiten können,
> + sehr flexibel was die Aufnahme der verschiedensten Arten von Gütern anbelangt,
> + modular erweiterbar, Baukastenprinzip, damit auch einfach umstellbar,
> + geeignet für polystrukturiertes Sortiment, insbesondere Ersatzteilbereich,
> − ungünstige Greifpositionen im Fußbodenbereich und Überkopfbereich,

- FIFO-Prinzip wird nicht zwingend eingehalten,
- manuell orientiert, Automatisierung durch Regalbediengerät möglich.

Einfahr-/Durchfahrregallager

Regallager

Die stapelfähigen Güter (Verpackung, Gitterbox) stehen übereinander und hintereinander in einem Lagerkanal. Die Ein- und Auslagerung erfolgt mit Gabelstaplern. Die Einlagerung geschieht durch Auffüllen des Lagerkanals von hinten nach vorne. Die Auslagerung wird im Einfahrregal in umgekehrter Reihenfolge bewerkstelligt. Die Auslagerung beim Durchfahrregal erfolgt von der anderen Seite. Direkter Zugriff besteht nur auf die vorne stehenden Güter beim Einfahrregal und auf die hinten stehenden Güter im Durchfahrregal. Diese Lagerart ist geeignet für palettierte Güter und stabile Ladehilfsmittel wie Kisten, Gitterboxen (vgl. Abbildung 6.26).

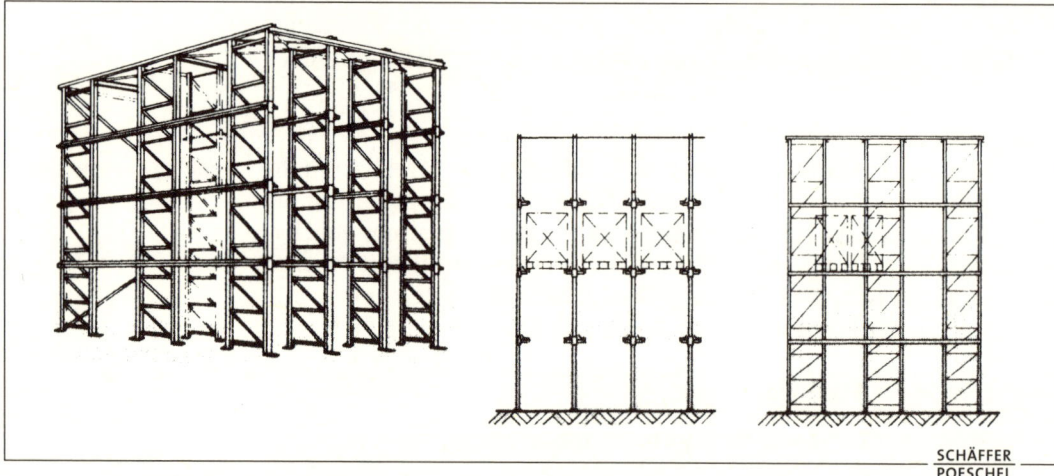

SCHÄFFER
POESCHEL

Abb. 6.26: Einfahr-/Durchfahrregallager (Quelle: Jungheinrich)

Bewertung des Einfahr-/Durchfahrregallagers:

+ geringe Investitionen für Lagertechnik im Vergleich zum Hochregallager,
+ hohe Raumvolumennutzung möglich, insbesondere wenn monostrukturierte Artikel,
+ gute Übersicht, da je Warengruppe oder Kunde ein Lagerkanal vorhanden,
+ FIFO-Prinzip bei Durchfahrregallager,

– Kanäle nur durch ein Produkt oder einen Auftrag evtl.
  schlecht belegt,
– nur eingeschränkter Zugriff auf Güter möglich, da bei Einfahrregal nur Zugriff auf vordere Paletten, bei Durchfahrregal
  nur Zugriff von Entladeseite auf erste Reihe,
– LIFO-Prinzip bei Einfahrregal,
– geringe Umschlagsleistung, lange Zugriffszeiten.

Hochregallager
Dabei handelt es sich um ein Palettenregal mit Höhen größer 12 m
und bis maximal 50 m. Die Lagerung von Stückgut erfolgt auf La-
dehilfsmitteln (z. B. Europalette mit den Maßen 800 x 1.200 mm).
Die Regale bilden gleichzeitig die tragende Konstruktion der Lager-
halle. Lagerung und Kommissionierung ist möglich. Hochregallager haben eine Größe von beispielsweise 7.000 bis 80.000 Palet-
tenlagerplätzen. Auch die Lagerung von Kleinteilen ist durch-
führbar. Dies erfolgt in einem so genannten Kleinteilelager. Ein
Lagerplatz (= Stellplatz, Tablar) kann 16 Lagersichtkästen aufnehmen. Solche Kleinteilelager haben beispielsweise 70.000 Stellplätze. Ein Gesamtsystem mit Hochregallager zeigt Abbildung 6.27.

Hochregallager

Bewertung des Hochregallagers:

+ hoher Volumennutzungsgrad möglich, gute Nutzbarmachung
  der dritten Dimension (Höhe),
+ wahlfreier Zugriff (je Lagerplatz ein Artikel),
+ hohe Umschlagsleistung (angepasste Fördertechnik),
+ geringer Flächenbedarf nötig, da in Höhe gebaut wird (vieler-
  orts Beschränkung der Höhe von Industriebauten),
+ durch DV-Einsatz Lagerbestand und Lagerstruktur bekannt,
+ geeignet für polystrukturiertes Sortiment,
+ hoher Automatisierungsgrad, dadurch geringe Personalkosten,
– hoher Investitionsaufwand für Lagertechnik, insbesondere für
  DV-System und Fördertechnik,
– hohe Fixkostenbelastung (kalkulatorische Abschreibungen),
– Störanfälligkeit bei Ein-/Auslagerung. Bleibt ein Regalbediengerät in einer Lagergasse stehen, so ist die gesamte Lagergasse
  blockiert.

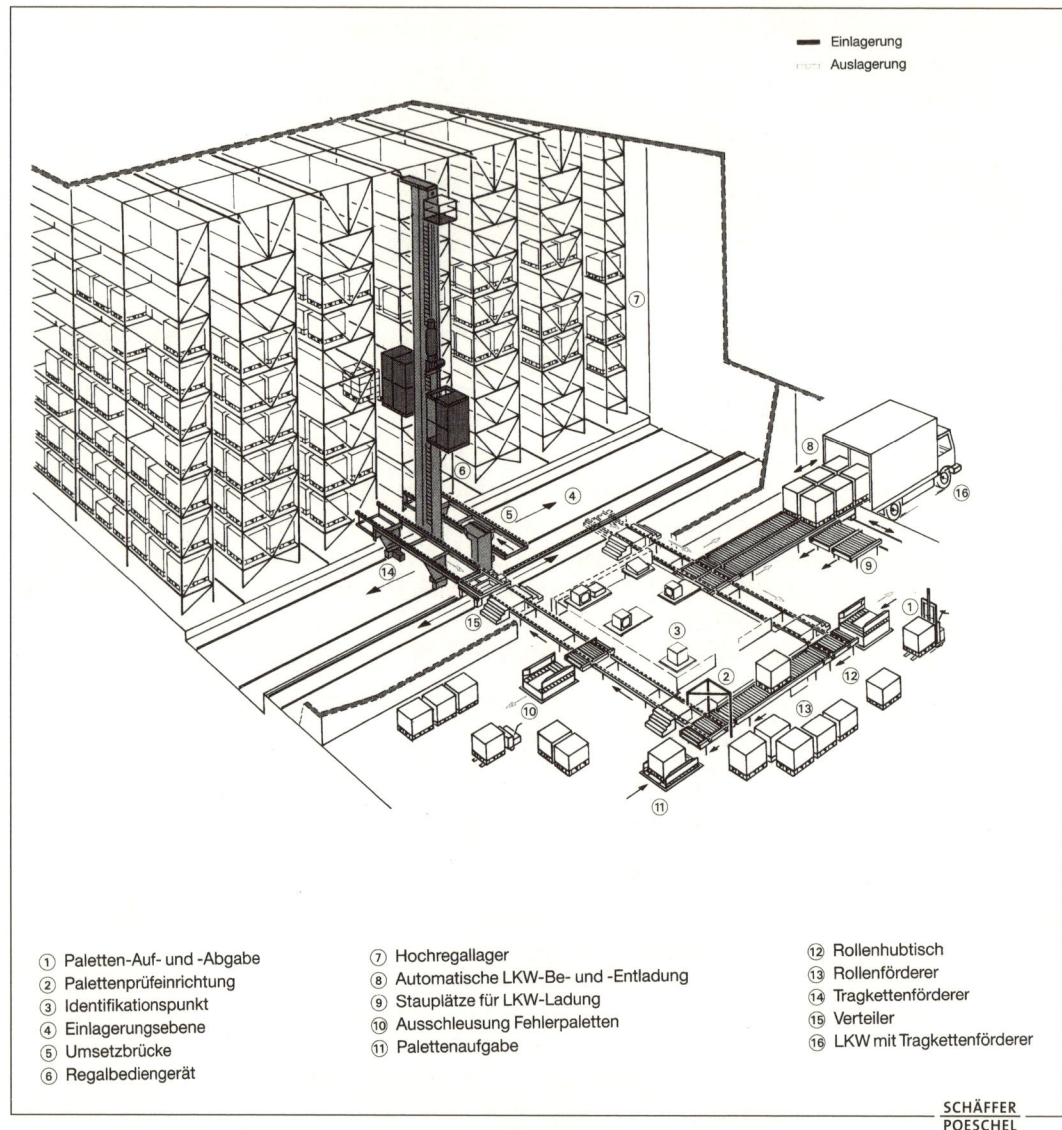

Abb. 6.27: Gesamtsystem mit Hochregallager (Quelle: Mannesmann Demag)

Legend from figure:

- ① Paletten-Auf- und -Abgabe
- ② Palettenprüfeinrichtung
- ③ Identifikationspunkt
- ④ Einlagerungsebene
- ⑤ Umsetzbrücke
- ⑥ Regalbediengerät
- ⑦ Hochregallager
- ⑧ Automatische LKW-Be- und -Entladung
- ⑨ Stauplätze für LKW-Ladung
- ⑩ Ausschleusung Fehlerpaletten
- ⑪ Palettenaufgabe
- ⑫ Rollenhubtisch
- ⑬ Rollenförderer
- ⑭ Tragkettenförderer
- ⑮ Verteiler
- ⑯ LKW mit Tragkettenförderer

Einlagerung
Auslagerung

Durchlaufregallager

Durchlaufregal

Die Regalaufbauten haben entweder eine Neigung (ca. 3 Grad), damit die Güter durch die Schwerkraft in ihre Entnahmeposition laufen, oder die Güter werden über einen separaten Antrieb in ihre Entnahmeposition transportiert. Das Material läuft damit in Lagerkanälen von der Einlagerungs- zur Auslagerungsseite. Daher befindet sich die Einlagerung und Auslagerung auf unterschiedlichen Seiten.

Bewertung des Durchlaufregallagers:

+ hoher Volumennutzungsgrad möglich,
+ FIFO-Prinzip sichergestellt, keine Registrierung notwendig,
– pro Kanal nur ein Artikel sinnvoll,
– eventuell schlechter Füllgrad, wenn Artikel kaum benötigt wird,
– bei Entnahme Staudruck der eingelagerten Güter, d. h. gute Verpackung der Güter notwendig, um Beschädigungen zu vermeiden,
– nachrutschende Güter könnten vorne liegendes Gut beschädigen.

Umlaufregallager
Die gelagerten Güter werden bei jedem Einlagerungs- und Auslagerungsvorgang mit bewegt. Die Güter lagern auf Paletten (→ Palettenregallager) oder auf Fachböden (→Fachbodenregallager). Der Antrieb erfolgt über eine Endloskette (vgl. Abbildung 6.28).

Umlaufregallager

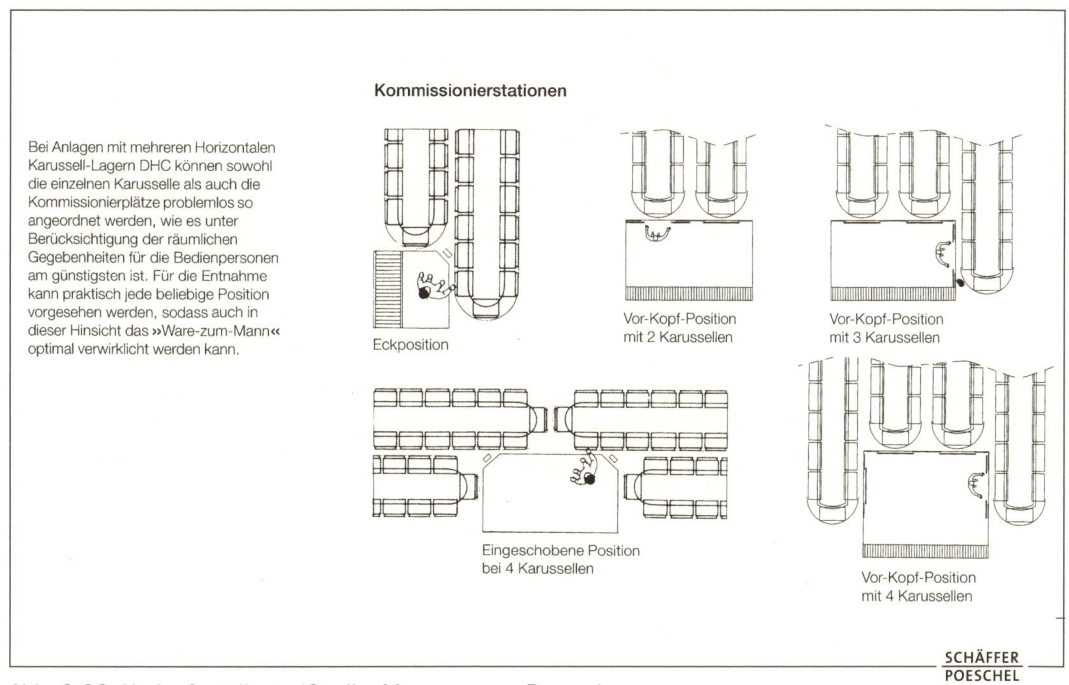

Abb. 6.28: Umlaufregallager (Quelle: Mannesmann Demag)

Bewertung des Umlaufregallagers:

+ hoher Lagerinnennutzungsgrad, da nur ein definierter Zugang, und somit Flächen für Fördertechnik reduziert,
+ geeignet für polystrukturiertes Sortiment,
+ nur ein Zugang zum Lager (verschlossen),
+ bei hohem Kapazitätsbedarf und beengten räumlichen Verhältnissen,
− lange Wartezeiten bis Zugriff möglich,
− große Antriebsleistung notwendig, um gesamte Lageraufbauten und Lagergüter zu bewegen,
− Automatisierung begrenzt durch Flexibilität und Universalität,
− nicht geeignet bei hoher, schwankender Umschlagsleistung, geeignet für die Abwicklung von Eilaufträgen.

Fachboden-Verschieberegallager

Verschieberegallager   Das Fachboden-Verschieberegallager ist ebenfalls ein dynamisches Regallager. Die einzelnen Regale sind so verschiebbar, sodass für die Ein- und Auslagerung nur ein Lagergang offen ist. Die Fachbodenregale sind auf Rollen gelagert und diese sind auf im Boden eingelassenen Schienen geführt. Die Verschieberegallager werden vorwiegend zur Aktenlagerung eingesetzt.

Bewertung des Fachboden-Verschieberegallagers:

+ Anpassung an beengte Räumlichkeiten möglich, wenn Gebäude sonstige Voraussetzungen erfüllt,
+ guter Flächen- und Volumen-Nutzungsgrad,
+ guter Staubschutz, da Regalwände gegenseitig verschlossen,
+ Lagerung von polystrukturiertem Sortiment sinnvoll,
− geringe Zugriffsleistung, da nur ein Lagerkanal offen,
− Wartezeiten bis Lagerkanal geöffnet,
− geringe Flexibilität, geringe Universalität, bezüglich Erweiterung
− hohe Bodenqualität, hohe Bodenbelastung, keine Zwischenabstützungen der Decken möglich,
− kein direkter Zugriff auf jeden Artikel.

6.5.6.2 Fördertechnik

Die *Fördertechnik* hat die Planung, Auslegung und Auswahl der richtigen Mittel zum Transport der Güter, Komponenten und Teile zu bewerkstelligen. Dabei ist die Lagerplanung ohne Planung der Fördertechnik nicht sinnvoll und umgekehrt. Bestimmte Lagertechniken benötigen ganz spezifisch angepasste oder ausgerichtete Fördertechniken. Ein Hochregallager, das bis zu 50 m Höhe erreichen kann, bedarf einer ausgesprochen leistungsfähigen und systemspezifischen Fördertechnik.

Transport der Güter

Fördern beinhaltet nach VDI-Norm 2411 das Fortbewegen von Arbeitsgegenständen oder Personen. Die Fördertechnik stellt die notwendige Technik zur Verfügung, um dieses Fortbewegen zu ermöglichen. Dabei ergibt sich die Fördertechnik aus den beiden Komponenten Fördermittel (das eigentliche Fahrzeug) und der notwendigen Transportführung (Schiene, Straße). Folgende Randbedingungen und Kriterien bestimmen u. a. die Auswahl der Fördertechnik:

Kriterien

- vorliegende Lagertechnik,
- vorliegende Gebäudeinstallationen, Hindernisse, Freiflächen,
- zu transportierende Mengen,
- zu überbrückende Entfernung,
- Zeitvorgaben (Transportzeiten),
- Beschaffenheit der Wegnetze,
- Wirtschaftlichkeit,
- Automatisierbarkeit,
- Flexibilität bezüglich Streckenbildung, Produktänderungen,
- Notwendigkeit von Ablaufänderungen,
- Zwang zur Netzbildung.

Die Fördertechnik im innerbetrieblichen Transport lässt sich in Stetigförderer und Unstetigförderer unterteilen. *Stetigförderer* sind all jene Fördermittel, die lange Zeit oder ständig einen kontinuierlichen Fördergutstrom erzeugen. Diese Anwendung ist vorwiegend in der Grundstoffindustrie und der Verfahrenstechnik anzutreffen. Anders bei *Unstetigförderern*, die einen unterbrochenen Fördergutstrom erzeugen und daher nicht ständig im Einsatz sind. Man spricht hier auch von Arbeitsspielen und Arbeitsunterbrechungen. Diese Art der Förderung ist vorwiegend bei Stückguttransport zu finden. Sowohl Unstetigförderer als auch Stetigförderer lassen sich weiter unterteilen nach der Art der Streckenführung. Die Streckenführung wird unterteilt in flurgebunden (Verkehrswege am Boden oder im Boden eingelassen), flurfrei (an der Hallendecke befestigt) und aufgeständert (auf Schienen in definierter Höhe über dem Boden).

Stetigförderer

Unstetigförderer

Die Darstellung soll sich hier vornehmlich auf den größten Anwendungsbereich der Fördertechnik in Industrie und Handel konzentrieren, der Stückgutförderung mit flurfreien und flurgebundenen Unstetigförderern. Die Darstellung in Abbildung 6.29 zeigt die Systematik der Einteilung und Beispiele der wichtigsten Vertreter.

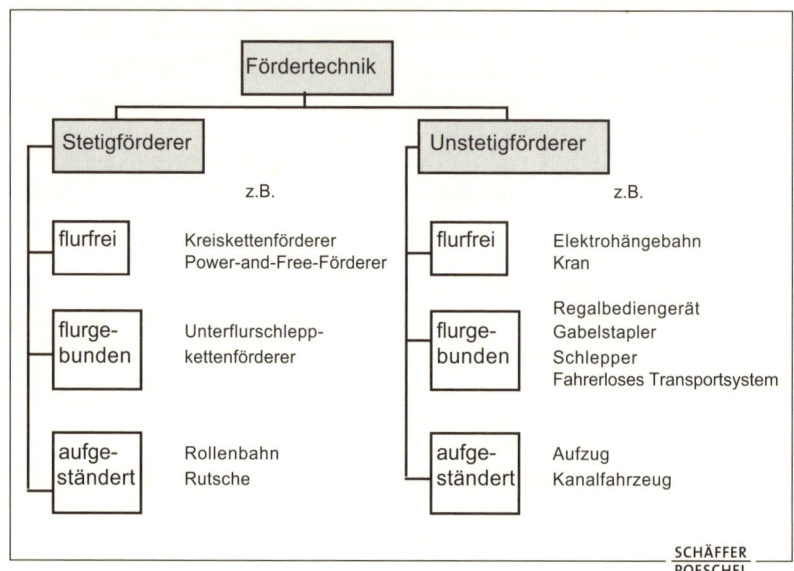

Abb. 6.29: Einteilung der Fördertechnik

Diese Aufzählung ist nicht vollständig und möchte sich auf die in der Praxis wesentlichen Fördertechniken beschränken. Im Folgenden werden diese wichtigsten Fördertechniken vorgestellt.

Regalbediengeräte (RBG)

Regalbediengerät
Regalbediengeräte gehören zu der Klasse der Stapler. Sie sind für bestimmte Einsatzbereiche, die Hochregallager, konzipiert. Daher können die Regalbediengeräte die Güter seitlich mit einer Teleskopgabel in die Regalfächer schieben. Sie benötigen mit ca. 1,5 m Gangbreite sehr viel geringere Gangbreiten als die Gabelstapler, die durch die notwendige Drehung des Fahrzeugs im Regalgang bis zu 3,50 m in Anspruch nehmen. Regalbediengeräte sind in der Regel über Schienen oder über einen platzsparenden Hubbalken geführt, der über die ganze Regalbreite reicht. Regalbediengeräte sind für große Transporthöhen (bis 50 m) konzipiert, d. h. unten und oben im Deckenbereich schienengeführt, um ein Ausschwingen des Mastes zu vermeiden. RBGs können nicht nur in einem Regalgang eingesetzt, sondern durch kurvengängige Regalbediengeräte oder Umsetzwagen auch in mehreren Gängen verfügbar gemacht werden. Beim Einsatz eines kurvengängigen Regalbediengeräts

sind die Schienen der einzelnen Regalgänge über Kurven im Lager-
vorraum verbunden. Beim Einsatz von Umsetzwagen fährt das Regalbediengerät aus der Lagergasse auf den Umsetzwagen im Vorraum. Der Umsetzwagen im Vorraum ist wiederum auf Schienen
in Querrichtung gelagert. Dieser Umsetzer fährt mit dem kompletten Regalbediengerät an der Regalfront zum nächsten Lagergang. Die Einzelspielzeit für das Ein- oder Auslagern einer Palette
kann 1 bis 3 Minuten betragen. Regalbediengeräte sind manuell
oder vollautomatisch bedienbar. Der Antrieb ist elektrisch, die
Stromzuführung erfolgte früher über Schleppkabel (mit hohem Ei-
gengewicht), heute über Schleifleitungen. Abbildung 6.30 zeigt beispielhaft ein Regalbediengerät.

Tragfähigkeit kg	Bauhöhe m	Typ	Wareneinlagerung/ Warenauslagerung	Lagerverwaltung	Arbeits- geschwindigkeit m/min	Lastaufnahme	Leistung
1000	10	Solomat 1010	Stationärer Übergabeplatz für Paletten, Stationärer Übergabeplatz zur Kommissionierung, Kommissionier-U, Kommissionier-Schublade, Fördersystem	Bedienerführende, selbsterklärende Dialogtechnik. Datensicherung durch parallele Datenführung. Installierbar auf PC-Basis.	115 horizontal 23 vertikal 51/88 ausfahren	Europaletten 800 x 1200, 1000 x 1200 (DIN 15146) Gitterboxen 800 x 1200 (DIN 15155) mit Teleskopgabel oder Teleskoptisch	bis 80 Lastbewegungen/h entsprechend 40 Doppelspiele/h (FEM 9.851)

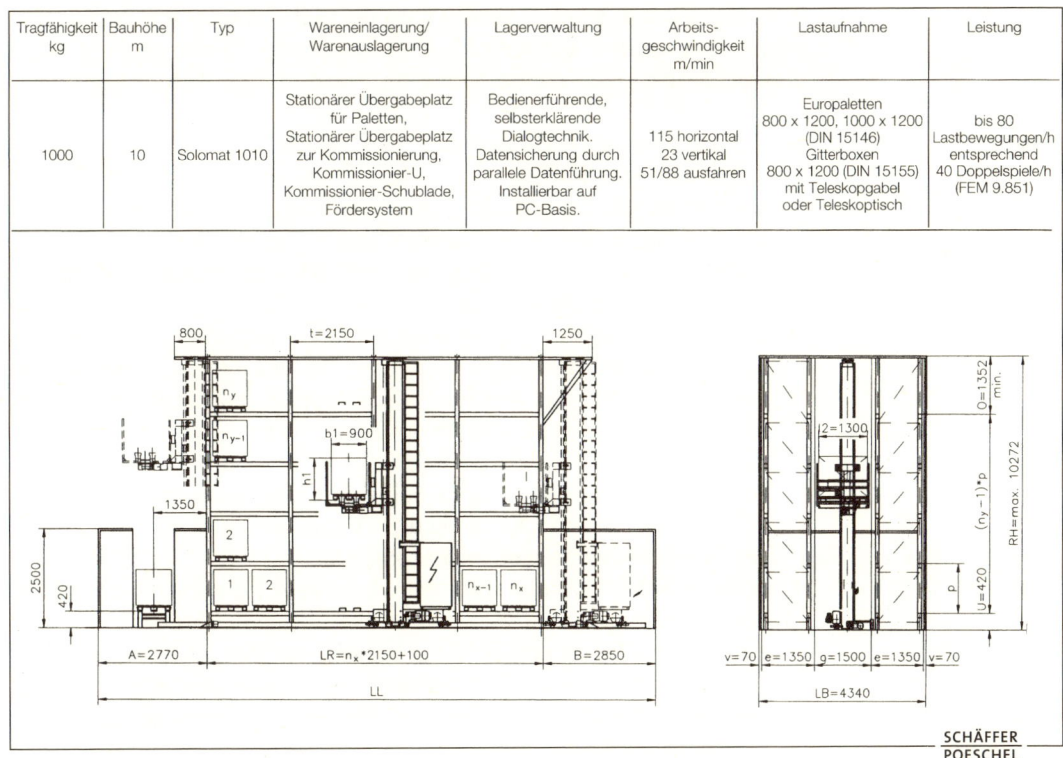

Abb. 6.30: Aufbau und Leistungsfähigkeit eines Regalbediengerätes
(Quelle: Mannesmann Demag Fördertechnik)

Vorteile/Nachteile von Regalbediengeräten:

+ hohe Geschwindigkeiten und Beschleunigungen,
+ genaue Positionierung im Lagergang durch Markierungen an Lagereinbauten,
+ große Transporthöhen,
+ vollautomatisches Lager realisierbar, geringe Personalkosten,
– hohe Investitionen (ca. 400 T€ mit Steuerung),
– bei technischem Defekt ist gesamter Lagergang blockiert,
– technische Verfügbarkeit,
– eingeschränkte Bewegungsfreiheit (schienengebunden).

Gabelstapler
Von sämtlichen Fördermitteln sind die Gabelstapler die am häufigsten eingesetzten Fördermittel. Gabelstapler lassen sich je nach Bauweise in verschiedene Typen unterteilen (vgl. Abbildung 6.31):

Arten

- Gegengewichts-Gabelstapler mit Fahrersitz: die Last wird außerhalb der Radbasis freitragend aufgenommen. Ein Kippen nach vorn wird durch das Gegengewicht (Aufbau, Antrieb) und ein Schrägstellen des Transportgutes vermieden. In starkem Maße sind diese Gabelstapler auch für den Einsatz außerhalb des Hallenbereiches geeignet.
- Schubmaststapler: der längsbewegliche Schubmast kann das Transportgut aufnehmen und dann für den eigentlichen Transport zwischen die Vorder- und Hinterachse einziehen. Das Transportgut liegt innerhalb der Radbasis und sorgt damit für eine ausreichende Transportsicherheit, ohne große Ausgleichsgewichte zu benötigen. Der Schubmaststapler eignet sich auch zur Entladung von LKWs, da dieser mit seinen Vorderrädern unter die LKW-Aufbauten fahren kann.
- Seitenstapler: Gabelstapler mit rechtwinklig versetzt eingebautem Schubmast und Gabel. Der Schubmast fährt rechtwinklig zur Fahrtrichtung des Staplers heraus, um das Transportgut aufnehmen zu können. Seitenstapler benötigen gegenüber Gabelstaplern geringere Gangbreiten, da kein Drehen erfolgt. Gangbreiten ca. 2.40 m.

Abb. 6.31: Beispiele von Gabelstaplern, Schubmaststaplern und Hochregalstaplern (Quelle: Jungheinrich Transportsysteme)

Der Antrieb der Gabelstapler ist elektrisch (batteriegetrieben) oder mit Verbrennungsmotor (Benzin, Diesel, Gas).

> Vorteile/Nachteile von Gabelstaplern:
>
> + großer Bewegungsraum (Innen, Außen),
> + großes Angebot an Leistungsklassen, Ausstattungsvarianten (Gabelbereich),
> + nur geringe Begrenzung durch Fabriklayout,
> + flexibler Einsatz,
> – Personalkosten,
> – durch Wendekreis große/größere Gangbreiten nötig.

Fahrerloses Transportsystem (FTS)
Fahrerlose Transportsysteme sind unbemannt und haben keine mechanische Spurführung. Die Spurführung erfolgt über im Boden verlegte elektrische Leiter (Induktion), über das Abtasten auf dem Boden aufgeklebter Linien (optische Erkennungssysteme) oder über Navigationssysteme (Laser, Ultraschall). Bei Einsatz von Navigationssystemen kann auf die Bodeninstallation verzichtet werden. Die Positionsfindung erfolgt beispielsweise über ein Laser-Navigationssystem. Dabei rotiert ein auf dem FTS installierter In-

FTS

frarot-Laserstrahl, der an im Raum angebrachten Reflexionsmarken gespiegelt wird. Aus dem Reflexionsbild wird mit entsprechenden Auswerteprogrammen die Position des Fahrzeugs ermittelt. Ferner speichert das Laser-Navigationssystem mehrere »Landkarten« ab, auf die bei Bedarf zugegriffen werden kann. Damit kann das FTS ohne großen Aufwand in verschiedenen Bereichen und Umgebungen eingesetzt werden, da die benötigten Umgebungsdaten schnell verfügbar sind. Die Fahrerlosen Transportsysteme vereinigen die gesamte benötigte Transporttechnik in einem Gerät. So besteht ein FTS aus Antriebsmotor, Lenkantrieb, Zentralsteuerung, Energieversorgung durch Batterien, Elektronik für Spurführung (induktiv, optisch, über Navigation) und Sicherheitseinrichtungen wie Berührungssysteme (Sicherheitsleisten), berührungslose Systeme (Lichtschranken, Infrarot-Scanner) und Not-Aus-Schalter. Der Systempreis eines FTS liegt bei ca. 100 bis 250 T€ mal Anzahl der im System eingebundenen FTS.

Vorteile/Nachteile von Fahrerlosen Transportsystemen:

+ vollautomatisches System, geringe Personalkosten,
+ beliebige Streckenführung möglich,
+ Vernetzung möglich,
– hoher Investitionsaufwand,
– genaue Positionierung bei Aufnahme/Abgabe Transportgut nur mit zusätzlichen Hilfseinrichtungen (mechanische Ankopplung),
– Anforderungen bezüglich Sauberkeit an Boden oder Leitlinien,
– Wartungsaufwand der Fahrzeuge groß.

Stetigförderer

Kreiskettenförderer
Die Kreiskettenförderer gehören zu den flurfreien Stetigförderern. Eine umlaufende Kette wird über Rollenlaufwerke in einer Schiene angetrieben, die mit gleichbleibender Geschwindigkeit ständig in Betrieb ist. An der Kette hängt das zu transportierende Gut (Stückgut wie Scheinwerfer in Lackieranlage, Montageteile in der Automobilindustrie), sodass das eigene Gewicht der Kette und das Gewicht des Transportgutes über die Rollenlaufwerke von der Schiene aufgenommen werden müssen.

Vorteile/Nachteile der Kreiskettenförderer:

+ durch Deckenkonstruktion freie Gestaltungsmöglichkeiten der Streckenführung,
+ kein eigener Antrieb, auch Transportmedium in explosionsgeschützten Räumen,

- hohe Geräuschentwicklung durch umlaufende Ketten,
- Konstruktion erfordert geschlossenen Kreislauf.

Unterflurschleppkettenförderer
Der Unterflurschleppkettenförderer gehört zu den Stetigförderern **Schleppketten-**
die flurgebunden sind. Bei den Schleppkettenförderern sind das **förderer**
Transportmedium und die Lastaufnahme getrennt. Das Transportmedium ist eine im Boden eingelassene Kette. In diese Kette wird
ein Wagen eingekuppelt und durch die Kette weitertransportiert.
Ein abgewandeltes Beispiel dafür sind die Cable-Car in San Francis-
co. An ein umlaufendes Stahlseil werden die Personenkabinen
über Reibschluss mit dem Seil verbunden und damit weitergezo-
gen. Die Kette, die im Kettenkasten und dieser wiederum im Boden eingelassen ist, wird ständig angetrieben. Damit eine Kette
umlaufen kann, ist ein geschlossener Kreislauf notwendig. Das
heißt, die Rückführung ist technisch zwingend, obwohl eventuell
aus logistischer Sicht nicht notwendig.

Vorteile/Nachteile der Unterflurschleppkettenförderer:

+ einfache und robuste Konstruktion,
+ beliebige Positionierung der Wagen,
+ geringer Flächenbedarf, da Fördertechnik im Boden eingelassen,
- geschlossener Kreislauf muss realisiert werden,
- Verschmutzung des Kettenkanals, Stolpergefahr,
- keine spätere Flexibilität bei Änderung der Linienführung.

Rollenbahn
Die Rollenbahn gehört zu den aufgeständerten Stetigförderern. Die **Rollenbahn**
Rollenbahn setzt sich aus einer Folge von Rollen oder Walzen zusammen, auf denen sich das Fördergut entlang bewegt. Der Transport geschieht über Schwerkraft oder über angetriebene Rollen.
Neben den angetriebenen Rollen gibt es ähnliche Systeme, die mit
angetriebenen Gurtbändern, auf denen das Transportgut abgelegt
werden kann, und angetriebenen Tragketten oder Plattenbändern
den Transportvorgang ermöglichen.

Vorteile/Nachteile der Rollenbahn:

+ Investitionshöhe gering, Standardbauteile,
+ einfacher Aufbau, einfache Verlegung,
+ robuste Technik, insbesondere wenn Antrieb durch Schwerkraft,
+ Vereinzeln und Aufstauen der Güter möglich,

– geringe Flexibilität bezüglich Streckenführung und Dimensionierung (Breite, Gewichtsaufnahme),
– benötigen viel Stellfläche und behindern damit Fertigungs- und Lagerabläufe.

6.6 Logistik-Controlling

Lernziele

Nach der Lektüre dieses Kapitels soll der Leser

- die Einflussgrößen auf die Logistik-Kosten kennen,
- die Instrumente und Methoden kennen und anwenden können,
- den Umfang der Logistik-Kosten abschätzen können.

Das *Logisitik-Controlling* erfordert eine genaue Erfassung logistischer Daten, daher muss eine klare Abgrenzung der Funktionen und Aufgaben getroffen werden. Damit ergeben sich die Auftragsabwicklung, die Lagerhaltung, die Kommissionierung, der Transport und die Verpackung als die zu betrachtenden Komponenten.

Kosten- und Leistungsrechnung

Nachdem sich die Logistik in einigen Unternehmen als selbstständiger Bereich etabliert hat, wird dazu übergegangen, diesen Bereich mit Hilfe einer Kosten- und Leistungsrechnung sowie anderer Instrumente exakter zu erfassen – eine zur Steuerung des Logistikapparates erforderliche Maßnahme, zumal die logistischen Anforderungen ständig zunehmen. Die hohe Komplexität von Logistiksystemen und die gewachsenen Leistungsanforderungen an diese verstärken die Notwendigkeit von gezielter Planung, Steuerung, Kontrolle und Koordination der Teilbereiche der Logistik und ihrer Verbindung zu anderen Unternehmensbereichen. Ziel des Logistik-Controlling ist es, die Wirtschaftlichkeit der Logistik, das heißt maximale Leistungen zu minimalen Kosten, zu gewährleisten sowie Informationen zu beschaffen, zu verdichten und in geeigneter Form den Entscheidungsträgern zur Verfügung zu stellen. Ein erster Schritt ist die Definition eines Systems von Logistikleistungen, Logistikkosten und Kostenbestimmungsfaktoren. Dadurch werden Kosten und Leistungen der Logistik klar von denen anderer Bereiche abgegrenzt und Mehrfachtätigkeiten, auch im Controlling, vermieden. Das Controlling erfasst die relevanten

Soll-Ist-Vergleich

Größen und ist in der Lage, die Logistik über Soll-Ist-Vergleiche zu steuern. Darüber hinaus sollte man sich nicht darauf beschränken, nur aufgrund vorliegender Logistik-Daten tätig zu werden, sondern versuchen, in Zukunft benötigte Leistungen aus der Bedarfsstruktur abzuleiten und auf diese Weise Logistik planbar zu machen.

Das ermöglicht auch die Suche nach Alternativen auf dem technischen und dem personellen Sektor. Die Aufgaben von Logistik und Controlling überschneiden sich stark, besonders im Koordinationsbereich. Der Koordinationsbedarf der Logistik entspringt der Unmöglichkeit einer Simultanplanung aller Unternehmensbereiche. Die stufenweise Planung erfordert eine Ausrichtung und Abstimmung mit angrenzenden Bereichen. Hier werden auch für das Logistik-Controlling weitreichende Aufgaben und Einflussmöglichkeiten gesehen.

Im Folgenden sollen die wichtigsten Controlling-Instrumente für die Logistik dargestellt werden. Dies sind im Einzelnen:

Controlling-Instrumente

- Kosten- und Leistungsrechnung,
- Prozesskostenrechnung,
- Kennzahlen,
- Budgetierung.

6.6.1 Kalkulation der Logistikkosten

In vielen Unternehmen kann man beobachten, dass der Anteil der Gemeinkosten durch die indirekten Leistungsbereiche stetig ansteigt. Daraus kann eine wachsende Bedeutung planender, steuernder, koordinierender und kontrollierender Tätigkeiten, wie sie die Logistik beinhaltet, abgeleitet werden. Traditionelle Kostenrechnungssysteme sind für die Erfassung und Steuerung dieser Tätigkeiten nicht mehr ausreichend. Ein Weg, diesen Mangel zu beheben, kann der Ausbau des betrieblichen Rechnungswesen sein, das eine detailliertere Erfassung logistischer Leistungen und Kosten möglich macht. Ein Ziel der Kostenrechnung ist die verursachungsgerechte Kostenzuteilung. Bei traditioneller Vorgehensweise werden die Logistikkosten innerhalb der Gemeinkostenzuschläge (Materialgemeinkosten, Fertigungsgemeinkosten, Vertriebsgemeinkosten) auf das Produkt umgelegt. Das ist zwar ein einfacher pragmatischer Verrechnungsansatz, der aber die Kostenrealität stark verzerrt. Denn es wird nicht beachtet, dass ein großer Teil der Logistikkosten unabhängig vom Materialwert und den Fertigungseinzelkosten eines Produkts anfällt. Im Bereich Beschaffung sind beispielsweise die Bestellkosten unabhängig vom Wert der bestellten Teile. Speditionskosten werden neben der Fahrstrecke auch vom Volumen/Gewicht der Ware bestimmt, nicht vom Wert. So kann auf ein kleines Teil, das relativ geringe Speditionskosten verursacht, aber einen hohen Wert besitzt, durch den sich daraus ergebenden hohen Zuschlagswert ein ungerechtfertigt hoher Anteil der Kosten entfallen. Zudem bleibt der unterschiedliche

Gemeinkosten

Leistungsaufwand unberücksichtigt. Die Einrichtung einer speziellen Logistik-Kostenrechnung trägt diesen Punkten Rechnung
und ermöglicht eine exaktere Zuordnung der über die Leistungs-
definition sowie die Einteilung in Kostenarten und Kostenstellen
ermittelten Logistikkosten zu den Produkten oder auch anderen
Kostenträgern, wie zum Beispiel im Bereich »Beschaffungswesen.«

**Genaue Zuordnung
der Kosten**

Die genaue Zuordnung stellt sicher, dass auch der Kunde nur die
dem gekauften Produkt zugehörigen Logistikkosten bezahlt. Bei
steigenden logistischen Anforderungen können dann die Produkt-
preise zielgerichteter angepasst werden. Außerdem wird die Suche
nach Kostensenkungspotenzialen erleichtert. Der Deckungsbeitrag
des Produkts wird exakter bestimmt, was einen wichtigen Beitrag
zur Produktprogrammplanung darstellt. Für die Kalkulation von
Logistikkosten sind die verrechnungstechnischen Vorarbeiten un-
wesentlich umfangreicher. Restriktiv wirken lediglich Schwierigkeiten bei der Leistungsabgrenzung sowie die Einschränkung beim
Umfang oder der Häufigkeit der Kostenkalkulation, sofern diese
noch nicht ausreichend DV-gestützt abläuft.

Die Beeinflussbarkeit der Logistikkosten wird anhand von Tabelle 6.10 ersichtlich:

Produkt:	Varianten
	Geometrie
	Änderungen
	Qualität
	Lebenszyklus
Produktionsstruktur:	Werkstruktur
	Fertigungsorganisation
	Produktionsprogramm
	Produktionsplanung
	Variantenbildungsprozess
Logistikstrukturen:	Anzahl Lieferanten
	Lieferantenentfernung
	Lieferumfänge
	DV-Anbindung
Logistikprozesse:	Ladungsträger
	Technik
	Materialflussplanung
	Belieferungsform

Tab. 6.10: Einfluss verschiedener Größen auf die Logistikkosten

6.6.1.1 Grundlagen der Logistikleistung

Die *logistische Kostenrechnung* bedarf als Grundlage einer möglichst genauen Definition logistischer Leistungen. Diese sind jedoch, da es sich zum Teil um Dienstleistungen handelt, nur schwer präzise zu erfassen, vielgestaltig und schwer messbar. Zudem sind sie, aufgrund des Querschnittscharakters der Logistik, über das ganze Unternehmen verteilt zu finden und deshalb in den einzelnen Unternehmesbereichen nur von geringer Bedeutung. Da die meisten Unternehmen aus diesen Gründen vor einer umfassenden Leistungsrechnung zurückschrecken, fehlt der Grundstock einer aussagefähigen Logistik-Kostenrechnung, was die Entwicklung des betrieblichen Logistik-Controlling behindert. Die Schwierigkeiten der Leistungsabgrenzung bestehen sowohl im physischen als auch im dispositiven Bereich durch eine unauflösliche Verkettung und Überschneidung mit anderen Leistungsbereichen, da die logistischen Aufgaben bisher Bestandteile von Bereichssystemen waren, mit denen sie teilweise untrennbar verknüpft sind. Daneben existieren mehrere Begriffsebenen von Logistikleistungen sowie bedeutende Leistungsebenen, operative, dispositive und administrative, nebeneinander, was eine Zuordnung zusätzlich kompliziert macht. Der Ausweg kann in einer Erfassung objektiv messbarer Leistungskomponenten liegen. Dies wären am Beispiel »Beschaffung« (*nach Weber*):

Objektiv messbare Leistungskomponenten

- bearbeitete Anzahl Eingangspapiere,
- abgefertigte Ladeeinrichtungen,
- transportierte Ladeeinheiten,
- kommissionierte Lager- und Transporteinheiten,
- Ein-, Um-, Auslagerungen,
- monatlich zu disponierende Teile.

Die erforderlichen Daten können oft aus schon bestehenden Quellen entnommen werden. Automatisierte Transportsysteme liefern Bewegungszeiten und Lagermengen, Dispositions- und Einkaufsprogramme enthalten Preise, Behälterarten, Rechnungsdaten und vieles mehr. Neben der Lieferung von Basisinformationen für die Kostenrechnung werden durch die Definition logistischer Leistungen die logistischen Prozesse transparenter, sie können leichter analysiert und optimiert werden. Diese fehlenden Daten können durch die im Folgenden Abschnitt beschriebenen Maßnahmen ermittelt und vervollständigt werden, wodurch die Wirtschaftlichkeit logistischer Prozesse besser beurteilt werden kann.

6.6.1.2 Logistische Kostenarten und Kostenstellen

Die Kosten- und Leistungsrechnung stellt für die Logisitk ein wesentliches Instrument zur Entscheidungsfindung und -unterstützung dar. Dazu sind die Logistikkosten durch den kostenstellenbezogenen Ausweis transparent zu machen:

- die Kosten werden dem Kostenstellenverantwortlichen als Verantwortungsträger zugeordnet, der dadurch bestrebt sein wird, seine Kosten möglichst niedrig bzw. in Bezug auf die Leistung optimal zu gestalten. Dies gelingt nur, wenn ein Kostenstellenverantwortlicher auch Kosten durch seine Entscheidung beeinflussen kann und nicht das Denken »rechte Tasche und linke Tasche« um sich greift. Dadurch wird der Vergleich von

Logistikkosten mit Vergangenheitswerten und vergleichbaren Kostenstellen einfacher.

- Eine Eingrenzung auf Kostenstellenebene ermöglicht eine aussagefähige Kostenauflösung, aus der im Zusammenhang mit der Leistungserbringung Logistikplankosten abgeleitet werden können.
- Plankosten ermöglichen Wirtschaftlichkeitskontrollen und Budgetierung.
- Mit Abweichungsanalysen können Verbesserungspotenziale aufgedeckt werden.

Die Schwierigkeit einer Logistikostenrechnung besteht in der Abgrenzung der relevanten Kosten. Dabei scheint eine exakte Lösung nicht greifbar. Geht es lediglich um die Festlegung des Gesamtkostenblocks, den die Logistik verursacht, ist der Aufwand einer genauen Abgrenzung nicht notwendig und sinnvoll. Es lohnt nur in den Bereichen eine genaue Abgrenzung vorzunehmen, in denen Ansätze zur besseren Planung und Steuerung geschaffen werden sollen. Dafür kommen beispielsweise Kostenblöcke in Frage, die einen überdurchschnittlich hohen Kostenverursachungsanteil ausmachen. Ebenso Bereiche mit hohem Personalkostenanteil und hohen Abschreibungen (Stoffeingangsprüfung, Hochregallager, Beschaffung). Als nächster Schritt können logistische Kostenarten eingeführt werden. So werden als Gemeinkosten die Kosten für logistische Produktionsfaktoren (Transportmittel, Mitarbeiter) betrachtet und als Einzelkosten logistische Fremdleistungskosten (Spedition, Lagerhaltung). Eine weitere mögliche Aufteilung wäre die nach Fremdlagerung und Fremdtransport, der wiederum nach Verkehrsträgern unterschieden werden kann.

Abgrenzung relevanter Kosten

Als weiterer einfacher Ansatz können ferner zusätzliche logistische Kostenstellen in die Betriebsabrechnung einbezogen werden. Im Sinne des Denkansatzes einer »Fabrik in der Fabrik« kann diese Leistung verselbstständigt werden und als eigenständige Kostenstelle im Betriebsabrechnungsbogen (BAB) erscheinen. Teilweise bestehen schon Logistik-Kostenstellen im Unternehmen, wenn es um externe Bereiche geht. Im internen Bereich sind meist sehr undifferenzierte Kostenstellen anzutreffen, was die Zurechnung erschwert. Um die Vorteile der Kostenrechnung voll auszuschöpfen, lohnt hier eine umfassendere Differenzierung der Kostenstellen. Da die Kostenstellenrechnung heute im Normalfall schon komplex ist, sollte man darauf achten, die Zahl der neu zu bildenden Kostenstellen gering zu halten. Neue Kostenstellen sollten nur entstehen, wenn Materiallogistikkosten zu pauschal erfasst sind, extra disponiert werden können und ihnen ein hoher Kostenanteil zufällt. Dabei kann man aus bestehenden Kostenstellen abgrenzbare Bereiche herauslösen und als neue Kostenstelle definieren. Es

Logistische Kostenstellen

bieten sich dazu die Beschaffung (einschließlich Bestellwesen), die Transportmittel (die meistens an Fertigungskostenstellen hängen), das Lager und Teile des Vertriebs an. Neben der Aufspaltung in Kostenarten und Kostenstellen, ist eine Trennung nach fixen und variablen Kosten hilfreich. Dies ermöglicht eine genauere Analyse der beschäftigungsabhängigen Kosten und bildet die Grundlage für verschiedene Betrachtungen des Controllers (break even, Make-or-Buy).

Die so geschaffene Kostentransparenz führt zu:

Ergebnisse der Kostentransparenz

- Abschätzbarkeit Logistikkostenvolumen,
- Logistikgerechter Entwicklung der Erzeugnisse,
- Logistikgerechten Fertigungskonzepten,
- Quantifizierbarkeit der Kosten für Variantenvielfalt,
- Kalkulation von Mindermengenzuschlägen für Vertrieb,
- Kosten technischer Änderungen und Abrufänderungen durch Kunden.

6.6.2 Prozesskostenrechnung

Als weitere Möglichkeit die indirekten Leistungsbereiche kostenrechnerisch abzubilden, wird verstärkt der Ansatz der Prozesskostenrechnung eingesetzt. Der Hauptgrund für die Entstehung der Prozesskostenrechnung liegt in der stark veränderten Fertigungstechnik, d. h. der Automatisierung und Flexibilisierung durch die Installation von computerintegrierten Fertigungssystemen (CIM). Die Konsequenz ist die Veränderung der Kostenstruktur durch die Zunahme von dispositiven, planenden, steuernden und kontrollierenden Tätigkeiten. Dieses bringt steigende Gemeinkosten mit sich, da diese Tätigkeiten im Allgemeinen keine direkte Beziehung zum Produkt besitzen und somit keine Einzelkosten darstellen. Dieser steigende Anteil der Gemeinkosten an der Wertschöpfung führt zu einer Inkongruenz von Schwerpunkt des Kostenanfalls und Schwerpunkt der Kostenrechnung. Da auch in Zukunft weiterhin steigende Gemeinkosten zu erwarten sind, führt die mangelnde Transparenz dieses Kostenblocks dazu, dass die Verantwortlichen in den Unternehmen nach einer neuen Methode des Gemeinkostenmanagements verlangen.

Da die Prozesskostenrechnung bereits in Kapitel 3.4 angesprochen wurde, sollen hier nur weiterführende und ergänzende Erläuterungen gegeben werden.

Logistikkette

Die Umsetzung der logistischen Abläufe in die Prozesskostenrechnung erfordert es, die Logistikkette in verschiedene Prozesse zu zerlegen und die Teilprozesse zu definieren. Die kostenstellenübergreifende Zusammenfassung von Teilprozessen zu Hauptprozessen ist einer der wichtigsten Schritte, um bei der Prozesskostenrechnung die Anzahl der Bezugsgrößen auf ein wirtschaftlich vertretbares Maß zu reduzieren. Grundsätzlich kann man zwei Hauptaufgaben in der Logistik unterscheiden, die Transportplanung/-durchführung zur Überwindung der Raumdisparitäten und die Lagerplanung/-durchführung zur Überwindung von Zeitdisparitäten.

Hauptaufgaben der Logistik

Da die Prozessabläufe jedoch stark von unternehmensspezifischen Gegebenheiten abhängen, kann der hier vorgestellte Ablauf nur als ein Beispiel gesehen werden. Denkbar wäre die in Tabelle 6.11 dargestellte Prozessgliederung auf operativer Ebene (= Realisierungsebene, repetitive Tätigkeiten des Transportierens, Lagerns).

Operativer Prozess	Teilprozess
Anlieferung	- mit eigenem Fahrzeug
	- mit fremdem Fahrzeug
Warenannahme	- Abladen
	- Prüfen/Qualitätssicherung
Einlagerung	- Transportvorgang
	- Lagervorgang
Materialerhaltung	- Wartung
	- Aufbereitung
Auslagerung	- Lagervorgang
	- Bereitstellen für Produktion
Transport im Fertigungsfluss	
Zwischenlager	- Einlagern
	- Auslagern
Fertigwarenlagerung	- Einlagern
	- Auslagern
Materialerhaltung	- Wartung
	- Aufbereitung
Versand	- Bereitstellen/Kommissionieren
	- Verpacken/Verladen
	- Versenden
Operativ lenkender Prozess	
Materialbeschaffung	- Disposition der Kaufteile
	- Einkauf
	- Terminsicherung
	- Zollabteilung
Fertigungssteuerung	- Disposition der Eigen-
	fertigungsteile
	- innerbetriebliche Steuerung
Distributionssteuerung	- Auftragsabwicklung
	- Versandplanung/Spedition

Tab. 6.11: Die wichtigsten Teilprozesse in der Logistik

Die Erfassungsproblematik resultiert aus der Frage, welche Kosteninformationen man benötigt, um sinnvolle Entscheidungen im Logistikbereich treffen zu können. Ein Grund für diese Erfassungsproblematik liegt in der Heterogenität der logistischen Leistungen. Dies führt zu einer Vielzahl von relevanten Maßgrößen wie Paletten, Tonnen, Stück, Anzahl der Lagerpositionen, Anzahl der Wareneingangsmeldungen.

Hier tut sich ein Gegensatz auf bei der Entscheidungsfindung im Fertigungsbereich, da diese auf Basis von Gütermengen und Zeitangaben stattfindet. Dies macht auch deutlich, dass im logistischen Bereich in viel stärkerem Maße als im Fertigungsbereich ein Prozess nicht zu gleicher Leistung führt. So kann beispielsweise die logistische Leistung darin bestehen, 100 angeforderte Schrauben aus dem Zentrallager zu einer Fertigungsstelle zu bringen. Bei dem einen Transportvorgang geschieht dies nach Entgegennahme der Anforderung in 10 Minuten, bei dem anderen Transportvorgang dauert die Ausführung 2 Stunden. Ergebnisbezogen sind beide Leistungen als gleich einzuschätzen, da die Schrauben von A nach B transportiert wurden. Die zeitliche Verspätung beim 2. Transport hat aber dazu geführt, dass beispielsweise eine Vorfertigungslinie wegen Materialmangel unterbrochen werden musste. Die logistischen Leistungen unterscheiden sich somit, wirkungsbezogen betrachtet, erheblich. Um diese Abweichungen abbilden zu können, bedarf es mehrerer Bezugsgrößen. Es reicht nicht aus, einfach die Anzahl der durchgeführten Prozesse zu zählen. Vielmehr sind prinzipiell auch qualitative Aussagen über die Art der Durchführung notwendig. Die Schwierigkeiten bestehen darin, dass die Bewertung dieser Abweichungen stark vom Anforderungsprofil des Nachfragers der logistischen Leistung abhängt. Hier kommt die Service-Funktion der Logistik zum Tragen. So reicht es der einen Fertigungsstelle zwar die Schrauben in 2 Stunden zu bekommen, der anderen Fertigungsstelle aber ist dieser Zeitraum durchaus zu lang. Maßstab für die Bewertung könnten definierte Serviceniveaus sein; z. B. dürfen in der Warenannahme für den Prozess der Warenannahme bis zur Bereitstellung in der Fertigung nur 2 Tage vergehen. Diese Dauer muss in 95 % der Fälle eingehalten werden. Die Nichteinhaltung solcher Vorgaben könnte zu Fehlmengenkosten führen.

Bezugsgrößen

Sehr viel einfacher sind Kapitalbindungskosten und externe Logistikleistungen zu bestimmen. Unzweifelhaft gehören die Bestandskosten zu den logistischen Kosten, da sie primär durch dispositive logistische Entscheidungen bestimmt werden. Externe Logistikleistungen sind dann einfach zu bestimmen, wenn Abrechnungen vorliegen. Dies ist nicht der Fall, wenn der Lieferant frei Haus liefert. Geschieht dies, so ist die Vergleichbarkeit zur eigenen Leistung problematisch, da kein getrennter Ausweis von

Kosten für diese Leistung erfolgt. Ein Beispiel für das Logistik-Controlling mittels der Prozesskostenrechnung zeigt Tabelle 6.12.

Teilprozesse	Maßgrößen		Prozesskosten	Prozesskostensatz
	Art	Menge	(€)	(€/Prozess)
Bedarfsmeldung bearbeiten	Bedarfs- meldungen	18.500	245.188,00	13,25
Reklamationsabwicklung	Reklamationen	462	20.756,00	44,93
Rechnung kontieren und buchen	Bestellungen	9.246	165.340,00	17,88
Rechnung bezahlen	Bestellungen	9.246	65.110,00	7,04
Rechnung und Liefer- schein ablegen	Bestellungen	9.246	30.376,00	3,29
Summe Hauptprozess			526.770,00	**86,39**

Tab. 6.12: Ermittlung des Prozesskostensatzes für den Prozess Beschaffung

Hier werden die Prozesskostensätze je Hauptprozess ermittelt. Dabei setzt sich jeder Hauptprozess aus mehreren Teilprozessen zusammen. Die Prozesskostenrechnung kann dadurch weiter verfeinert werden, indem zwischen leistungsmengenneutralen und leistungsmengeninduzierten Kosten unterschieden werden kann. Die leistungsmengeninduzierten Kosten sind direkt proportional zur Inanspruchnahme des Prozesses, während die leistungsmengenneutralen Kosten fixen Kosten entsprechen, die nicht von der Inanspruchnahme des Prozesses abhängen.

6.6.3 Logistik-Controlling mit Kennzahlen

Verdichtung der Realität

Eines der wichtigsten Controlling-Instrumente neben der Kosten- und Leistungsrechnung ist die Bildung von *Kennzahlen* und *Kennzahlensystemen*, die sich besonders wegen der quantitativen Ausprägung logistischer Größen eignet. Kennzahlen sind quantitative Daten, die als bewusste Verdichtung der komplexen Realität über zahlenmäßig erfassbare betriebswirtschaftliche Sachverhalte informieren sollen. Kennzahlen haben eine dreifache Bedeutung, indem sie Maßstäbe definieren, Erfolgskontrollen zulassen und inner- und außerbetriebliche Vergleiche zulassen. Da einzelne Kenngrößen nur einen relativ geringen Aussagegehalt haben, werden mehrere sich ergänzende, erklärende und auf einen gemeinsamen

Sachverhalt zielende Kennzahlen in Kennzahlensystemen zusammengefasst. Da sich Kennzahlen gut zur Formulierung von Zielvorgaben eignen, spiegelt ein Kennzahlensystem häufig die aus den Hauptzielen des Unternehmens abgeleiteten Ziele für den jeweiligen Bereich wider. Mit Hilfe dieser Zielvorgaben können Soll-Ist-Abgleiche durchgeführt werden. Ferner können über einen längeren Zeitraum hinweg Zusammenhänge und Entwicklungen logistischer Prozesse verdeutlicht werden. Auch im Zusammenhang mit Benchmarking gewinnen Kennzahlen zusätzliche Bedeutung. Durch den Vergleich von Kennzahlen verschiedener Unternehmen können Rückschlüsse auf das eigene Unternehmen/das eigene Verhalten gezogen werden. Wichtig ist aber auch zu erkennen, dass Kennzahlen nur dann zu Vergleichszwecken herangezogen werden können, wenn die Grundlagen (ausreichende Datenbasis, Vergleichbarkeit ist gegeben) und die Definition der einzelnen Kennzahl für alle Beteiligten gleich sind. Das heißt, konkret, dass sämtliche Anwender von Kennzahlen auch die gleiche Definition, welche Informationen sie enthält darunter verstehen. Im anderen Fall sind Kennzahlen für Vergleichszwecke sinnlos und eignen sich nur zu einer isolierten Betrachtung im Soll-Ist-Vergleich.

Vergleich

In Ergänzung zu Kapitel 3.6 sind weitere Kennzahlen zu nennen:

- zu Beschaffungslogistik:
  - Materialverfügbarkeit
  - Materiallagerkosten
  - aktuelle Reichweite
  - Reichweite mittlerer Zugang
  - Bestandsmenge über Sicherheitsbestand
  - Anzahl Eintauchen in den Sicherheitsbestand
- zu Lagerung allgemein:
  - durchschnittliche Reichweite
  - Durchschnittsbestand
  - bewerteter Durchschnittsbestand
  - Lagerauslastungsgrad
  - Umlageranteil
  - Grad der Lagerschäden
- zu Produktionslogistik:
  - Materialmehrverbrauch
  - Materialliegeanteil/Materialtransportanteil
  - Produktionsauslastungsgrad

- zu Distributionslogistik: – Lieferzeiten
  – Reklamationsquote
  – Transportschadensquote
  – Distributionskosten zum Umsatz
  – Transportkosten zum Umsatz
  – Lieferservicegrad
  – durchschnittlicher Lieferwert
  – pro Auftrag
  – Komplettlieferungsgrad

6.6.4 Budgetierung

Die *Budgetierung* stellt ein häufig genutztes Controllinginstrument dar. Bei der Budgetierung werden die Ressourcen den verbrauchenden Abteilungen zugeteilt. Unter Ressourcen werden Geld, Personal und Investitionsmittel verstanden. Ein Budget stellt eine Vorgabe dar. In der Diskussion um das Logisitik-Controlling wird diese Möglichkeit allerdings nur selten angesprochen. Budgets umfassen Geld- und Mengengrößen, die einem Verantwortungsbereich als Soll-Werte vorgegeben und meist aus den Budgets der vorhergehenden Perioden abgeleitet werden. Zu festgelegten Zeitpunkten werden den Soll-Werten die Ist-Daten gegenübergestellt. Ergeben sich Differenzen, werden deren Ursachen in einer Abweichungsanalyse untersucht und aus den Erkenntnissen entsprechende Maßnahmen abgeleitet und umgesetzt. Da die Logistik überwiegend quantitative Dimensionen annimmt, scheint sie sich als Gegenstand der Budgetierung durchaus zu empfehlen. Für das Transportwesen und die Lagerbewirtschaftung bieten sich Budgets besonders an. Die Budgetierung mag auf den ersten Blick schwerfällig wirken und damit den hohen Anforderungen der Logistik nur unzureichend genügen. Die Intervalle der Soll-Ist-Vergleiche können jedoch bis auf einen Tag verkürzt werden, sodass sich nicht nur längerfristige Entwicklungen, sondern auch Entwicklungen im kurzfristigen Zeithorizont darstellen lassen. Der Vorteil besteht Des Weiteren darin, dass das Budget jedes Jahr neu festgelegt werden muss. Dadurch können sowohl Zielvorgaben regelmäßig mit eingehen, als auch technische Änderungen im Budget ihren Niederschlag finden.

Eine Erweiterung ergibt sich aus der Zero-Base-Budgetierung. Mit Hilfe des »grüne Wiese Denkens« können Überlegungen bezüglich der Notwendigkeit, dem Umfang und der Realisierung der Logistik gemacht werden. Gleichzeitig fällt die Quantifizierung leichter, da modellhaftes Denken vorliegt.

Ressourcen

Soll-Ist-Vergleich

Zielvorgaben

Fallbeispiel zur Logistik-Gesamtkostenbetrachtung

Die Logistische Kette in einem Werk der Speedy GmbH zur Herstellung elektronischer Geräte sieht wie folgt aus:

	Physische Vorgänge	zuständige Abteilung
• Beschaffung		
	– Wareneingang	D 4
	– Rechnungsprüfung	C 1
	– Umpacken	D 4
	– Stoffeingangsprüfung	Q
	– Einlagerung	D 5
	– Rohstofflagerung	D 5
	– Kommissionierung	D 5
	Dispositive Vorgänge	
	– Bestellschreibung	D1, D2
	– Materialbedarfsrechnung	D1
	– Bestandsführung	D1
	– Bearbeitung technische Änderungen	D1
	– Überwachung Fehlteile	D1
• Fertigung	Physische Vorgänge	
	– Transport in Fertigung	W
	– Transport innerhalb Fertigung	F1, W
	– Lagerung der Halbfertigprodukte	F1
	– Transport aus Fertigung	W
	Dispositive Vorgänge	
	– Fertigungsplanung und -steuerung	F2
	– Materialflusssteuerung	F2
	– Flächen- und Materialflussplanung	F3
• Versand	Physische Vorgänge	
	– Einlagerung	D 5
	– Fertigwarenlagerung	D 6
	– Kommissionierung	D 6
	– Verpackung	D 6
	– Versand	D 6
	Dispositive Vorgänge	
	– Auftragsdisposition	D1
	– Bearbeitung von Kunden-änderungen und Feinabrufen	D1
	– Versanddisposition	D1

dabei bedeuten: D = Abteilung für Disposition
                  F = Abteilung Fertigungsvorbereitung
                  W = Abteilung für Werkerhaltung
                  Q = Abteilung für Qualitätssicherung
                  Indices = Gruppen in den jeweiligen Abteilungen

B

Für diese am logistischen Prozess beteiligten Abteilungen werden die einzelnen Aufgaben (Funktionen) ermittelt. Der Anteil logistischer Funktionen an der Aufgabe einer Abteilung kann zwischen 20 und 100 % liegen. Beispielsweise hat eine Abteilung Qualitätssicherung nicht nur die Funktion der Stoffeingangsprüfung zu verantworten. Auch andere Funktionen, wie Auswahlprüfung in der Fertigung oder Beurteilung von defekten Baugruppen sind Aufgaben der Qualitätssicherung, die nicht in die Definition der logistischen Prozesskette gehören. Nach Abschätzung des Zeitbedarfs je Abteilung für logistische Aufgaben wird dieser Prozentsatz mit den Kosten (variable, fixe) laut Kostenstellenbericht multipliziert. Das Ergebnis ist eine Näherung der für logistische Zwecke aufzuwendenden Kosten.

Tätigkeitsanalyse verschiedener Abteilungen:

Abteilung	logistische Tätigkeiten	Anteil % an Zeitbedarf insgesamt
D 1	Bedarfsplanung	20
	Bestellschreibung	12
	Fehlteileüberwachung	10
	Lagerbestandsüberwachung	15
	Abrufveränderungen bearbeiten	5
	Techn. Änderungen bearbeiten	5
W	Transportvorgänge durchführen	20
	Tranporteinsatz planen	10

Daraus folgt die Gesamtkostenermittlung in Relation zur Summe der Herstellkosten:

Funktionsbereich	Anteil an Herstellkosten	Wertschöpfungsanteil
Beschaffung	1,9%	4,7%
Fertigung	3,1%	7,8%
Versand	1,0%	2,4%
Summe	6,0%	14,9%

Ergebnis: Die logistischen Gesamtkosten belaufen sich auf 6 % der gesamten Herstellkosten. Der Wertschöpfungsanteil (Wertschöpfung = Herstellkosten minus Materialeinzelkosten) beträgt 14,9 %. Damit ist ein Siebentel aller Aktivitäten logistischer Art.

7. E-Business – E-Commerce – E-Procurement

Nach Durcharbeitung des Kapitels E-Business – E-Commerce – E-Procurement soll der Leser folgende Inhalte kennen:

- Die technischen Möglichkeiten der Datenübertragung auf elektronischem Wege,
- die Vorteile/Nachteile von E-Procurement und
- die verschiedenen Systeme des E-Procurement.

In den meisten Unternehmen hat sich der Beschaffungsprozess jahrzehntelang nicht verändert. Bestellungen werden größtenteils mit Hilfe von Papierformularen, Fax und Telefon abgewickelt, welche ineffizient und fehleranfällig sind. Durch die zunehmende Globalisierung und den gestiegenen Wettbewerbsdruck, ist es für viele Unternehmen wichtig und notwendig geworden, schneller und umfassender an Daten und Ergebnisse in der Beschaffung heranzukommen.

E-Business/E-Commerce ist das Zauberwort des angehenden 21. Jahrhunderts, welches den Unternehmen ihren Fortbestand sichern soll. Unter diesem Begriff verbergen sich viele Tätigkeitsfelder. Eines davon ist »E-Procurement«, als Teil des E-Business, das sich mit den Aufgabenstellungen der Beschaffung befasst.

7.1 Begriffserläuterungen

7.1.1 E-Business und E-Commerce

Electronic Commerce ist ein Konzept für die Nutzung von Informations- und Kommunikationstechnologien zur elektronischen Integration und Verzahnung von Wertschöpfungsketten oder unternehmensübergreifenden Geschäftsprozessen.

Im weitesten Sinne umfasst E-Commerce alle Transaktionen, bei denen mindestens eine der Transaktionsphasen zwischen Anbieter und Nachfrager elektronisch unterstützt wird.

7.1.2 E-Procurement

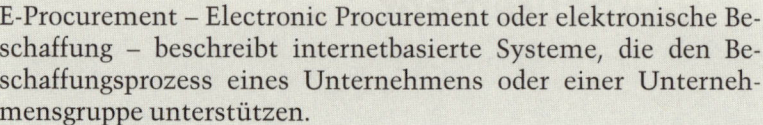

E-Procurement – Electronic Procurement oder elektronische Beschaffung – beschreibt internetbasierte Systeme, die den Beschaffungsprozess eines Unternehmens oder einer Unternehmensgruppe unterstützen.

7.2   Einsatz von E-Commerce in der Beschaffung

7.2.1 Motivation für den Einsatz elektronischer Beschaffungssysteme

Für den Einsatz des E-Commerce in der Beschaffung gibt es verschiedene Gründe, die weit über die allgemeine Internet-Euphorie hinausgehen.

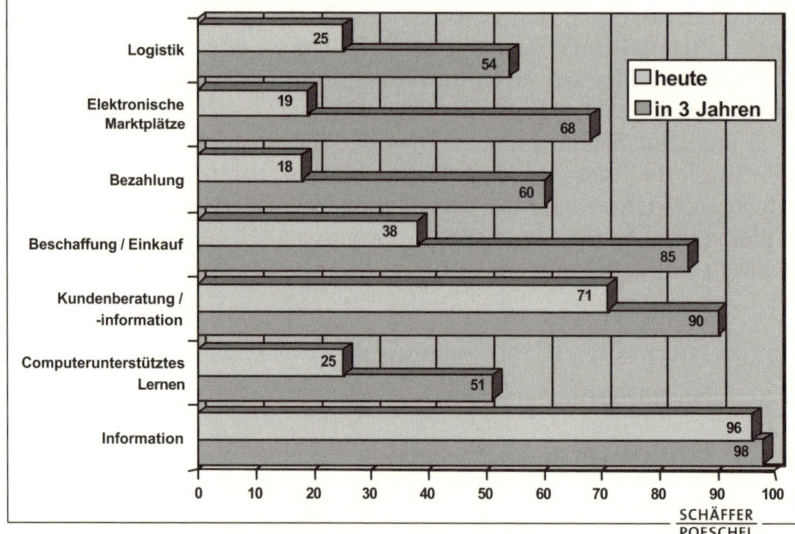

Abb. 7.1: Genutzte und geplante E-Business-Anwendungen
(Quelle: KPMG-Studie – 2000)

Die Abbildung 7.1 verdeutlicht, dass die größten Steigerungen bei der Verwendung von E-Business-Anwendungen in den Bereichen Logistik, elektronische Marktplätze vor allem in der Beschaffung erwartet werden. Die erwarteten Steigerungen liegen in diesen drei Bereichen zwischen 100 und 300 % in den nächsten drei Jahren. Die Prognosen werden aber durch die Realität schnell eingeholt, da insbesondere die Global Player sehr viel größere Wachstumsraten anstreben.

Die elektronischen Medien erlauben eine weltweite Beschaffung über lokale Grenzen hinweg und bahnen damit den Weg zum Global Sourcing auch für kleinere Unternehmen. So können neue, bisher nicht erreichbare Beschaffungsmarktsegmente angesprochen werden.

Durch die leichtere Vergleichbarkeit der Anbieter und den schnell möglichen Zuliefererwechsel wird die Marktposition der Beschaffer gestärkt, die sich durch entsprechende Handelssysteme zusätzliche Vorteile sichern können.

Sinkende Transaktionskosten und schnellere Abwicklungsverfahren führen zu deutlichen Effizienzsteigerungen in der Beschaffung. Darüber hinaus sind bereits jetzt kleinere Mengen kostengünstig zu beschaffen, da hohe, fixe administrative Kosten reduziert werden können.

So kann das Internet dazu beitragen, verkrustete, lokal ausgerichtete und wenig effiziente Handelsbeziehungen aufzubrechen und zu verändern.

7.2.2 Technische Grundlagen der elektronischen Beschaffung

Die Anfänge des elektronischen Datenaustausches zwischen Unternehmen liegen in den 70er-Jahren. Damals wurde begonnen, mit VAN (Value Added Network) Systeme verschiedener Unternehmen zu vernetzen. Diese ermöglichten erstmals den papierlosen elektronischen Datenaustausch, genannt EDI (Electronic Data Interchange), zur Abwicklung von Geschäftsvorgängen.

VAN und EDI

7.2.2.1 Informationsaustausch mit EDI

Unter EDI versteht man den »Transfer strukturierter Daten durch vereinbarte Nachrichtenstandards von Computer zu Computer unter Nutzung elektronischer Mittel«.

Damit lassen sich Bestellungen schneller abwickeln und die Lagerkosten reduzieren. Neben den Geschäftsdaten, wie Bestellungen, Lieferabrufe und Rechnungen, lassen sich auch technische Daten (CAD, CAQ, etc.) direkt zwischen den firmenspezifischen DV-Systemen austauschen. Ferner ist diese Kommunikationsplattform auch ein wesentlicher Baustein für die Durchführung vernetzter und optimierter Beschaffungs- und Produktionsabläufe, wie die Anwendung von JIT, von Quick Response und bei der übergreifenden Optimierung von Geschäftsprozessen zwischen Lieferanten, Herstellern und Kunden.

EDI-System

Ein EDI-System besteht aus zwei Bausteinen: dem *Kommunikations-* und dem *Konvertierungssystem*. Für die Kommunikation lassen sich verschiedene Protokolle einsetzen. Sie kann mittels einer Punkt-zu-Punkt-Verbindung oder über eine Mailbox erfolgen. Um Informationen zwischen heterogenen Rechner- und Datenwelten austauschen zu können, müssen die Daten in eine standardisierte Form überführt werden. Diesen Vorgang übernimmt ein Konverter, der die vorliegenden Daten in ein Standarddatenformat überträgt. Für die Wahl des Standards ist die Frage nach der Art der auszutauschenden Daten von Bedeutung, z. B. Texte, technische Daten oder Grafiken. Außerdem hat jede Bran-

Datenstandards

che ihre eigenen *Datenstandards*. Dies zwingt aber Unternehmen, die sich mit unterschiedlichen Branchen austauschen, auch unterschiedliche Standards bereitzuhalten und zu pflegen. Um aus dieser Vielfalt einen Ausweg zu bieten, wird eine internationale Normenreihe für die Darstellung von Geschäfts- und Handelsdaten beim branchenübergreifenden elektronischen Datenaustausch (EDIFACT = Electronic Data Interchange For Administration, Commerce and Transport) erarbeitet.

Dabei wird unter Electronic Commerce (EC) die informationstechnische Anwendung und Kommunikationsbeziehung verstanden, die die Materialbereitstellungs-, Verwaltungs- und Finanzierungs-Prozesse in Wirtschaft und Handel unterstützt.

Concurrent Engineering

Concurrent Engineering (CE) meint die informationstechnische Anwendung und Kommunikationsbeziehung, die die Entwicklung, Konstruktion und Fertigung von Produkten unterstützt. Zur Übertragung der Daten stehen dem Anwender verschiedene Kommunikationsnetze zur Verfügung, die sich bezüglich Kosten, Übertragungsgeschwindigkeit und Datensicherheit unterscheiden. Das EDI-System kann weitere Funktionen beinhalten, wie Fehlerbehandlung, Plausibilitätsprüfung, Sicherheitsmodule (über Verschlüsselung), Archivierung und Protokollierung.

Probleme bei dieser Art der Vernetzung waren die sehr hohen Kosten und die meist uneinheitliche Datenstruktur der verschiedenen Unternehmen. Ein großer Vorteil hingegen ist die Datensicherheit bei Übertragung und Zugriff Unbefugter.

Mit dem Aufkommen des Internets werden diese Netzwerke durch so genannte VPNs (Virtual Private Network) ersetzt. Diese internen Firmennetzwerke nutzen das Internet, um miteinander

zu kommunizieren und Daten auszutauschen. Sie sind kostengünstiger und garantieren eine verbreitete Erreichbarkeit und Sys-
temeinheitlichkeit.

Die Datensicherheit bei EDI ist gewährleistet:

- EDIFACT-Kontrollmechanismen,
- Verschlüsselung von Nachrichten (Verkryptung),
- elektronische Unterschrift,
- Audit-Trail und
- Back-up-Konzept.

Die Systembestandteile eines EDI zeigt Abbildung 7.2.

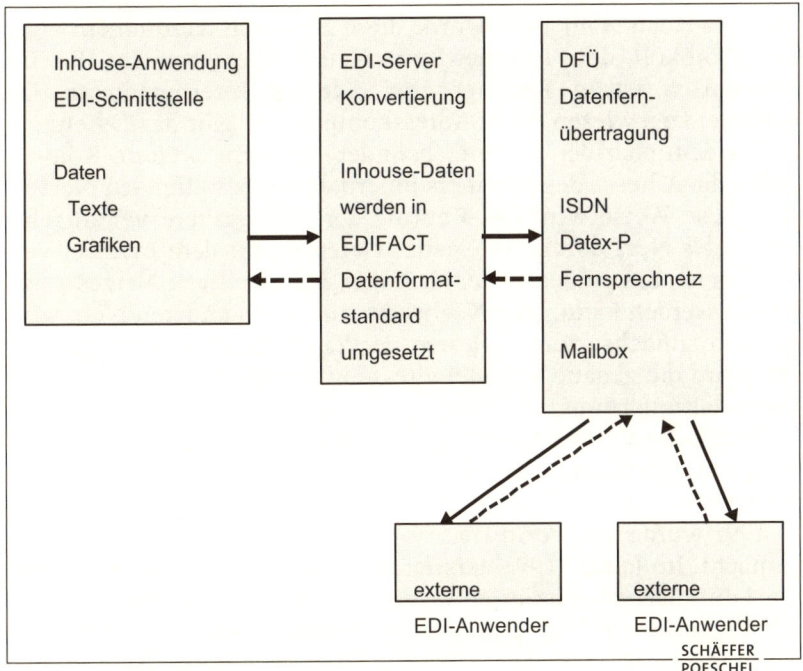

Abb. 7.2: Systembestandteile eines EDI

7.2.2.2 Das Internet

Das Internet ist ein globales, dezentral organisiertes und struk-
turiertes Rechnernetz mit einheitlichem Adressierungsschema,
das heute weltweit mit hohen Zuwachsraten über 300 Mio. Benutzer miteinander verbindet und neben dem ausgebauten Tele-
fonsystem die wichtigste Basisinfrastruktur für den internationalen elektronischen Austausch von Informationen darstellt.

**Entwicklung des
Internets**

Die Idee des Internets wurde zuerst von Joseph Carl Robnett Licklider am Massachusetts Institute of Technology (MIT) im August 1962 aufgegriffen. Licklider stellte sich ein paar global verbundene Rechner vor, durch welche Daten und Programme für jedermann schnell zugänglich wären. Im Jahre 1969 entstand mit finanzieller Unterstützung des Department of Defense das paketvermittelte Weitverkehrsnetz namens ARPA Internet, das als Ursprungsnetz des heutigen Internet gilt. Da das ARPANET-Protokoll den Aufgaben nicht gewachsen war, wurde von *Cerf* und *Kahn* ein neues Netzprotokoll geschaffen, das erstmals 1975 zum Einsatz kam, die Bezeichnung war Transmission-Control-Protocol (TCP). Neben den Routing-Aufgaben übernahm das Protokoll ursprünglich auch die Adressierung aller angeschlossenen Rechner, der so genannten Internet-Hosts. Um 1980 wurde diese Funktion dann einem eigenen Protokoll, dem Internet-Protocol (IP), übergeben. Im IP wird hierachisch jedem Rechner eine Adresse (Internetadresse, IP-Adresse) zugewiesen. Eine Adresskomponente gibt das Datennetz an, in dem sich der Rechner befindet, und eine weitere Komponente die Adresse des Rechners innerhalb des betreffenden Netzes. Auf diese Weise wird das Routing der Datenpakete vereinfacht, weil jedes Netz durch ein eigenes Gateway mit dem Internet verbunden ist, das eindeutig der Nummer des jeweiligen Netzes zugeordnet werden kann. Jede Nachricht aus einem anderen Netz wird deshalb zunächst zum Gateway des Zielnetzes geleitet, und erst hier wird die genaue Rechneradresse innerhalb des Zielnetzes zur Weiterleitung benutzt.

Durch die Verwendung von TCP/IP wurde es den verschiedenartigsten Rechnernetzen möglich, untereinander zu kommunizieren, sofern alle Teilnetze den neuen Standard verwendeten.

World Wide Web

1991 wurde das *World Wide Web* der Öffentlichkeit zugänglich gemacht. Im Januar 1993 existierten weltweit 50 Webserver. Ende des Jahrtausends existierten bereits 9,5 Mio. Webserver. Nach einer Prognose wird die Zahl der Internetbenutzer von derzeit 304 Mio. im Jahre 2005 auf 765 Mio. Benutzer anwachsen. Informationen sind im Internet übers Internet unter /www.ngi.gov; www.ucaid.edu/abilene; www.isc.org zu erhalten.

7.3 Auswirkungen auf den Beschaffungsprozess

7.3.1 Modell des Beschaffungsprozesses

In den Beschaffungsprozess fallen alle *Markttransaktionsphasen*. Dazu zählen die Anbahnungs- oder Informationsphase, die Vereinbarungs- und die Abwicklungsphase. Es kann auch der Warenaustausch selbst hinzugezählt werden.

Markttransaktions-phasen

Koppelmann (*Koppelmann*, 2000, S.43) nimmt eine ausführliche Gliederung des Beschaffungsprozesses – siehe Abbildung 7.3 – vor:

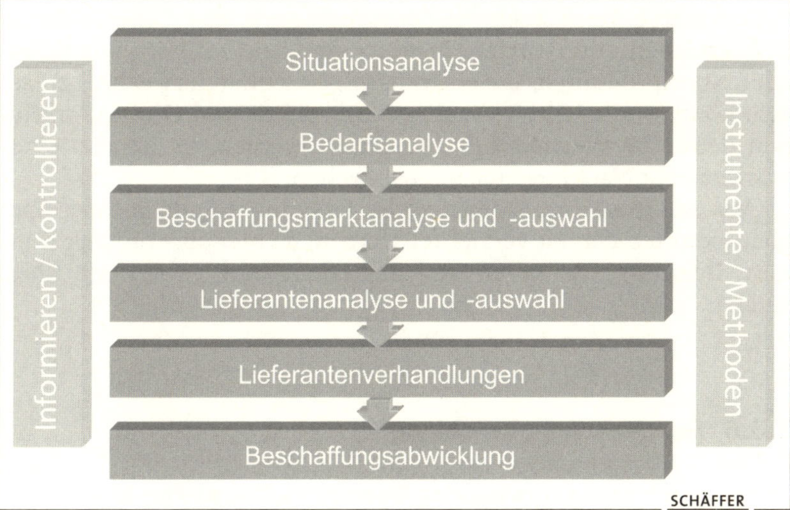

Abb. 7.3: Beschaffungsmodell nach Koppelmann
(Quelle: Koppelmann 2000, S.43)

7.3.2 Situations- und Bedarfsanalyse

In den ersten Schritten des Beschaffungsprozesses, Situations- und Bedarfsanalyse ist die Nutzung eines *Intranet* hilfreich, um unternehmensinterne Bedarfe zu bestimmen. Informationen über Umwelteinflüsse und Beschaffungsmarktkonstellationen lassen sich teilweise über das *Internet* gewinnen.

7.3.3 Beschaffungsmarkt- und Lieferantenanalyse

Für die Beschaffungsmarkt- und Lieferantenanalyse stellt das *Internet* ein umfassendes Informations- und Recherchemedium dar, mit Hilfe dessen sich vergleichsweise schnell und einfach eine Übersicht über mögliche Märkte und Lieferanten weltweit sowie deren Stärken und Schwächen verschaffen lässt.

7.3.4 Lieferantenverhandlungen

E-Commerce kann auch die Verhandlungen mit Lieferanten in Teilbereichen unterstützen. Insbesondere bei C-Gütern wie Billig- oder Normprodukten, die einen häufigen Zuliefererwechsel zulassen, können mit Hilfe virtueller Marktplätze und Online-Auktionen deutliche Preisreduktionen erzielt werden. Es ist von einer Stärkung der Nachfragemacht auszugehen.

Auf elektronische Medien sollte jedoch bei Spitzen- oder Spezialprodukten derzeit verzichtet werden, da hier persönlicher Kontakt, Beratung, Vertrauen und Sicherheit eine gewichtige Rolle spielen.

7.3.5 Beschaffungsabwicklung

In der Beschaffungsabwicklung können elektronische Medien bei geeigneten Produkten enorme Vereinfachungen erreichen, z. B. durch automatisierte Bestellverfahren, hohe Transparenz und die ständige Kontrollmöglichkeit über den Standort der Güter (Online-Tracking).

Bei digitalen Gütern wie Software oder Daten kann sogar die Lieferung der Ware elektronisch erfolgen.

7.4   E-Procurement und die Auswirkungen auf die Beschaffung

7.4.1 Vorteile/Nutzen

Ausgehend von einer Umstellung des herkömmlichen Beschaffungsverhaltens auf die Beschaffung mit Hilfe von elektronischen Systemen, gibt es eine Reihe von Vorteilen. Diese sind nach SAP im Wesentlichen:

- **Verwaltungskosten reduzieren:** Mit E-Procurement können Beschaffungskosten für indirekte Materialien und Dienstleistungen verringert werden.
- **Effizienz steigern:** Mit E-Procurement können Verzögerungen und Fehler, die mit Bearbeitung von Papierformularen, unterbrochenen Datenflüssen sowie ineffizienter Kommunikation mit Lieferanten einhergehen, drastisch reduziert werden. Da sich heutzutage in den meisten Fällen die Systeme und Prozesse der Lieferanten (in Echtzeit) integrieren lassen.
- **Qualifizierte Fachkräfte freimachen:** Durch die Automatisierung von zeitaufwendigen Beschaffungsaufgaben können sich professionelle Einkäufer auf die strategische Beschaffung, Verhandlungen mit Lieferanten und andere wichtige Aktivitäten konzentrieren.
- **Unternehmensübergreifende Lieferantenbeziehungen:** Prozesse und Systeme können mit den Lieferanten in Echtzeit abgeglichen werden. So erhält man zuverlässige und aktuellste Informationen über Verfügbarkeit, Liefertermine und Preise.
- **Regulieren des Kaufverhaltens:** Ausgaben können stark reduziert werden, indem Einkäufer kontrolliert und damit Alleingänge beim Einkauf verhindert werden. Durch Workflows und Festlegung von Regeln können Limits gesetzt werden, bis zu denen Mitarbeiter oder Abteilungen Einkäufe tätigen dürfen.
- **Mehr Lieferanten finden:** Internetfähige Systeme und Suchfunktionen ermöglichen es, die beste Qualität, die günstigsten Preise, Lieferbedingungen oder Serviceangebote zu finden.

Die Einführung von elektronischen Beschaffungssystemen bringt Optimierungspotenziale in verschiedensten Unternehmensbereichen mit sich. Eine Untersuchung von KPMG zeigt, dass über 50 % der Befragten Unternehmen eine Erweiterung des Beschaffungsmarktes erwartet. Dies führt dann wiederum zu den oben genannten Vorteilen.

Die Top-drei-Optimierungsfaktoren nach Branchen:							
	Gesamt	Handel	Banken / Versich.	Chemie / Pharm.	Verarb. Gewerbe	Transport / Logistik	IT-Dienstl.
Effizienzsteigerung der Geschäftsprozesse	**68% (1)**	**59% (1)**	**85% (1)**	**63% (1)**	**64% (1)**	**86% (1)**	**72% (1)**
Imagegewinn	**57% (2)**	**56% (2)**	**75% (2)**	**54% (3)**	**53% (3)**	50%	**68% (2)**
Erweiterung des Beschaffungsmarktes	**56% (3)**	50%	23%	**54% (3)**	**63% (2)**	**64% (3)**	56%
Erhöhung der Kundenanbindung	50%	47%	**68% (3)**	43%	45%	64%	**68% (2)**
(Angaben für die Antwortkategorien »sehr hoch / hoch« in Prozent der antwortenden Unternehmen; in Klammern jeweils die ersten drei Rangplätze)							

Tab. 7.1: Optimierung durch E-Procurement (KPMG-Studie, 2000, S.11)

7.4.2 Nachteile/Hemmnisse

Leider bringt die Einführung von E-Procurement nicht nur Vorteile mit sich. Die größten Hemmnisse sind nach einer Umfrage vom KPMG die mangelnde Qualifikation der Mitarbeiter auf Sachbearbeiterebene, die Einführungskosten (laufende Kosten werden als nicht so problematisch angesehen), die Gewährleistung sicherer Transaktionen und die schwierige Anbindung an bestehende Systeme.

Die Top-drei-Hinderungsfaktoren nach Branchen:							
	Gesamt	Handel	Banken / Versich.	Chemie / Pharm.	Verarb. Gewerbe	Transport / Logistik	IT-Dienstl.
Einführungskosten	**48% (1)**	**50% (1)**	**58% (1)**	**49% (1)**	**45% (2)**	29%	**56% (1)**
Sicherheit der Transaktionen	**45% (2)**	**47% (2)**	**48% (3)**	29%	**47% (1)**	**50% (1)**	**44% (2)**
Anbindung an bestehende Systeme	**41% (3)**	**41% (3)**	**55% (2)**	37%	**41% (3)**	**71% (1)**	40%
Qualifikation auf: - Sachbearbeiterebene - Entscheidungsebene	50% 36%	**41% (3)** **41% (3)**	28% 23%	**43% (3)** **46% (2)**	40% 37%	**43% (3)** 36%	**44% (2)** **44% (2)**

(Angaben für die Antwortkategorien »sehr hoch / hoch« in Prozent der antwortenden Unternehmen; in Klammern jeweils die ersten drei Rangplätze)

Tab. 7.2: Hemmende Faktoren für die Einführung von E-Procurement (KPMG-Studie, 2000, S.11)

7.5 Anwendungsfälle für E-Procurement

Gegenstand der Betrachtung sind *Geschäftstransaktionen*, bei denen Güter, Dienstleistungen und Informationen zwischen Gesprächspartnern und deren Geschäftsprozessen in einer Handels- bzw. Geschäftsbeziehung ausgetauscht werden. Die Abwicklung der Geschäftstransaktionen ist über Rechner und Netzwerke elektronisch unterstützt.

Austausch von Gütern, Dienstleistungen und Informationen

Das Sammeln von Informationen über Produkte und Märkte und das anschließende Auswerten der Informationen nach einheitlichen Kriterien, wie Preis und Verfügbarkeit, stellen eine wesentliche Aufgabe der Beschaffung in Unternehmen dar. Bei dieser Aufgabe verschaffen über IP-Netze zugängliche elektronische Produktkataloge Unternehmen beim Sourcing einige Vorteile gegenüber bisherigen Informationssystemen.

Im Rahmen von E-Procurement sind folgende Realisierungen in Form von Shop-Systemen (mit der Variante der Katalog-Systeme), Broker-Systemen (mit der Variante des Online Bidding) und Desktop-Purchasing-Systeme derzeit möglich.

7.5.1 Shop-Systeme

Viele Unternehmen bieten heute Shop-Systeme an, um das Internet als zusätzlichen Vertriebskanal zu nutzen. Dies sind z. B. Versandhäuser, Autohersteller, Buchhändler u. a., die damit ihre Marktpräsenz auch im Internet signalisieren.

> Shop-Systeme sind Anwendungen, die es dem Bedarfsträger im beschaffenden Unternehmen erlauben, elektronische Produktkataloge einzelner Anbieter zu durchsuchen.

Die Kataloge verschiedener Anbieter sind dabei nicht konsolidiert. Shop-Systeme bieten die Möglichkeit, Bestellungen beim Anbieter elektronisch zu platzieren und komplexe Produkte zu konfigurieren. Als technische Konfiguration kann in diesem Zusammenhang die Zusammenstellung eines Handling-Systems im Bereich der Automatisierung per Internet verstanden werden. Die schlüssige Ausarbeitung der Planung erfolgt dann abschließend in einem Ingenieurbüro.

Heute fehlt eine allgemeine Geschäftssprache, auf die sich die Kunden und Anbieter weltweit einigen könnten. Shop-Systeme unterscheiden sich daher im Grad der Integration mit der Beschaffungsseite. Abhängig ist die Integration von der Intensität der Geschäftsbeziehung zu einem beschaffenden Unternehmen.

Vorteile der Shop-Systeme sind:
- leichte Bedienbarkeit,
- keine Kosten für ein DPS (Desktop Purchasing System) und das Content-Management und
- kurze Lieferzeiten durch direkte Eingabe.

Nachteile der Shop-Systeme sind:
- keine unterstützten Produktvergleiche möglich,
- Genehmigungsprozesse können ohne DPS nicht unterstützt werden und
- keine einheitliche Datenstruktur.

7.5.2 Broker-Plattform

Die Nachteile der aufwendigen Suche beim Sourcing von anonymen Marktanbietern und den Schwierigkeiten beim Produkt- und Preisvergleich führt zu den elektronischen Brokern.

Elektronische Broker und Content-Provider

Elektronische Broker und *Content-Provider* bieten eine breite Palette an Leistungen aus einer Hand an. Dazu arbeiten sie entweder das Angebot oder die Nachfrage in einem speziellen Markt auf und machen diese Informationen über Datenbanken abfragbar. Broker decken heute vor allem vertikale Nischenmärkte ab (z. B. Lieferanten für Blechteile bestimmter Funktion, Lieferanten für Elektromotoren einer bestimmten Leistungsklasse). Informationsbereitstellung und Informationsnachfrage sind die beiden elementaren Aufgaben bei der Abwicklung von Geschäftstransaktionen. Unabhängig davon, welche Rolle ein Unternehmen bei der Abwicklung einer Geschäftstransaktion über das Internet einnimmt, fragt es entweder Information nach oder stellt diese bereit. Informationsnachfrager suchen, sammeln und filtern Informationen. Informationsanbieter liefern und routen Informationen.

Informationsnachfrager und -anbieter

Broker übernehmen daher vier Aufgaben:
1. einzelnen Kunden die Daten aller Lieferanten aufzubereiten,
2. Kundenwünsche bestimmten selektierten Lieferanten anzubieten,
3. einzelnen Lieferanten die Kundenwünsche aufzubereiten und
4. Lieferanten bestimmte Kundenprofile anzubieten.

Die *Dienstleistung* umfasst dabei:
- Vermittlung,
- Anonymisierung,
- Aggregation,
- Aufbereitung,
- Anfrage,
- Ausschreibung,
- Auktion,
- Clearing und
- Versicherung.

Online Bidding

Die Variante Auktion übers Internet mittels Zeitfenstern zum Bieten wird auch *Online Bidding* genannt und zunehmend von den Automobilherstellern mit zur Lieferantenauswahl eingesetzt. Dabei ist der Vorbereitungsaufwand zur Durchführung eines Online Bidding sehr aufwendig.

Vorteile der Broker-Plattform sind:
- Vermittlung eines aktuellen und detaillierten Überblicks Marktangebote,
- effiziente Abwicklung von Ausschreibungen,
- Vergleichbarkeit von Produkten problemlos und
- umfangreiches Dienstleistungsangebot durch Broker.

Nachteile der Broker-Plattform sind:

- Broker sind spezialisiert und decken nur schmalen Produktbereich ab,
- keine Unterstützung der internen Genehmigungs-, und Beschaffungsprozesse und
- Vermittlungsgebühr für den Broker.

7.5.3 Desktop-Purchasing

Im Gegensatz zu den Shop- und Broker-Systemen unterstützen die Desktop-Purchasing-Systeme (DPS) insbesondere die internen Beschaffungsprozesse. DPS ermöglicht dem Benutzer unter einer einheitlichen Benutzeroberfläche den Zugriff auf alle relevanten Produkt- und Anbieterinformationen und integrieren die angebotene Bestellfunktionalität mit den Funktionen und Daten von diversen betrieblichen ERP-Systemen.

Unterstützung interner Beschaffungsprozesse

DPS unterstützen eine einfach zu bedienende Browseroberfläche und damit die unregelmäßige Nutzung durch selten bestellende Mitarbeiter. Über das DPS können die Mitarbeiter auf Produktdatensätze in einem oder mehreren Produktkatalogen zugreifen. Ein DPS ermöglicht damit auch die effiziente Beschaffung von nichtkodierten Produkten, den so genannten *MRO-Produkten* (MRO-Produkte = Maintenance Repair Operating-Produkte, die nicht direkt ins Endprodukt eingehen).

MRO-Produkte

Vorteile der DPS sind:

- DPS unterstützt die internen Beschaffungsprozesse und reduziert die Prozesskosten,
- alle verhandelten Produkte sind unter einer einheitlichen Benutzeroberfläche zugänglich,
- Änderungen der Lieferkontrakte können zentral gepflegt werden.

Nachteile der DPS sind:

- DPS unterstützen keine konfigurierbaren Produkte in Katalogen,
- Kosten für das Cotent-Management fallen beim beschaffenden Unternehmen an,
- Lieferanten liefern Produktdaten z.T. in schlechter Qualität.

Fallbeispiel Durchführung Bestellung mit mySAP® E-Procurement

Dieses Kapitel soll darstellen, wie ein Beschaffungsprozess durch den Einsatz von mySAP E-Procurement durchgeführt wird. Die dargestellte Grafik erläutert den Prozess beginnend mit der Auswahl des Produktes, der abschließenden Bestellanforderung, die daraufhin über die Überwachungs- und Statusfunktion abgefragt werden kann. Der Erhalt der Ware schließt mit Freigabe der Rechnungsstellung und Weitergabe zur Fakturierung einer systemeigenen oder fremden Software den Prozess ab.

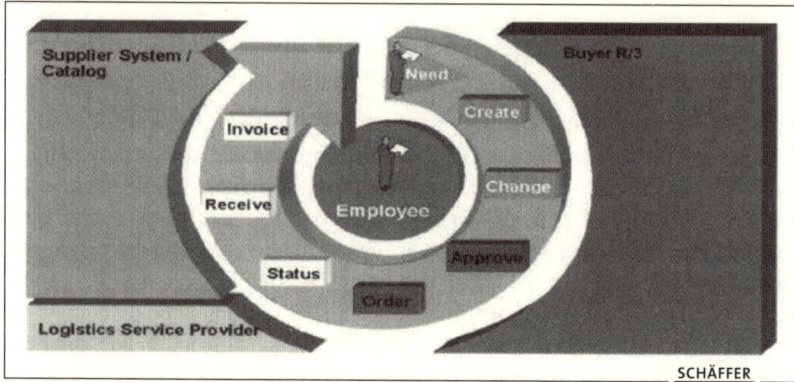

Abb. 7.4: Der Beschaffungsprozess

An einem Beispiel sollen die weiteren Schritte zum einfacheren Verständnis behandelt werden.

Ausgangsbasis ist somit eine angestellte Person einer Abteilung, die ein Sicherungsmedium wie z. B. ein data-cartridges benötigt.

Die nachfolgenden Abschnitte beschreiben die einzelnen Prozessschritte im Detail.

Produktauswahl

Zu Beginn jeder Beschaffung ist das gewünschte Produkt zu definieren. Dies wirft anfangs einige Fragen auf. Erfüllt das Produkt die Vorraussetzungen? Kann die Lieferzeit eingehalten werden? Was ist der günstigste Marktpreis für das Produkt?

Die klassische Methode in diesem Schritt heißt aufwendige Informationsbeschaffung durch Vergleiche innerhalb der einzelnen Anbieterkataloge, vielleicht sogar mit zusätzlicher Kontaktaufnahme zu einem Kundenberater.

Der Angestellte mit dem SAP-Modul wickelt seine Produkt-Auswahl über ein intuitiv bedienbares webbasiertes Frontend ab.

Die Bedieneroberfläche SAP B2B Procurement ermöglicht durch die Eingabe bzw. Auswahl eines aufbereiteten Herstellerkataloges einen schnellen Überblick sämtlicher verfügbarer Produkte auf dem Markt, sofern diese mit geringem Aufwand vom Lieferanten in internetbasierte Datenbanken zur Verfügung stehen. In dieser Angelegenheit sei noch anzumerken, dass zum einen die Möglichkeit zur Inanspruchnahme der Content-Services auf Marktplätze renommierter Broker besteht, so wie die unternehmensintern generierten Kataloge. Darin sind alle vorhandene Produktdaten, wie Preis Lieferzeit, Farbe, Größe, Abbildungen usw. für den Kunden sichtbar.

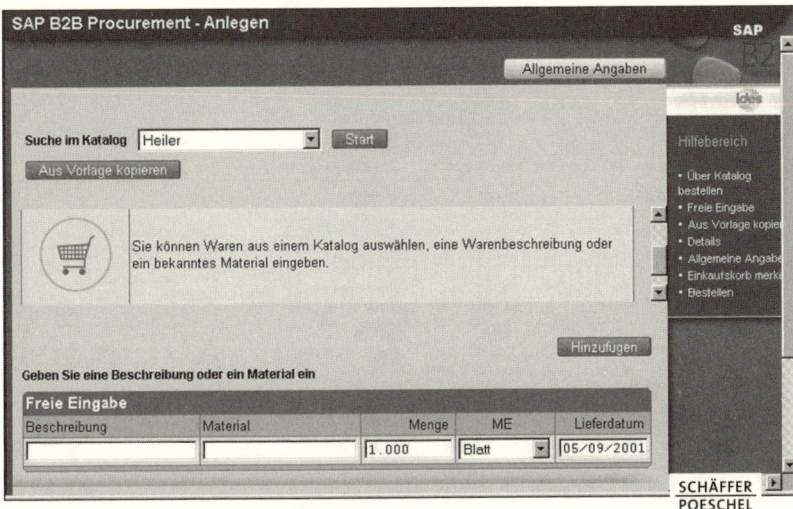

Abb. 7.5: Bedienoberfläche Anlegen

Will der Angestellte eine wiederkehrende Beschaffung tätigen, so wählt er aufgrund des »Aus Vorlage kopieren« – Buttons, aus zurückliegenden gespeicherten Einkaufs-listen seine Produkte aus.

Über die Freie-Eingabe-Felder mit Eingabe von Material oder auch Produkte-Be-schreibung kann die Auswahl beschleunigt werden, vorausgesetzt die data-car-tridges ist eindeutig identifizierbar.

Produktkatalog
Was sich meist bei einem größeren Produktangebot ganz nützlich erweist, ist die »Vergleichen-Funktion«. Der Angestellte wählt die interessierenden Produkte, die zum Vergleich kommen sollen, durch ein Markieren aus.

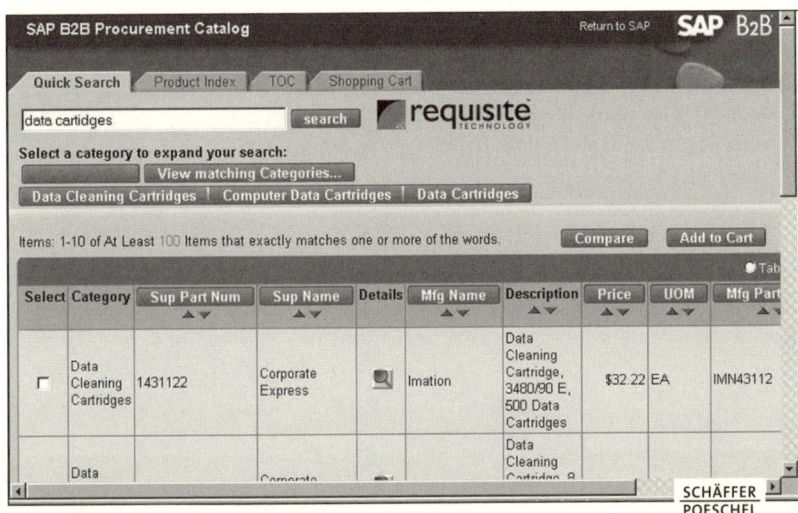

Abb. 7.6: Produktauswahl im SAP-Katalog

Mit einem weiteren Mausklick können alle selektierten Produkte z. B. über den Preis in Tabellenform vom Mitarbeiter verglichen werden.

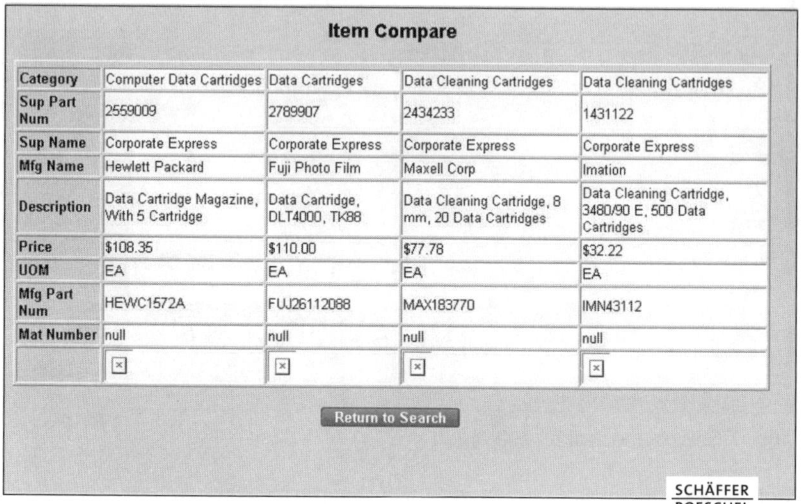

Item Compare

Category	Computer Data Cartridges	Data Cartridges	Data Cleaning Cartridges	Data Cleaning Cartridges
Sup Part Num	2559009	2789907	2434233	1431122
Sup Name	Corporate Express	Corporate Express	Corporate Express	Corporate Express
Mfg Name	Hewlett Packard	Fuji Photo Film	Maxell Corp	Imation
Description	Data Cartridge Magazine, With 5 Cartridge	Data Cartridge, DLT4000, TK88	Data Cleaning Cartridge, 8 mm, 20 Data Cartridges	Data Cleaning Cartridge, 3480/90 E, 500 Data Cartridges
Price	$108.35	$110.00	$77.78	$32.22
UOM	EA	EA	EA	EA
Mfg Part Num	HEWC1572A	FUJ26112088	MAX183770	IMN43112
Mat Number	null	null	null	null
	☒	☒	☒	☒

Return to Search

SCHÄFFER
POESCHEL

Abb. 7.7: Vergleichen der Produkte

Ist die Entscheidung für ein Produkt getroffen, wählt der Angestellte in der Catalog – Ansichtsmaske durch Markieren die data-cartrigdes aus, gibt Mengenangaben bekannt und setzt abschließend mit der Bestätigung alles in den Einkaufskorb.

Bestellanforderung

Um den Bedarf aus dem Einkaufskorb abzuschließen und zur Weiterleitung einer Bestellung an den Lieferanten, Genehmigung oder Erstellung einer Anforderung sind nur wenige Schritte notwendig. Das Abschicken des Einkaufskorbes hat eine Speicherung sämtlicher Daten in der Einkaufsliste durch eine Namensbezeichnung zur Folge, um bei Wiederhol-Bedarf oder für die Statusverfolgung während des Beschaffungsprozesses gerecht nutzbar zu sein. Angaben bzw. Daten über Bearbeiter und seine weiteren Grunddaten wie Abteilung, Sachkonto, Kostenstelle, Standort, Lieferort werden durch die Übernahme der Werte seines Benutzerprofils, die bei der Anmeldung in das System identifiziert werden, vorgegeben.

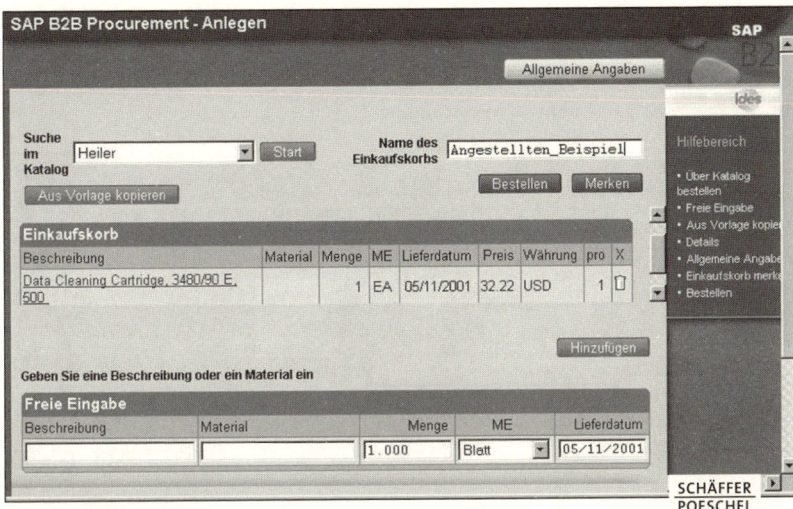

Abb. 7.8: Bestellanforderung

Die Abbildung 7.9 soll noch einmal den Beschaffungsprozess mit mySAP-Modul E-Procurement bis zum dahin besprochenen Abschluss der Bestellung verdeutlichen.

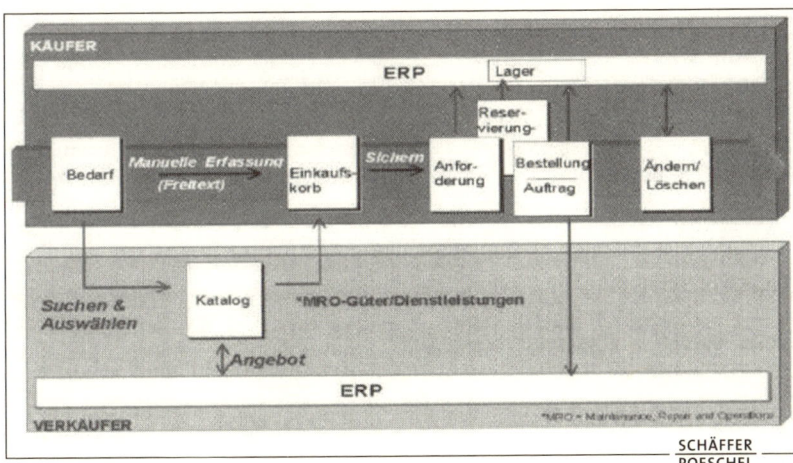

Abb. 7.9: Beschaffungsprozess

Bestellung

Mit dem Abschluss der Bestellanforderung ist in den meisten Fällen eine Genehmigung vom Vorgesetzen notwendig, geht es über das Verfügbarkeits-Budget hinaus, um die Bestellung wirksam werden zu lassen.

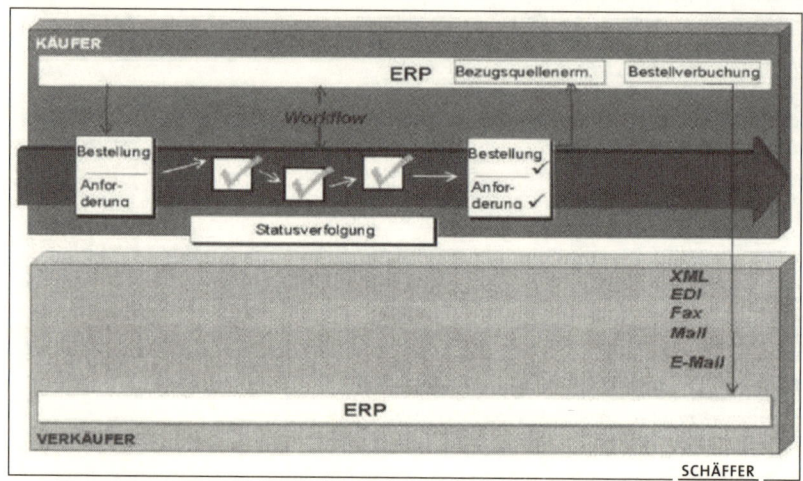

Abb. 7.10: Die Genehmigungsphase

Das Modul stellt für diesen Prozess zwei Funktionen zur Verfügung, zum einen die bewährte SAP Business-Workflow Umgebung sowie die Abwicklung offline über Standard-MAPI -fähige E-mail-Programme oder online über Web-Browser.

Der Mitarbeiter hat die Möglichkeit in einer grafischen Darstellung des Workflows zu prüfen wann seine weitergeleitete Bestellanforderung den Lieferanten erreicht hat. Dabei ist ersichtlich ob sein Vorgesetzter die Genehmigung erteilt hat, die Lieferantendaten automatisch vom System vervollständigt und überprüft worden sind und via EDI, E-Mail oder Fax weitergeleitet sind.

Auf Seiten des Lieferanten ist zudem gewährleistet, dass die Daten übernommen werden, insofern er das SAP R/3-System im Einsatz hat. Eine Bestellung vom Kunden ist in Echtzeit ersichtlich. Ohne den Einsatz von SAP R/3 lassen sich diese Schritte durch das Ausweichen auf andere Techniken über Batch-Updates oder XML genauso anlegen.

Bestellstatus

Hat den Käufer die Bestätigung erreicht und der Lieferant die Bestellung im seinem System gebucht kann unser Beispiel-Angestellter jederzeit den Versandstatus seiner Artikel über den Web-basierten Browser ersehen. Es sind alle erforderliche Daten der Bestellung im unternehmensinternen System verfolgbar. Mitunter ist systemübergreifend über einen Link die Transportabwicklung oder Versandstatus der beauftragten Spedition zu verfolgen.

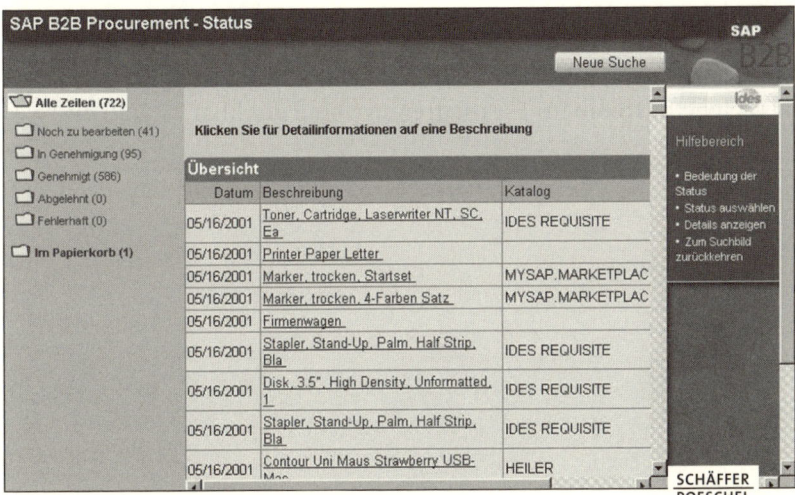

Abb.7.11: Abfragen von Bestellstatus

Wareneingang erfassen

In Bezug auf den Wareneingang gibt es zwei unterschiedliche Wege im Beschaffungsprozess. Zum einen der traditionelle Weg über einen zentralen Eingang. Dieser erfasst den Eingang mit Barcode-Lesegeräten und leiten diesen innerhalb des Unternehmens an den zugewiesenen Empfänger weiter.

Der andere Weg mittels Lieferübergabe führt direkt zum Anforderer bzw. Empfänger an seinen Arbeitsplatz.

Der Angestellte hat in unserem Fall sofort die Möglichkeit durch mySAP E-Procurement die Wareneingangsprüfung mit den vorliegenden Daten vorzunehmen und die Wareneingangsdifferenzen abzugleichen bzw. den Eingang im System zu bestätigen.

Fakturierung

Der Beschaffungsprozess der mit der Zahlung endet kann auf zwei unterschiedliche Wegen basieren. Über die bestehende Infrastruktur durch den Einsatz von Back-Finanzkomponenten auf Basis von XML, EDI oder über jeden anderen Kommunikationsweg zwischen Banken und Lieferanten ist der Abschluss gewährleistet.

Der wesentlich effizientere Abschluss, basiert auf der Kopplung der Beschaffungslösung von Käufer und Lieferanten. Der Lieferant gibt über eine Web-basierte Oberfläche alle relevanten Daten für die Fakturierung, die aus der Bestellung heraus resultieren, ein. Für den Mitarbeiter ist nach Eingabe der Daten sofort die Mitteilung im Workflow über die Rechnungsstellung ersichtlich. Nach Überprüfung kann der Eingang freigegeben werden oder aber abgelehnt werden, was eine neue Vorlage des Lieferanten im System zur Folge hat. Bei Freigabe wiederum erfolgt die Zahlung entweder als automatische Überweisung oder konventionell über das Überweisungsformular.

Kontrollfragen

1. Nennen Sie den Unterschied E-Business und E-Procurement?
2. Welche Möglichkeiten des Datenaustausches über elektronische Medien kennen Sie?
3. Welche Vorteile hat der Einkäufer von E-Procurement?
4. Welche Systeme im E-Procurement sind denkbar?

Lösungshinweise zu den Kontrollfragen/Aufgaben

Lösungshinweise zu Kontrollfragen Kapitel 1

1. Die klassische Materialwirtschaft umfasst Beschaffung, Lagerung und den innerbetrieblichen Transport. Bei der Integrierten Materialwirtschaft kommen zusätzlich die Steuerungsaufgaben bezüglich Mengen und Terminen (Materialverfügbarkeit und -planung) hinzu. Die Intergrierte Materialwirtschaft vereinigt die marktorientierten Aufgaben des Einkaufs mit den versorgungsorientierten Aufgaben der Logistik. Logistik ist die Planung, Steuerung und Überwachung von Material- und Informationsflüssen in Systemen. Die Aufgaben umfassen damit vorwiegend Tätigkeiten der Raum- und Zeitüberbrückung.
2. Die Aufgabenbereiche der Materialwirtschaft sind: Planung, Organisation, Disposition, Einkauf, Bevorratung, Verteilung und Entsorgung von Material. Die Aufgabenbereiche der Logistik sind: Auftragsabwicklung, Lagerhaltung, Transportabwicklung, Verpackung. Diese Vorgänge werden durch eine Vielzahl von Informationsflüssen begleitet oder erst ermöglicht.
3. Große Einkaufsmengen contra große Lagervolumen und hohe Kapitalbindung, geringe Einkaufsmengen contra Vielzahl Bestellvorgänge, hohe Lieferbereitschaft contra große Fertigwarenlager, geringe Lagerkapazität contra kurze Reaktionszeit auf Mengenänderungen, große Losgrößen in der Fertigung contra hohe Durchlaufzeiten.
4. Die Objekte sind Materialien aller Art: Rohstoffe, Betriebsstoffe, Hilfsstoffe, Zulieferteile, Handelsware. Darüber hinaus sind auch Betriebsmittel und Dienstleistungen zu beschaffen.

Lösungshinweise zu Kontrollfragen Kapitel 2

1. Abnahme der Fertigungstiefe auf ca. 20 %, d. h. Anteil Materialkosten 80 %.
2. Vielzahl von Gründen: Konzentration auf Kernkompetenzen, Bezug der Materialien von kompetenten Zulieferern, vermeiden von Investitionen, Umwandlung fixer Kosten (bei Eigenerstellung) in varialble Kosten (bei Fremdbezug), Kostenreduzierung durch weltweiten Einkauf, Kostenvorteil durch Wettbewerb, Konzentration auf Montageprozess und Entwicklung, Flexibilität bezüglich Mengen und Know-how.
3. Materialeinzelkosten, Lohn, Lohnnebenkosten, Gehälter, kalk. Abschreibungen, Sonstiges (Miete, Energie, etc.).
4. Prozentualer Anteil Personalkosten zu Gesamtkosten, Anteil Materialkosten, Verhältnis variable zu fixen Kosten.

5. Der Einfluss der Materialwirtschaft zeigt sich u. a. im Umlaufvermögen eines Unternehmens. Das Umlaufvermögen stellt gebundenes Kapital dar und ist darüber hinaus ein Indiz für die Durchlaufzeit und den Kapitalumschlag.

6. Heute haben die Unternehmen in der Regel 2 bis 3 Lieferanten je Teil (Rohstoff/Produkt). Außerdem werden die Teile einzeln angeliefert. Zukünftig nur einen Lieferanten je Modul/System. D.h. es werden vom Lieferanten nicht mehr einzelne Teile, sondern komplett montierte Baugruppen angeliefert.

7. Modular Sourcing: Konzentration auf wenige Lieferanten reduziert die Schnittstellenproblematik, Verlagerung der Entwicklungskosten und der Beschaffungskosten auf Systemlieferanten, Umwandlung fixer Kosten in variable Kosten. Global Sourcing: Nutzung Kostengefälle, Erschließung neuer Lieferquellen mit mehr Know-how, Einkauf zu gleichen Konditionen wie Wettbewerber.

8. SCM löst sich von der Insellösung z zu einer prozessorientierten Denkweise. SCM wird durch Schlüsselprozesse beschrieben.

9. Mit SCM sollen Bestände minimiert, die Transparenz erhöht, die Dispokosten verringert, die Kundenzufriedenheit (Lieferpünktlichkeit, Lieferflexibilität) erhöht werden.

Lösungshinweise zu Kontrollfragen Kapitel 3

1. Daten ermitteln → Daten sortieren → Daten auswerten durch Klassifizierung.

2. Hilfsmittel der Rationalisierung auf Basis der Wertstruktur, Wesentliches von Unwesentlichem trennen, Konzentration auf Schwerpunkte der materialwirtschaftlichen Aktivitäten.

3. Beurteilung Lagerhaltung und Beschaffungsart (Lagerung contra Just-in-Time). Hinweise erarbeiten, in welchem Rahmen die Beschaffungsstrategie und Standardisierung von Teilen Kosten bei Lagerhaltung und Beschaffung reduzieren hilft.

4. Wenn Funktionen im Vordergrund stehen. Erst über die Betrachtung der Funktionen eines Produktes sind die Kosten auch zuordenbar und damit beeinflussbar. Die Wertanalyse sollte zunächst immer im eigenen Unternehmen und frühzeitig erfolgen.

5. Der systematische Ablauf der Wertanalyse ist einzuhalten. Der Bildung der Wertanalyse-Arbeitsgruppen, die Ermittlung der Kosten je Funktion und der Entwicklung von Lösungsideen sind besondere Beachtung zu schenken. Wichtig darüber hinaus auch die Kompetenz der Arbeitsgruppe zur Umsetzung der Ergebnisse.

6. Der Ablauf einer Wertanalyse: Vorbereitung des Projektes → Analyse der Objektsituation → Beschreibung des Soll-Zustandes → Entwicklung von Lösungsideen → Bewertung von Lösungsideen → Verwirklichung der Lösung. Wesentliche Merkmale sind die quantifizierte Zielvorgabe, die funktionsorientierte Analyse, die kreative Lösungssuche, die interdisziplinäre Gruppenarbeit und das problemorientierte Vorgehen.

7. Der Unterschied der Prozesskostenrechnung zur herkömmlichen Zuschlagskalkulation ist: Betrachtung von Prozessketten (Prozessen), Basis für Zuschläge durch Materialeinzelkosten und Lohnkosten entfallen, Ermitteln der Kostentreiber je Prozess, die Kostentreiber sind mengenabhängige Größen, bessere Beurteilung der eigenen Kosten mit externen Angeboten (da nur Prozesse bezogen werden).

8. Prozesskette Beschaffung: Bedarfsermittlung, Bestellung, Wareneingang, Stoffeingangsprüfung, Transport Lager, Einlagerung, Kommissionierung, Transport Fertigung.

9. Kennzahlen: Lieferbereitschaft, Lagerreichweite, Lagerhaltungskostensatz, Umschlagdauer, Kosten/Lagerbewegung, Einkaufskosten/Umsatz, Anzahl Mitarbeiter/Einkaufsvolumen, Transportzeit/Transportauftrag, Anteil Transportlöhne/Gesamtlöhne.

10. Gleiche Definition der Kennzahl, regelmäßige Erfassung, Transparenz über Zusammensetzung und Abweichungsgründe.

Lösungshinweise zu Kontrollfragen Kapitel 4

1. Konstanter Materialbedarf. Bei Produkten mit konstanter Nachfrage oder bei hoher Standardisierung der Baugruppen.

2. Bruttobedarf ist gleich der Sekundärbedarf. Durch Berücksichtigung von Lagerbeständen und Bestellbeständen ergibt sich der noch zu beschaffende Bedarf = Nettobedarf. Der Sekundärbedarf ergibt sich aus dem Primärbedarf plus Zusatzbedarf. Der Zusatzbedarf sich aus Bedarf der Entwicklung zur Fertigungsbetreuung, aus Ausbeuteverlusten und dem Ersatzteilbedarf.

3. Verzeichnis von Rohstoffen, Einzelteilen, Bauteilen und Baugruppen eines Fertigerzeugnisses. Angaben über Mengen und Fertigungsstufen.

4. Vorteile/Nachteile Mengenstückliste: + einfache Darstellung, + Angaben der gesamten Mengen, – nicht erkennbar wann welches Teil benötigt wird (evtl. zusammenfassen von Bestellungen). Vorteile/Nachteile Strukturstückliste: + Erzeugnisgliede-

rung wird sichtbar, + Bedarf entsprechend Fertigungsstufe sichtbar, – Mengen nicht direkt ersichtlich, – Darstellung eher kompliziert

5. Der Teileverwendungsnachweis ist die »umgekehrte« Stückliste. Bei Teileverwendungsnachweis gilt die Sichtweise vom Teil auf das Erzeugnis, bei der herkömmlichen Stückliste die Sichtweise vom Erzeugnis auf die Teile.

6. arithmetischer Mittelwert, gewogener Mittelwert, gleitender gewogener Mittelwert

7. Die Ermittlung des zukünftigen Bedarfs stützt sich ausschließlich auf Vergangenheitswerte. Die Gewichtung der Vergangenheitswerte und damit die Gewichtung der Vergangenheit ist zu beurteilen.

8. Die exponentielle Glättung 1. Ordnung ist ein Verfahren zur Darstellung linearer, trendförmiger Bedarfsentwicklungen. Es sind 2 Werte erforderlich: der Vorhersagewert der letzten Periode sowie der tatsächlich eingetretene Bedarfswert. Beide Werte werden miteinander verglichen und die sich ergebende Abweichung (Vorhersagefehler) mit dem Glättungsfaktor multipliziert.

9. Die Regressionsanalyse setzt einen trendförmigen linearen Materialverbrauch/-bedarf voraus. Es wird zwischen Materialverbrauch/-bedarf und einer Bezugsgröße ein linearer Zusammenhang gesucht. In der Regel wird als Bezugsgröße die Zeit genommen. Auch andere Bezugsgrößen wie der Wechselkursverlauf oder die Höhe des verfügbaren Einkommens oder die Bedarfsentwicklung anderer Güter können herangezogen werden.

10. Bei der Bedarfsschätzung ist darauf zu achten: ausreichende Anzahl Vergangenheitswerte, zukünftige Einflussgrößen (Rationalisierungspotenzial, Wettbewerber, Ausstattungsgrad, Wirtschaftsentwicklung), evtl. Szenarientechniken anwenden.

Lösungshinweise zu Kontrollfragen Kapitel 5

1. Lagerhaltungskosten, Beschaffungskosten

2. konstanter Lagerabgang, damit lineare Entwicklung der Lagerhaltungskosten, Ansatz variable Lagerhaltungskosten

3. direkte Beschaffungskosten: Einstandspreis der Güter; indirekte Beschaffungskosten: Personal- und Sachmittelkosten zur Durchführung einer Bestellung.

4. Kapitalbindungskosten, Lagerraumkosten, Vorratserhaltungskosten und sonstige Kosten.

5. Beispiel Lagerhaltungskostensatz: Unternehmen mit 20 Mio. € Umsatz, Handelsunternehmen; Umschlagshäufigkeit 15;

durchschnittlicher Lagerbestand 667 T€ (aus: 20/15 = 1,33 Mio. € max. → Durchschnitt 0,667 T€); von den 20 Mitarbeitern arbeiten ca. 3 Mitarbeiter im Lager. Lagerraumkosten und Vorratserhaltungskosten ergeben ca. 340 T€/a (3 MA= 180 T€/a, Abschreibungen 3 Gabelstapler= 60 T€/a, Sonstige Kosten= 100 T€/a). Kapitalbindungskosten 66,7 T€/a (10 % aus 667 T€). Damit ergibt sich ein LHS von 61 % (406,7 T€ / 667 T€).

6. Grafisch: siehe Kapitel Einfluss durch Kostengrößen.

7. Als Ergebnis lässt sich zeigen, dass bei Bestellung einer größeren Menge die Kosten je Stück langsamer steigen, als bei Bestellung einer kleineren Menge. Dies ergibt sich aus der Abbildung im Kapitel Einfluss durch Kostengrößen. Vorgehen, indem von der optimalen Bestellmenge aus eine zusätzliche Menge hinzuaddiert und abgezogen wird. Für beide neuen Bestellmengen werden die Stückkosten (siehe Herleitung *Andler*-Gleichung) ermittelt.

8. Die Gleichung für die Stückkosten ergibt sich aus: Kstück = KfB/m + kvB + (KfB+kvB*m)*LHS/200*JB.

9. Ablauf der dynamischen Bestellmengenrechnung: Ausgehend von der Bedarfsvorschau werden die einzelnen Periodenbedarfe solange addiert, bis eines der Kriterien (Stückkosten steigen wieder, Lagerhaltungskosten = Bestellkosten) erreicht ist.

10. Der Unterschied liegt darin, dass bei den dynamischen Verfahren kein exaktes Optimum ermittelt wird, sondern nur eine Näherungslösung. Diese Näherungslösung basiert aber auf realistischeren Annahmen bezüglich der Bedarfsentwicklung.

Lösungshinweise zu Kontrollfragen Kapitel 6

1. Die Aufgaben der Logistik sind: 6 R.

2. Abgrenzung Materialwirtschaft zu Logistik: Materialwirtschaft Überbegriff, Logistik Teilbereich, der sich mit Planung und Steuerung der Materialflüsse und insbesondere der Informationsflüsse beschäftigt.

3. Funktionsbereiche sind: Beschaffungs-, Produktions-, Distributions-, Entsorgungslogistik.

4. Ziele sind: Erfüllung der 6 R, Wirtschaftlichkeit.

Lösungshinweise zu Kontrollfragen Kapitel 6.1

1. Einkauf = Anbahnung Geschäftsbeziehung, Lieferantenauswahl, Preisverhandlungen, Abschluss von Verträgen. Beschaffungslogistik = Planung und Steuerung von Material- und Informationsfluss.

2. Aufgaben sind: Gestaltung Informationsfluss und Materialfluss (Auftragsabwicklung, Auftragsüberwachung, Bestandsmanagement, Organisation Transport, Lagerhaltung).

3. Zum Thema Make-or-Buy kann die Beschaffungslogistik beitragen: gesamte Gestaltung des veränderten Material- und Informationsflusses. Überdenken der Schnittstellen, Aufbau Kommunikationsstrukturen wie EDI, Internet.

4. Lagerhaltung: Eingangswarenlager im eigenen Hause, Vertragslager außerhalb, Lager beim Lieferanten, durch JIT keine Lager.

5. Vorteile/Nachteile Konsignationslager aus Sicht des Abnehmers: + Materialverfügbarkeit, + Reduzierung Transport- und Bestandskosten, + keine Bestände, + qualitätsgeprüfte Teile, + vereinfachte Beschaffungsabwicklung. – längerfristige Bindung zum Lieferanten, – mögliche Abnahmeverpflichtung.

6. Sammelfunktion von Teilladungen, Prinzip der gebrochenen Transportkette. Die Sammelfunktion kann, bezogen auf den Bedarf des Abnehmers, in einer definierten Region (Gebiet) mit einer größeren Anzahl an Zulieferanten erfolgen. Die Bündelung der Einzelsendungen aus diesem Gebiet zielt auf Bildung von Komplettladungen für den Transport zum Abnehmer. Der Gebietsspediteur sammelt die Waren in einem Lager innerhalb des Gebietes und transportiert diese geschlossen zum Abnehmer.

7. Aufgaben des Logistik-Dienstleisters: Transportfunktion, Lagerfunktion, Informationsfunktion und Sonderfunktionen (Qualitätssicherung, Verpackung).

Lösungshinweise zu Kontrollfragen Kapitel 6.2

1. Die Ziele lauten: kurze Durchlaufzeiten, geringe Bestände, geringe Kapitalbindung, hohe Kapazitätsauslastung

2. Primärbedarf und Kapazitätsbedarf anzeigen

3. Planung, Steuerung und Überwachung der Material- und Informationsflüsse im Produktionsprozess. Einsatz von PPS-Programmen zur Gestaltung der Materialflüsse mit dem Ziel kurzer DLZ und hoher Termintreue. Beeinflussung der Variantenvielfalt.

4. Reduzierung der Variantenvielfalt durch Einführung der Fließfertigung (Zwang zu geringer Anzahl Varianten) und differenzierter Kalkulation.

5. Y-Modell von *Scheer* zeigt im linken Schenkel des Y die kaufmännischen Planungen (Programmplanung, Mengenplanung, Kapazitätsplanung, Terminierung, Auftragsveranlassung und -überwachung), und im rechten Schenkel die technischen Funktionen (CAx-Techniken). Beide Bereiche benötigen die

Daten vom jeweilig anderen Teil und die Informationen aus Stücklisten, Arbeitsplänen und Betriebsmitteldatenbanken.
6. KOZ (Kürzeste Operationszeit), GRB (größte Restbearbeitungsregel), Schlupfzeitregel, Werteregel.

Lösungshinweise zu Kontrollfragen Kapitel 6.3

1. Kundenseitige Güterbereitstellung.
2. Direkter und gebrochener Verkehr. Verschiedene Wege der Bereitstellung von Gütern über JIT, über Zentrallager, über Großhandel oder direkt.
3. Zentrallager nimmt zunächst die Güter von Lieferanten auf. Die Verteilung vom Zentrallager kann über Regionallager oder Großhandel erfolgen.
4. Servicegrad ist das Verhältnis von sofort bedienten Materialanfragen zur Anzahl Materialanfragen. Ziel sollte ein Servicegrad von 95 % sein.

Lösungshinweise zu Kontrollfragen Kapitel 6.4

1. Kreislaufwirtschaft installieren, Umweltgesichtspunkte und Kostengesichtspunkte beachten, Möglichkeiten der Weiterverwendung, Wiederverwendung und Weiterverwertung prüfen, Produktgestaltung aktiv beeinflussen.
2. Das Kreislaufwirtschaftsgesetz regelt, dass in Zukunft die Erzeuger und die Besitzer von Abfällen grundsätzlich selbst und eigenverantwortlich für die Entsorgung von Abfällen zuständig sind.
3. Produzieren → Konsumieren → verbrauchte Güter zwischenlagern → Demontieren → Aufbereiten zu Sekundärrohstoff → zurückführen in Produktionskreislauf.

Lösungshinweise zu Kontrollfragen Kapitel 6.5

1. Ausgleichsfunktion, Sicherungs-, Sortiments-, Produktiv-, Spekulationsfunktion.
2. Vorratslager dient dem Ausgleich von Bedarfsschwankungen; unregelmäßige Bedarfe, geringer Lagerumschlag. Pufferlager dient Ausgleich von Schwankungen in kurzen Zeitintervallen; hohe Umschlaghäufigkeit, hohe Bewegungsleistung.
3. Beschaffung, Produktion, Vertrieb

4. Die Zwischenlager in der Produktion; abhängig von Produktstruktur und PPS. Das Fertigwarenlager, wenn Kunde JIT beliefert wird, oder wenn reine Auftragsfertigung.

5. Vorteile/Nachteile Zentrallager: + geringere Gesamtbestände, + bessere Lagernutzung, + höhere Automatisierung, – Transportvorgänge umständlicher, – hohe Kosten.

6. t,S-, t,q-, s,S-, s,q-, t,s,S-, t,s,q-Strategie.

7. t,S-Strategie: nach konstanten Zeitintervallen wird bis Höchstbestand aufgefüllt. Gefahr von Fehlmengen, keine Kontrolle der Lagerabgänge, stark schwankender Lagerbestand.

8. Der Sicherheitsbestand kann auf verschiedene Weise bestimmt werden: Erfahrung, analytisch über Abweichungsanalysen, statistisch über Vertrauensbereich.

9. Der Meldebestand ist die Summe aus Sicherheitsbestand plus durchschnittlicher Verbrauch/Arbeitstag mal Wiederbeschaffungszeit.

10. Hochregallager und Palettenregallager gehören zu den Regallagerungen. Das Hochregallager sind Regallager größer 12m. Die Fördertechnik ist bei Hochregallagern den speziellen Anforderungen angepasst, d. h. Einsatz von Regelbediengeräten.

11. Stetigförderer und Unstetigförderer.

12. Neue Kommunikationsform zwischen Kunde und Lieferant. EDI ermöglicht die elektronische, unternehmensübergreifende Übermittlung von Geschäftsdokumenten direkt zwischen den Anwendern. Neben EDI wird auch das Internet an Bedeutung gewinnen.

Lösungshinweise zu Kontrollfragen Kapitel 7

1. E-Business umschreibt den gesamten Informationsaustausch auf elektronischem Wege. Dagegen beschränkt sich E-Procurement nur auf die Gebiete, die mit dem heutigen Einkauf umschrieben sind.

2. Edifact, Internet etc.

3. Die Vorteile für den Käufer sind die Ansprache vieler evtl. unbekannter Lieferanten, er kann Lieferantenkontakte automatisieren, Prozesskostenvorteile, Preisdifferenzen am Markt können besser genutzt werden, durch Fehlen der Einzelkontakte ist der Ablauf insgesamt schneller. Effizienzsteigerung, Kaufverhalten regulieren.

4. Die Systeme sind das Shop-System, das Broker-System und das Desktop-Purchasing.

Literaturverzeichnis

Adams, H.W./Rademacher, H.: Qualitätsmanagement: Strategie, Struktur, Systeme, Frankfurt/Main 1994.

Alpar, P.: Kommerzielle Nutzung des Internet, Springer-Verlag, Hamburg 1998.

Arnolds, H./Heege, F./Tussing, W.: Materialwirtschaft und Einkauf, Wiesbaden 1993.

Arthur Andersen: eProcurement, Elektronische Beschaffung in der deutschen Industrie – Status und Trends, Düsseldorf 2001

Arnold, U.: Beschaffungsmanagement, Stuttgart 1995.

Bäse, U.: Benchmarking vergleicht eigen Leistung mit den Besten, VDI-Nachrichten, Nr. 8 (1996), S. 16.

Bichler, K./Schröter N.: Praxisorientierte Logistik, Stuttgart 1995.

Bichler, K.: Beschaffungs- und Lagerwirtschaft, Wiesbaden 1992.

Bichler, K./Gerster, W. /Reuter, W.: Logistik-Controlling mit Benchmarking, Wiesbaden 1994.

Bloech, J.: Konzernlogistik und Rationalisierungsgemeinschaften mit Lieferanten, Stuttgart 1994.

Cole, T.: Erfolgsfaktor Internet, Econ-Verlag, München 1999.

Cronjäger, L.: Bausteine für die Fabrik der Zukunft, Berlin 1990.

Dach, Chr.: Der Wettbewerb der Zukunft: Elektronischer vs. stationärer Handel, zitiert in Müller-Hagedorn, Lothar / Kaapke, Andreas: Das Internet als strategische Herausforderung für Unternehmen aus dem Handel und dem Dienstleistungssektor, in Mitteilungen des Instituts für Handelsforschung an der Universität Köln, Jahrgang 51, Nr. 10, Okt. 1999

Deutsch, Ch./Groothius, U.: Logistik, Großer Vorsprung, Wirtschafts-Woche Nr. 9 (1996), S. 80–83

Dominik, K./Gürmann, K./Schreiber, K.: Logistik für Mittelstandsunternehmen: Fitnessprogramm für Unternehmenserfolg im Jahr 2000, Berlin/Bonn 1994.

Ehrmann,H.: Logistik, Ludwigshafen, 1997

Fieten, R.: Integrierte Materialwirtschaft, München 1986.

Fieten, R.: Lean Management und integrierte Materialwirtschaft: Generaloffensive in der gesamten Wertschöpfungskette, in Beschaffung Aktuell, Nr. 9 (1993), S. 20–22.

Franken, R.: Materialwirtschaft, Stuttgart 1984.

Glaser, H.: Material- und Produktionswirtschaft, Düsseldorf 1986.

Glaser, H.: PPS Produktionsplanung und Produktionssteuerung, Wiesbaden 1992.

Goldratt, E.M./Cox, J.: Das Ziel, Maidenhead 1990.

Grochla, E.: Grundlagen der Materialwirtschaft: Das materialwirtschaftliche Optimum im Betrieb, Wiesbaden 1992.

Grochla, E./Fieten, R./Puhlmann, M./Vahle, M.: Erfolgsorientierte Materialwirtschaft durch Kennzahlen, Baden-Baden 1983.

Gruschwitz, A.: Global Sourcing: Konzeption einer internationalen Beschaffungsstrategie, Stuttgart 1993.

Harlandern, N./Platz, H.: Beschaffungsmarketing und Materialwirtschaft. Einkaufsmärkte erforschen und gestalten, Ehningen 1991.

Hartmann, H.: Materialwirtschaft, Gernsbach 1993.

Hartmann, H.: Praxis der Materialwirtschaft: 15 Praxisfälle von Bedarfsermittlung bis Einkauf, Köln 1990.

Hartmann, H.: Materialdisposition in der Praxis, Praxisreihe Einkauf/Materialwirtschaft, Gernsbach 1992.

Hildebrand, R./Mertens, P.: PPS-Controlling mit Kennzahlen und Checklisten, Heidelberg 1992.

Hoitsch, H.J.: Produktionswirtschaft, München 1993.

Horvarth, P.: Controlling, München 1994.

Horvarth, P.: Kunden und Prozesse im Focus, Controlling und Reengineering, Stuttgart 1994.

Horvarth, P./Mayer, R.: Prozeßkostenrechnung, Konzeption und Entwicklung, Kostenrechnungspraxis, Sonderheft 2, (1993), S. 15–28.

Horvath, P. / Mayer, R.: Konzeption und Entwicklung der Prozeßkostenrechnung, Prozeßkostenrechnung, Wiesbaden 1995.

Jünemann, R.: Materialfluß und Logistik, Berlin 1989.

Jünemann, R.: Trends in Materialflußsystemen, Köln 1991.

Kamiske, G.: Die Hohe Schule der Total Quality Management, Berlin 1994.

Katzmarzyk, J.: Einkaufscontrolling in der Industrie, Frankfurt am Main 1988.

Kirsch, W./Bamberger, I./Gabek, E./Klein, K.H.: Betriebswirtschaftliche Logistik. Systeme, Entscheidungen, Methoden, Wiesbaden 1973.

Kistner, K.-P./Steven, M.: Produktionsplanung, Heidelberg 1993.

Koether, R.: Technische Logistik, München 1993.

Kombiverkehr Deutsche Gesellschaft für kombinierten Güterverkehr mbH & Co. KG: Handbuch für den Kombinierten Güterverkehr, Frankfurt am Main 1994.

Koppelmann, U.: Beschaffungsmarketing, Springer-Verlag, Heidelberg 2000.

Koppelmann, U./Lumbe, H.-J.: Prozeßorientierte Beschaffung, Stuttgart 1994.

Kopsidis, M.: Materialwirtschaft, München 1992.

KPMG: eBusiness in der deutschen Wirtschaft – Status quo und Perspektiven, 2001, www.kpmg.de

Krieger, W.: Informationsmanagement in der Logistik, Wiesbaden 1995.

Krycha, K-Th.: Materialwirtschaft, München 1986.

Kuhn, A.: Prozeßketten in der Logistik, Dortmund 1995.

Lamprecht, J. L.: ISO 9000 – Vorbereitung zur Zertifizierung, Hamburg 1993.

Leibfried, H.J./McNair, C.J.: Benchmarking, Freiburg i. Br. 1993.

Leist, R./Scharnagel, A.: Qualitätsmanagement: Methoden und Werkzeuge zur Planung und Sicherung der Qualität (nach DIN ISO 9000 ff), Augsburg 1993.

Männel, W.: Logistik-Controlling: Konzepte, Instrumente, Wirtschaftlichkeit, Wiesbaden 1993.

Masing, W.: Handbuch des Qualitätsmanagement, München 1994.

McKinsey-Autorenteam: Wachstum durch Verzicht, Stuttgart 1994.

Menze, T.: Strategisches internationales Beschaffungsmarketing, Stuttgart 1992.

Melzer-Ridinger, R.: Materialwirtschaft und Einkauf, München 1994.

Oeldorf, G./Olfert, K.: Materialwirtschaft, Ludwigshafen, 1993.

Olshagen, Ch.: Prozeßkostenrechnung: Aufbau und Einsatz, Wiesbaden 1991.

Orths, H.: Von der Kundenorientierung zum Supply Management, Wiesbaden 1995.

Pfohl, H.-Ch.: Management in der Logistikkette, Berlin 1994.

Pfohl, H.-Ch.: Logistiksysteme. Betriebswirtschaftliche Grundlagen, Berlin 1995.

Piontek, J.: Internationale Logistik, Stuttgart/Berlin,/Köln 1992.

Piontek, J.: Internationales Beschaffungsmarketing, Stuttgart 1993.

Puhlmann, M.: Die organisatorische Gestaltung der integrierten Materialwirtschaft in industriellen Mittelbetrieben: konzeptionelle und empirische Grundlagen, Bergisch Gladbach 1985.

REFA-Verband: Methodenlehre der Planung und Steuerung, Band 1 und 2, München 1985.

Reichmann, Th.: Controlling mit Kennzahlen und Managementberichte, München 1993.

Rupper, P./Scheuchzer, H.: Lager und Transport Logistik, Verlag Industrielle Organisation, Zürich 1990.

Rupper, P./Scheuchzer, H.: Lagerlogistik, Verlag Industrielle Organisation, Zürich 1982.

Rupper, P.: Unternehmenslogistik, Verlag Industrielle Organisation, Zürich 1991.

Treutlein, K.: Materialflußorientierte Termin- und Kapazitätsplanung – ein Konzept für Serienfertiger, Heidelberg 1990.

SAP: System R/3, Produktionsplanung/Materialwirtschaft, Walldorf 1994.

Scheer, A.-W.: CIM – Computer Integrated Manufacturing. Der computergesteuerte Industriebetrieb, Berlin 1990.

Scheer, A.-W.: Wirtschaftsinformatik, Referenzmodelle für industrielle Geschäftsprozesse, Heidelberg 1994.

Schmidt, K.-J.: Logistik, Braunschweig/Wiesbanden 1993.

Schuh, G.: Logistikmanagement, Stuttgart 1996.

Schulte, Ch.: Logistik: Wege zur Optimierung des Material- und Informationsflusses, München 1995.

Schulte, G.: Material- und Logistikmanagement, München/Wien/Oldenburg 1996.

Steinbrüchel, M.: Die Materialwirtschaft der Unternehmung, Bern 1971.

Tahler, K.: Supply Chain Management, Fortis Verlag FH, Köln 1999.

Tempelmaier, H.: Material-Logistik, Berlin 1992.

Vahs, D.: Organisation, Schäffer-Poeschel, Stuttgart 1997.

Wänke, M.: Knebelung oder Chance? Inhalt und Forderung der QS 9000 Zeitschrift QZ, Heft 5 (1997), S. 561–563.

Weber, J.: Praxis des Logistik-Controlling, Schriftenreihe der Wissenschaftlichen Hochschule für Unternehmensführung Koblenz, Stuttgart 1993.

Weber, J.: Logistikmanagement: Führungsaufgaben zur Umsetzung des Flußprinzips im Unternehmen, Stuttgart 1994.

Weber, R.: Bestandssenkung, Stuttgart 1992.

Wiendahl, H.-P.: Belastungsorientierte Fertigungssteuerung, München 1987.

Wildemann, H.: Das Just-in-Time-Konzept, München 1990.

Wildemann, H.: Die modulare Fabrik, München 1988.

Wildemann, H.: Lean Management: Strategien zur Erreichung wettbewerbsfähiger Unternehmen, München 1992.

Wildemann, H.: Qualität nachweisen, Qualität und Zuverlässigkeit Jg. 39, Nr. 12 (1994), S. 1345–1350.

Witte, A.: Integrierte Qualitätssteuerung im Total Quality Management, in: Betriebswirtschaftliche Schriftenreihe, Band 72, Münster/Hamburg 1993.

VDI: Wirtschaftliche Lagerhaltung, Tagungsbericht, Düsseldorf 1993.

Ziegenbein, K.: Controlling, Ludwigshafen 1992.

o.V.: (2001): Supply Chain Exchange mit mySAP SCM;
http://www.sap.com/germany/solutions/cross_industry/scm/factssheets.asp

o.V.: (2001): Marktstudie Supply Chain Management Software;
http://www.iml.fhg.de/~scm-ctc/marktstudie.html

o.V.: (2001): Studie Supply Chain Management in Deutschland (15.08.01)
http://www.ibusiness.de/shop/db/shop.3053ln

Pressemitteilung, Frost&Sullivan: Supply Chain: Neue Impulse durch Lösungen auf Internetbasis (16.07.01)
http://www.handel.de/service/supplychain.

Stichwortverzeichnis